U0958581

《走近科学》精选丛书

『天坑』之谜

郭之文 主编

上海科学技术文献出版社
Shanghai Scientific and Technological Literature Press

图书在版编目（CIP）数据

“天坑”之谜 / 郭之文主编．—上海：上海科学技术文献出版社，2019

（《走近科学》精选丛书）

ISBN 978-7-5439-7969-7

Ⅰ．①天… Ⅱ．①郭… Ⅲ．①科学知识—青少年读物 Ⅳ．①Z228.2

中国版本图书馆 CIP 数据核字 (2019) 第 168489 号

策划编辑：张 树
责任编辑：付婷婷 曹 惠
封面设计：合育文化

“天坑”之谜
"TIANKENG" ZHI MI
郭之文 主编
出版发行：上海科学技术文献出版社
地 址：上海市长乐路 746 号
邮政编码：200040
经 销：全国新华书店
印 刷：常熟市文化印刷有限公司
开 本：720×1000 1/16
印 张：16
字 数：235 000
版 次：2020 年 1 月第 1 版 2020 年 1 月第 1 次印刷
书 号：ISBN 978-7-5439-7969-7
定 价：68.00 元
http://www.sstlp.com

目录

CONTENTS

时间“停止”的奥秘

1972 年，湖南省长沙市东郊一座古墓的横空出世，让“马王堆”成为一个震撼世界的名字，而其中一号墓主人辛追更是令世人为之惊叹。在此之前，保存千年以上的古尸都是木乃伊，是事先处理好的干尸。而辛追夫人则是保存 2 000 余年不腐的湿尸，她的形态完整，皮肤保持弹性，部分关节还可弯曲。不得不说这是人类历史上的一个奇迹。

马王堆女尸出土后引起全球科学界的强烈关注。许多国外科学家希望参与到女尸的科研中来，甚至有专家提出要一根或者半根古尸的头发。由此可见，这样保存完好的古尸样本，哪怕一根头发丝中都蕴藏着极其珍贵的信息！

而更加让人们感到震惊的是，在发现马王堆之后的几十年里，我国上海、江苏省连云港市等地又陆续出现像马王堆辛追一样的保存完好的湿尸：2000 年 8 月，上海一位农民无意中发现了一座明朝墓穴，而墓主人杨福信的出现让在场专家无不为之惊叹：“他看上去就像是刚刚死去的，很容易就能找到他的动脉、静脉。”

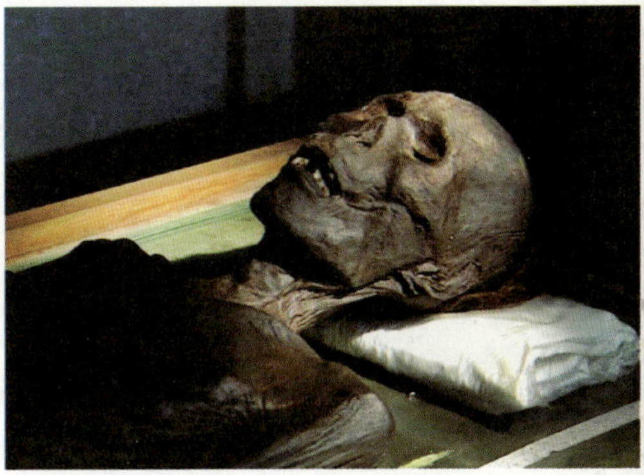

我国出土的不腐烂的古尸

2002 年 7 月，连云港市区西南城郊约 7 公里的海州区双龙村花园路基建工地上，一辆正在施工的挖土机突然挖到了一座汉朝古墓，棺木里居然出现了一具保存完好的女尸，从她随葬的铜印上我们也得知了她的名字——林慧萍。考古人员

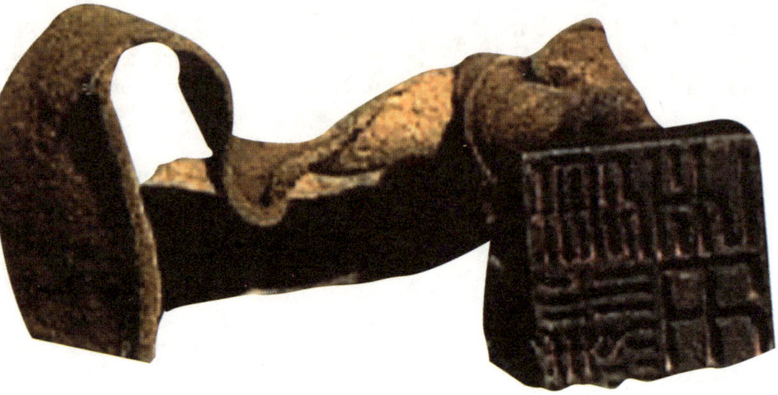

墓主人林慧萍的印章

发现，她生理器官的形状都保存得非常完好。

伴随着杨福信、林慧萍的相继出现，关于古尸不腐的问题越发显得扑朔迷离，专家们不禁在问，到底是什么力量阻止了这些身体的正常腐化？难道几千年前的古人真的已经掌握了防腐的秘术吗？

这些神奇的不腐尸到底是偶然因素形成，还是里面隐藏着什么我们还未发现的秘密？《走近科学》记者分别前往长沙马王堆、江苏连云港等地，与各地方的研究专家进行交流，希望能在辛追、林慧萍及杨福信的身上找到一些共通性，通过对他们的比较，揭开古尸不腐的奥秘。

在调查过程中，记者亲眼看见了这些不腐尸的神奇。他们不仅尸身保存完好，而且皮肤具有弹性，手脚几乎与正常人没有区别，更令人惊讶的是，他们各部位的关节还可以自如弯曲！真的很难想象这些尸体是来自几千年前的。

这样的现象，不仅记者们感到惊讶，就连长期从事考古工作的专家们也对此倍感震惊。

考古专家：“我从事考古行业 32 年了，挖掘过很多汉墓了，发现不腐尸体的就这一座。具体什么原因，到现在也一直是个谜。”

从汉朝到现在已经有 2 000 多年的历史，而时至今日，在我国出土的古墓已有成千上万，其中既有王侯将相，也有平民百姓，可是为什么唯独只有这几具古尸奇迹般地被保留下来？这里面究竟隐藏着怎样的秘密呢？

考古专家："当时的书上有一些关于尸体如何防腐的记载，也可以说，古人确实在这方面有一些经验。"

历史对于我们来讲永远只是一个发现与验证的过程，这其中肯定还有很多是不被我们所了解的，而辛追及林慧萍等不腐尸的出现，让我们仿佛又对祖先有了新一层的认识。但是，这里面更多地留下的是等待我们去解开的层层谜团。

著名的辛追，她的皮肤、头发几乎完好无损，甚至连容貌都清晰可见，真的无法想象这是一位死于两千多年前的古人。

我们知道，在正常情况下，人死亡之后细胞会逐渐失去活力，在自身水解酶的作用下发生分解溶化，然后就是腐败细菌的侵袭。通过腐败细菌的分解，人体最终变为一具白骨。防腐专家告诉我们，即使是如今的技术也很难保证让尸体能如此长时间地完好保存。那么，古人们到底采用了什么样的方法？可以说，这些不腐古尸不仅创造了世界奇迹，更让它们成为千古谜团。几十年来，研究人员一直在努力寻找这个答案，而在与众多专家的交流中，我们似乎找到了其中的一些答案。

在我国古代，人们都会认为每个人都要经历阴世和阳世两个时段，所以，上到帝王、下至平民都十分重视殡葬制度。

也正因如此，很多人便联想到古人在下葬的时候也许会有一种保存尸体的方法。分别对照几个不腐古尸，我们希望通过对他们的对比能有些新的发现，而从专家的口中我们注意到了一个经常出现的词汇。

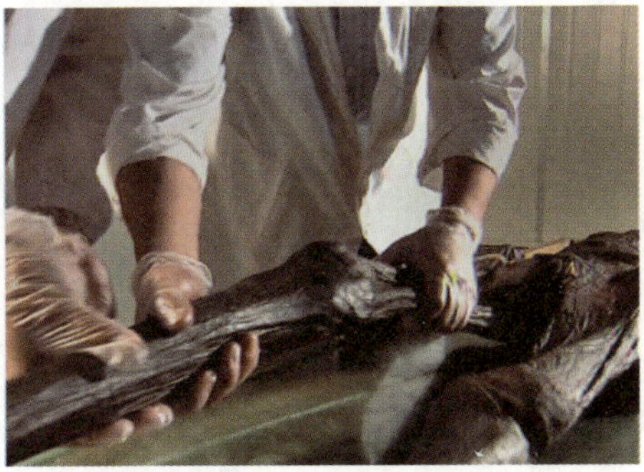

墓主人尸体还能弯曲

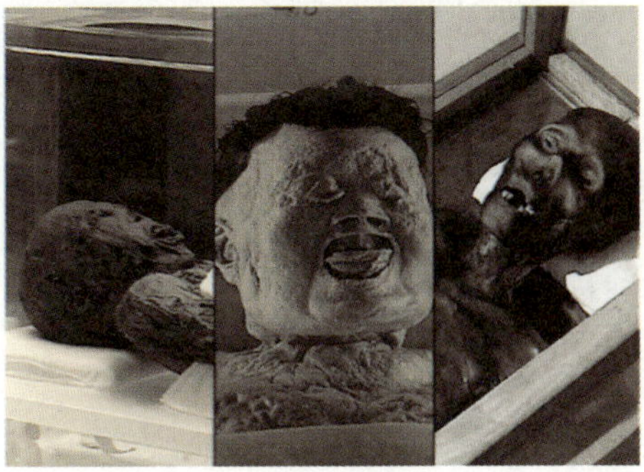

我国出土的各类不腐烂的古尸

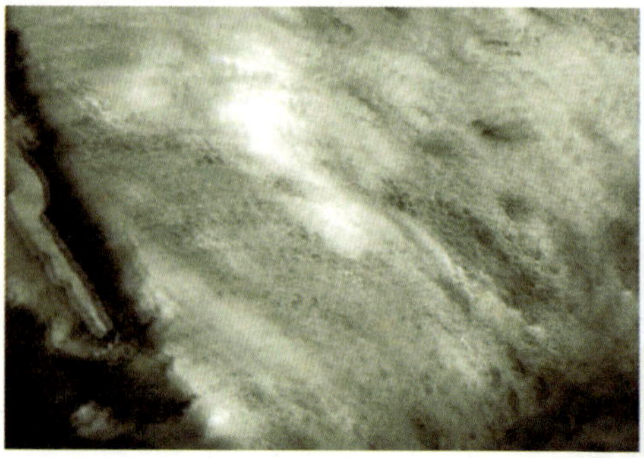

白膏泥

在采访的过程中，各地的专家都不约而同地提到了一个名词——白膏泥。而且无论是长沙的辛追，还是连云港的林慧萍，在她们的墓中都发现了这种物质。而巧合的是，在她们之后上千年的明朝王振墓和杨福信墓中，考古人员居然也都发现了这种特殊的东西。

考古学家："这种东西像石灰，在尸体背后底下涂上一层，并且涂得相当多。"

专家还说，死者的身上还留下很多的斑块，而这些斑块就是糯米汁渗透进去以后，粘连在死者皮肤上的。

这种白膏泥既像石灰，其中还有糯米汁，专家们的描述让我们对于这种物质感到更为疑惑，它到底是什么东西？它和古尸不腐是否有直接的关系？它会不会就是古人防腐秘术里至关重要的材料呢？

考古专家："这是一种黏质的土，古人在墓葬的过程中还采取了一些其他的工艺。它和泥又有不同，它具有吸附能力、吸水能力，所以能起到防腐吸水的作用。"

原来，专家们口中的白膏泥，学名叫作微晶高岭土，是一种纯净的黏土，非常细腻，黏性大，渗水性小，晒干后呈白色或青白色，故又称白膏泥。用它修墓可以防止土壤里的水分渗透进去，且具有很强的密封性。

据有关数据显示，1 厘米的白膏泥 24 小时的渗水系数为零，它的防渗漏系数是混凝土的 100 倍。而所谓浇浆墓、灌浆墓，其实就是将糯米熬成汁，然后用这种黏性很大的汁与黏土混合制成。用这种方法修建的墓，不仅外壳极其坚硬，而且密封性很好，可以使墓中棺椁和尸体处于与外隔绝的状态。

考古专家："它就是用糯米和石粉封一圈，非常坚固，用铁锤轻易打不开，就和我们现在的墙体一样牢固。"

虽说时间从汉朝跨越到明朝，但是在四具不腐尸的墓中专家都发现了白膏泥，由此可见它对于防腐的确起着很大的作用。那么除了防水，在密封方面它还会有什么特殊的功效吗？

考古专家：“如果它的实际空间很小，里面氧气就很少，这样一来，在很短的时间里就能把里面的氧气耗尽，那些需要氧气的细菌没法存活，这样就有利于尸体的保存。”

这种用白膏泥修建的墓密封性能好，空间小，导致里面的氧气迅速耗尽，一些细菌便无法存活，当然也就间接地保护了里面的尸体。可是专家却告诉我们，虽说白膏泥能起到很大的防腐作用，但是它一定不是导致这几具不腐尸的决定因素。

考古专家：“因为白膏泥不光在这几座墓里有，在许多汉墓里都有。我挖掘过几百座汉墓了，几乎每个墓里都有白膏泥，我觉得这可能就是当时一种风气，当时很盛行的风气。”

也许就像专家所说，白膏泥由于具有防水、密封的功效，因此在那个年代可能已经成为人下葬时一种必备的材料。但是为什么在那么多采用白膏泥的墓中仅仅只有这么几具尸体保存完好呢？由此可见，仅仅依靠密封这一点是无法保证尸身不腐的。

虽说密封不是保证古尸不腐的关键因素，但密封这种方法的确可以防止很多细菌对尸身的侵袭，并且仅从白膏泥这一点我们就可以确定，古人在那时就已经有了保护先人身体的意识。如果真像有些人猜测的那样，我们的先人拥有一套成功的防腐秘术，那除了密封，一定还有其他很多重要因素。而如果是偶然形成，那么它的条件也应该是在几具不

出土不腐烂尸体的棺椁

同年代古尸上同时具备的。这也就是说，无论是偶然还是必然，寻找几具不腐尸墓葬的共同性也许就是我们接近最终答案的最佳途径。

由于当年的发掘现场早已不复存在，记者只能从各地专家的口中了解关于几具不腐尸当年出土时的情形。在与林慧萍墓当年的挖掘者项老师的交流中，我们又得到了一条重要的线索。

考古专家："这座墓有接近 30 米深，所以不排除后来由于地质条件，比如山洪将泥沙冲下来，淤堵在这一段等原因。"

普通的古墓深度一般也就几米到十米，而林慧萍的墓足有 20 多米。同样，长沙马王堆辛追恰恰也是被埋放在地下 20 多米的深处。这一特殊性立刻引起了我们的兴趣，而从中我们又找到了她们的另一个共同性。

在那个遥远的时代，没有像挖掘机这样的重型工具，人们想要把自己的墓穴放置在地下几十米绝对不是件轻而易举的事情，这要依靠众多的劳力及大量的金钱，而辛追和林慧萍就完全符合这一条件。她们身份显贵，都是王侯的妻妾，因此她们的墓地可以挖得如此之深。而对于那些平民百姓来讲，白膏泥虽然好找，可要想也拥有一座地下几十米的阴宅却是遥不可及。

但是，为什么辛追她们要把自己的墓穴放在这么深的地方呢？

考古专家："深埋应该是为了让棺材保存得好一点，让死去的亲人安逸一点。"

也许是希望先人免受打扰，也许是为了更好地保护里面的财物。总之，在那个年代，墓穴深度的高低往往也能昭示死者的身份。虽说我们无法知道古人究竟为什么会选择深埋，但是在现在专家的眼中，这一点却为尸体不腐起到了很大的作用。

因为深埋就创造了一个温度相对恒定的条件，而且在这样的条件下，墓室的温度通常较低，特别是在南方，通常会低于地面温度，这样就会减慢一些化学反应和抑制一些微生物的生长。

地下的温度往往要低于地表的温度，并且能达到始终恒温的这样一种状态，深埋的作用事实上就像是一台天然的冰箱把他们的身体保存下来。现如今对于这几具古尸的保存方法也是受到了这一启发而进行的。

考古专家："我们现在把这几具遗体都放到地下室里面，这样相对来说温度、湿度都要恒定一些，并且可以通过空调系统把温度恒定在 4 到 0 度，由此制造出一个相对低温和恒温的环境，遗体的保存时间就会更长一些。"

古人们用白膏泥创造出很好的密封效果，同时又依靠深埋达到了低温、恒温的状态，而这些都为防腐起到了相当大的作用。在研究人员的眼中，它们是保证尸体不腐必不可少的条件。

考古专家："古尸能够保存下来是一个综合性的因素，而不是单单只是某一个条件在起作用的。但是深埋密封却是非常重要的，因为深埋保证了温度的相对恒定，密封则相对来说抑制了需氧菌的生长，应该说这两个条件是古尸能够保存下来的最基本条件。"

深埋与密封，看上去我们似乎已经触碰到了关于古尸不腐秘密的答案，可是随着一些新的问题出现，我们的这一猜测立刻就被否定了。

与其他不腐尸不同的是，连云港林慧萍墓是一座合葬墓，墓里面除了她，还有她的丈夫及丈夫的正室，可是就在这同一座墓中却出现了奇怪的现象。

考古专家："前边左侧是正室，中间是丈夫，林慧萍在他的右侧，左为上，右为小，这是古人的排列顺序。在前面上侧也是一具女棺，但是主人的骨骼几乎都找不到了；林慧萍丈夫的棺材中，头骨、腿骨都保存了，但是身上的肉却完全腐烂了。"

同样的深度，同样的密封，三个同处一墓室的尸体却出现了完全不同的结果，为什么保存完好的只有林慧萍一人？究竟是什么原因导致出现了这一离奇的现象？

考古专家："我们分析，应该是大老婆先死，先葬进去，后来林慧萍的丈夫死后，又把墓葬挖开，把她丈夫葬进去。最后再挖开来，把林慧萍葬进去，林慧萍葬进去以后再没打开过。之前的两具尸体之所以腐烂，应该与墓葬打开、跟外界接触空气有关。"

按照专家的描述，林慧萍是最后一个进入墓室的，而在此之前墓室先后被打开过两次，这有可能破坏了当时的密封性，从而造成在她之前两具尸体的腐烂。

林慧萍的问题再次引发出诸多的猜想，最后下葬是否是导致她尸身不腐的关键因素？而其他几具不腐尸又能否为这一问题提供有价值的参考？

在各地调查不腐尸的过程中，江苏淮安楚州博物馆的陈馆长给我带来了新的线索。

陈馆长："我们这个墓葬是被盗以后，我们赶到现场去清理，进行挖掘，这时候才发现了完整的男尸。我们进行尸体解剖，发现他的内脏都是完整的，没有发生任何病变。"

檀香棺木

在楚州博物馆里居然也存放着一具不腐尸，不过由于当地条件有限，他没能像辛追、林慧萍一样被继续完好保存，如今已经被改造成一具干尸。而我们也只能通过一些老照片及专家的描述来获取相关的信息。

陈馆长："我们这座墓葬主人叫王振，祖上是江苏豫州人，在洪武年间跟随他的父亲迁到淮南经商。根据墓志的记载，这个家庭的墓葬随从人员有70口，这是一支庞大的家族，我们推测可能是当地的盐商。"

一块被保留下来的墓志铭清楚地介绍了墓主人王振的身世，从中我们可以了解到，他是明朝一位富有的商人。墓主人的身份并无十分特别之处，让我们真正感兴趣的是，这座同样出现不腐尸的墓室也是一座合葬墓，而里面不腐的也只有王振一人。

陈馆长："这是一个夫妻合葬墓，女主人没有留下任何一件东西，只留下

30 厘米厚的石灰。”

同样在一座墓室，王振的尸身不但没有腐烂，甚至连随葬的字画全都保存完整，而他夫人的棺材里却变得空空如也，这奇怪的现象立刻让我们联想到了之前林慧萍的问题。难道说王振也是在他夫人之后才被安放进去的？

在之后与专家的交流中，我们了解到王振的确不是和他夫人一同下葬的，但与林慧萍不同的是，王振竟然是在他夫人之前就已经被安放下去的。这令我们倍感意外，怎么这回反倒是先下去的没有腐烂呢？

陈馆长：“我们分析，可能女主人是在丈夫死后 8 年才逝世，那时候家庭可能已经逐渐衰败，从经济角度来讲，有可能下葬时比较简单。”

如果说林慧萍是因为最后下葬形成尸身不腐的结果，那么同样是后下葬的王振夫人为什么却完全腐化了呢？更加令人感到惊奇的是在她之前 8 年下葬的丈夫竟然完好无损，这里面到底隐藏着怎样的秘密？

可以说王振夫妇合葬墓在某种意义上推翻了林慧萍因后葬造成尸身不腐的说法，但是这又给我们提出了新的疑问：按照常理，先埋进去的在密封程度上一定不如后来埋进去的，因为毕竟又重新打开一次，再一次接触到外界。那么，在同样的深度、同样的密封条件下，为什么偏偏却是后进去的腐烂了呢？不仅

金丝楠木

腐烂，二者之间的差距还非常大，老婆的棺材里什么都没剩下，而王振不但尸身保存完好，就连衣物及随葬的那些字画都完好无损，这真是太让人惊讶了。

阴沉木

于是，有专家提出了这样一种说法——经济说。他们认为王振去世的时候家里还十分富有，而当妻子去世的时候家道中落，所以才造成如今我们看到的巨大差异。当然，专家所提出的这个观点可不是凭空猜测，而是因为他们发现了其中的一个细节。

楚州博物馆的陈馆长回忆起当年挖掘王振墓现场的场景，当时其中的一个环节立刻引起了他的注意，也正是这点让他发现了里面的玄机。

陈馆长："当我们赶到现场的时候，很远就闻到木香扑鼻而来。"

究竟是什么东西在百年古墓里还能散发出扑鼻的香气？原来王振的棺木选用的是上好檀香木，这种木材自身带有香味，而这种香气具有杀菌消毒的作用。很快，专家们就发现这檀香木也许就是造成夫妇俩几百年后尸身迥异的关键因素。

陈馆长："而王振夫人的棺木却是杉木的。"

王振所用为上好檀香木，而妻子用的只是普通杉木。可是，仅仅是棺木用材不同就形成了如此大的差异吗？这檀香木和杉木又有什么本质的区别？

要说到这些特殊的木材，就不得不提到我国封建时期的厚葬文化。那个时期人们都十分重视所谓的阴宅，所以王侯将相相对于平民百姓，富人比起穷人，无论从选墓址、随葬品，还是棺木的用料都是有天壤之别的。

陈馆长："我们挖掘过很多明代的墓葬，杉木的密度和楠木的密度可以说是天壤之别，寻常老百姓家里用的木器都是杉木的，而檀木、楠木则是十分贵重的木材。"

富人用楠木，穷人用杉木，棺木的用料表现出里面人的身份。那么，富人

们不惜千金所购买的名贵木材具有怎样的神效呢？

楠木是一种极为高档的木材，其色浅橙黄略灰，纹理淡雅文静，质地温润柔和，无收缩性，木质坚硬耐腐，明清两朝宫殿里的上等建筑物几乎都是用它来建造的。楠木种类众多，其中的金丝楠木更是在传说中威名远扬，许多帝王都是用它来制造自己的棺材。

考古专家："金丝楠木是不生虫子的，它里面肯定含有杀虫的要素。因为贵重，一般的老百姓用不起，只有拥有一定身份的人才能用得起。那么，这里面有没有一种自然的防腐的东西呢？我认为肯定是有的。"

正是因为金丝楠木具有防腐、无菌、不易变形的特点，再加上它本身十分稀有，所以这种名贵的木材便成为皇帝的专属品，普通人根本无权使用，权贵富人们也只能使用次一级的楠木或是檀香木，而给老百姓们剩下的便只有普通的杉木了。而杉木随着气温的变化和湿度的大小，收缩性比较大，只需要三五天的时间，木材就会发生变化。

通过对王振夫妇棺材用料的对比，我们不仅看到了一个庞大富有家族的衰落，更可以理解如今我们所看到的离奇现象。那么，名贵的木材是否就是决定尸体腐化程度的关键因素呢？

如果棺木用料是决定防腐的重要依据，那么在其他几具不腐尸上也应该能找到相应的验证。可是，又一件令人大感意外的事情发生了，那位举世闻名的马王堆辛追的棺木居然是杉木。

走进马王堆博物馆，几口做工精致的棺材立刻映入了我们的眼帘。历经2 000多年，丝毫看不出岁月对它的销蚀，看上去它们依然是那么坚固，如此的壮观，很难想象这些棺木竟是取材于普通的杉木。

辛追的棺木究竟存在着怎样的秘密？它对于辛追的不腐之身又是否起到了作用呢？记者来到湖南省马王堆古尸研究中心，罗学港教授为我们讲述了其中的原委。

罗学港：“从棺椁的制作工艺和所用的材质来说，用杉木制作的棺椁，越接近内棺，密封性能就越来越好。”

按照罗教授的说法，辛追的棺木不仅做工精良，而且起到的实际作用也相当之大。而对于我们最为关心的材质问题，罗教授也给出了答案。原来，虽说这几座棺木的材质确实是杉木，但是这些木头可不是普通人用的杉木，而是阴沉杉木，属于阴沉木的一种。

所谓阴沉木，是两千年至万年前，古四川地域天体发生自然变异，由地震、洪水、泥石流将地上植物、生物等全部埋入古河床等低洼处。一些埋入淤泥中的树木在缺氧、高压状态下，细菌等微生物的作用下，经过数千年甚至上万年的炭化过程而形成，故又称“炭化木”。

罗学港：“它能够泡在水里面那么长的时间而本身不腐烂，这说明它自身具有抗腐蚀的能力。”

随着地壳的变迁，这些枯木残根在水底泥沙中浸泡和磨压，改变了原来的物理性能：木质内在的脂肪、糖类等都在水中溶解得干干净净，清除了蛀虫、细菌的生存空间。因此，阴沉木具有很强的抗腐性。

罗学港：“至少从生物腐蚀这个角度来说，它自身具有保护能力。”

阴沉木极为稀有，一般以杉木居多，除了有防腐的功效外，更令人称道的是它不变形、份量重、密度高、不会被虫蛀，堪称树中之精、木中之魂，西方人更称之为“东方神木”。因四川人也把其称为“乌木”，故有“纵有黄金满箱，不如乌木一方”之说。可见这阴沉木有多么珍贵。

罗学港：“如果用这种木头来做墓穴，它可以给尸体构成一道屏障，抑制细菌进入棺木内，甚至达到杀死细菌的功能，对尸体起到防腐作用。”

正是由于阴沉木所具备的这些神奇特效，因此在古代，这些珍贵的木材便成为最上等的棺木材料，其地位丝毫不逊于金丝楠木。而辛追所用的恰恰就是阴沉杉木。现在，我们已经完全解答了之前对于辛追棺木材质的疑问。

既然从王振墓及辛追墓中，我们都意识到棺木材质对于尸体不腐起着不可忽视的作用，那么现在我们能否就对古尸不腐的秘密下定论呢？而在专家的眼中，这些稀有的木材又会占有多重的分量呢？

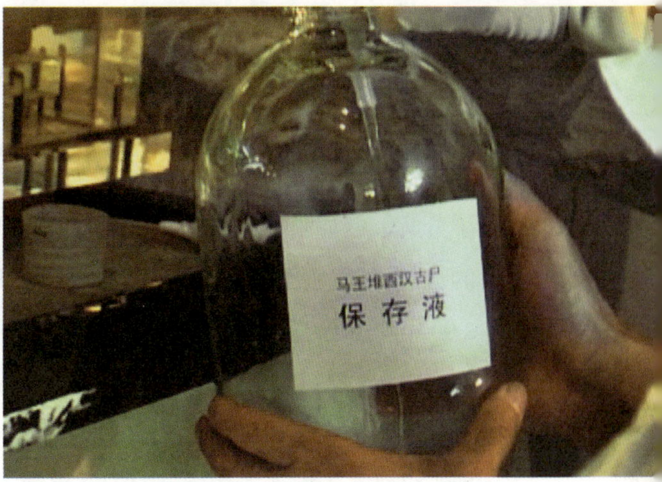

棺液

考古专家：“有些木材本身具有抑制细菌生长，甚至有杀菌的能力。包括我们现在知道的一些木材，它可以在死后一千年自身都不会腐烂。所以可以肯定的是，它自身的结构中间一定具有某种抗腐蚀的能力，如果用这种材质来做棺材的话，可能构成了对尸体的保护屏障。我认为这也是尸体不腐的一个重要的原因。”

在罗教授看来，棺木材质对于抗腐有着毋庸置疑的作用，但同时他也强调这仅仅也只能成为“之一”，而不可能是起决定作用的，并不意味着使用了好的棺木就能保证尸身不腐。而与他持同样观点的还有林慧萍墓的研究者项老师，在他眼中，也许棺木材质能解释像王振合葬墓这样的现象，但是对于林慧萍墓来说这些都不足以成为依据。

项老师：“这个墓葬里的三个人都用的是楠木，从材质上讲没有区别。”

林慧萍一家三口虽然也选用的是上等楠木，但是既然三个人的棺木所用材质相同，也就不能解释为什么只有她一人不腐的疑问。我们的调查首先探究了深埋、密封的奥秘，后来又了解了关于棺木用材的问题。现在，我们不得不又将目光放回到连云港林慧萍那里。因为，在几具不腐尸当中她所留下的疑问最多，也正是因为她，让我们所寻找到的一个又一个答案被一一否定。

接下去，我们还能通过什么继续探索呢？从连云港两位专家的口中，我们又听到了一个新的名词——棺液。

考古专家：“我们在开棺的时候，发现棺木的内壁上，以及棺木里漂着一层褐色的水，这就是棺液。”

林慧萍棺材内的棺液非常奇怪，刚从棺材里把它舀出来的时候是清的，但之后就变黑了。这到底是怎么回事，到现在也一直没能找到答案。

我们知道，人体是由无数的细胞所组成，当人停止呼吸之后，细胞会逐渐死亡，之后分解。要是人体多年之后依然保持不腐，那是因为身上的细胞停止了分解，但如果将人体放置在水中，非但不能固定细胞的形状，还可能加速它的分解过程。但按专家所述，林慧萍却恰恰就是在一些未知的液体中浸泡了2 000年，更让我们吃惊的是，在马王堆及上海杨福信的墓中居然也都出现了类似的情况。

考古专家："林慧萍和辛追的遗体在当时出土的时候，发现她们的内棺里面都已经有了棺液，尸体就浸泡在里面。"

这种神秘的液体到底为何物？它又是从何而来？是古人有意放入，还是偶然形成？为何在几具不腐尸中都曾有过？难道这才是古人的防腐秘术吗？

我们所了解到的深埋、密封及棺木材料经过科学的论证，可以说对于防腐来说都起着很大的作用，但是单就其中的哪一项都不可能成为古尸不腐的决定因素。现在，一种更为神秘的东西出现在我们的面前，这就是棺液。

关于它的由来、它的作用始终都充满着争议。到底每个不腐尸里出现的液体是不是同一种东西？它们是不是真的就是决定尸体不腐的关键因素呢？

其实，早在1972年发现马王堆辛追的时候，研究人员就已经发现了棺木中有一种神秘的液体，但没有人知道它是怎么来的，更不知道这些液体是不是就是保证辛追尸身不腐的关键因素。

几十年来关于这个话题可以说争议不断，可谁都拿不出确凿的证据。

现如今先后出土的林慧萍、杨福信等不腐尸的墓中居然都发现了神秘液体，这确实很难让人再相信这些液体形成的偶然性。那么，这些液体是不是都是同一种物质呢？它们又是来自何处呢？

我们知道，在马王堆之前，世界上保存古尸最好的是埃及木乃伊，但是他们都是没有内脏的，而人体中内脏是最容易发生腐烂的，这也就是为什么埃及人在制作木乃伊时要先把大脑和内脏完全取出，然后用椰子酒和捣碎的香料填塞到人体里，之后，再将人体缝合。

在今天看来，这也许是一个残忍恐怖的过程，但古埃及人却是用一种虔诚的心情完成这种神圣的工作。把人体内脏取出，将芳香的草药放入体内，表示着将这个故人送上了去往美丽未来的路。而且他们相信，终有一天，离开的灵魂还会归来，返回到这个保存在人间的、芳香四溢的身体中，并重新开始美丽的生活。

在20世纪初，人们开始对尸体的腐烂有了科学的认识。人体的腐烂主要是由外来的腐败细菌和自身的蛋白酶造成的，因此我们也理解了为什么取出内脏和大脑的木乃伊能保证不腐。但是辛追等神奇不腐尸不但身体没有发生腐化，甚至连内脏都保存完好，不能不说这是一个奇迹，究竟是什么替她们抵挡住了细菌的侵蚀呢？有人说产生这个奇迹的原因就是她棺木中的那些神秘液体。

1972年，湖南省长沙市马王堆的辛追奇迹般地展现在世人面前，当研究人员为她的不腐感到惊讶的同时，人们也注意到这位老太太竟然安详地躺在一池褐色的液体中，仿佛像是在泡药浴一样。这些神秘的液体到底是什么？它们又是从何而来的呢？

考古专家：“这也是一个有争议的问题。一种认为这种液体是从土质里面渗透进去的；另一种认为这是人体结构中间的水，它是在尸体分解的过程中慢慢地渗出来的。”

一种观点认为液体是来源于地下的土壤，经过上千年的时间，地下水慢慢侵入到棺内，随着时间的推移，积累得越来越多，最终形成我们所看到的样子。但是，这个观点好像有悖于之前我们所提到的棺木的密封作用。

考古专家：“如果是外面渗进去的水，它就不可能达到我们刚才讲到的密封以后的恒温、恒湿这样一些基本条件。因为，外界渗入的水肯定会越来越多，即使有一些药物的成分在里面，也会被稀释，稀释以后药物的有效成分就要下降，这样会不利于尸体的保存。”

而另一种观点认为，这些水是墓主人自身分解出来的。因为人体的重量当中70%都是水分，所以人死以后，有一个长期的水解过程。从辛追的遗体可以看出，她生前过着养尊处优的生活，导致体态丰盈，因此医学界分析她去世后能分解出几十公升的水是很有可能的。

考古专家："从现代医学和生物学的角度来看，更多的趋向于认为是棺内自身产生的水，而不是外面渗进去的水。"

几十年来人们关于辛追棺木中的神秘液体的来源一直争论不休，可是无论它是来源于地下，还是出自辛追自身，这些液体又和辛追的不腐有什么关系呢？

学过医学的人都知道，如今医学上对于尸体防腐采用的是一种叫福尔马林的药水，不过在辛追的那个年代，是不可能有福尔马林存在的，于是就有人提出，辛追棺木中这些神秘的液体会不会就是古人发明出的防腐药水呢？

于是，专家们对这些液体的成分进行了鉴定。结果发现，这神秘液体还真不是什么普通的水！

如果说液体从何而来我们还无法找到确凿的证据，但是研究人员通过对它的化验分析，对液体的成分有了全面的了解。测试结果显示液体 pH 显酸性，里面除含有丰富的氨基酸外，还含有乙醇、乙酸等杀菌物质。乙醇就是今天医学中常用的杀菌药物——酒精。而令研究人员感到意外的是，在液体中他们居然还发现了一些特殊的元素。

考古专家："在辛追的棺液里面还检查出来一些汞化物，而这些成分都可以抑制细菌的生长，从而对遗体形成了一个保护的屏障。"

汞，一种化学元素，它还有一个更加为人熟知的名字——水银。这种元素的化合物具有消毒、防腐的作用。在古代，水银被很多炼丹、炼金术士视为必不可少的元素，并且被作为外科用药。在马王堆汉墓出土的帛书中有一部《五十二药方》，其中有四个药方就应用了水银。

而关于水银能够防腐、保存尸体的传说，在我国古代曾有过很多的记载。据《史记》记载，秦始皇死后就是以躯体浸泡在水银棺中的方式进行保存。20世纪末，中国考古专家曾在秦陵地宫表面检测出大片强汞区域，其结论是，秦始皇陵地宫里可能确实有大量的水银。

到了明代，用水银保存尸体的技术已经普遍运用，是大小贵族均知的尸体防腐之术。据说在明初时期，很多征战边关的将士,阵亡后均被运回家乡，当时采用的就是水银防腐的方法。明代将领沐英在云南阵亡，当时从云南到南京需要 8 个月的时间，然而其尸体最终被完整运回南京，就是靠了水银的帮助。由此看来，水银是那个时代常用的防腐剂。

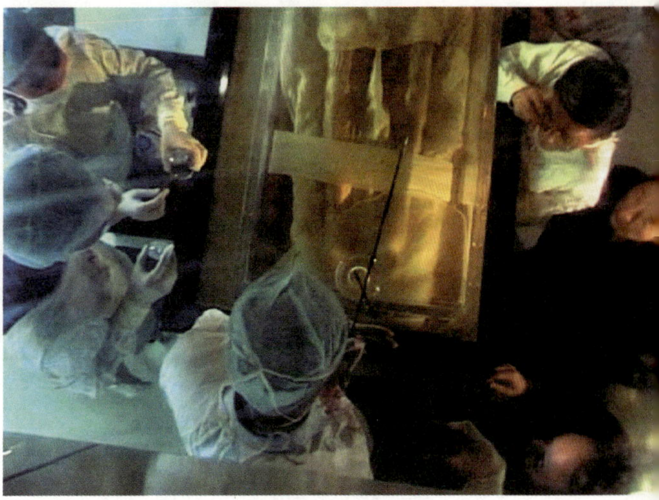

尸体保存在棺液中

考古专家："汞本身对人体是有害的，现在它已经被禁止作为医疗使用，但是它防腐的效果却是肯定的，用到尸体的防腐方面，效果非常好。"

在辛追的棺液中，检测出里面不但含有大量的中草药成分，同时还发现了水银、朱砂等特殊物质，它们的出现使研究人员对于棺液又有了新的看法。

考古专家："它们共同构成了一种类似保存液的物质，一些化学药品、包括中药的一些成分都溶解在这个水里面了。"

在专家看来，这些神秘液体中的水无论是来自地下，还是出自辛追自身分解的水分，可以确定的是，它们已不再是普通的水，而是与中草药及一些化学元素混合而成的特殊液体。考古专家说，这种液体对湿性古尸的保存起到了非常重要的作用。

辛追棺木中出现的神秘液体再次引起了广泛的讨论，甚至有人提出这些液体就是古人们有意放入的防腐药剂，相当于我们今天所用的福尔马林。

人们所提到的福尔马林，学名叫甲醛，它的水溶液（一般甲醛含量 35% 到 40%）就是我们今天医学上用来保存尸体的主要药物。

考古专家："现在国际上都采用福尔马林浸泡尸体，但是它有一个缺点，就是它会将尸体的水分抽干，导致尸体变形，颜色变为棕褐色。"

即使从今天的医学角度来看，就算是使用福尔马林这种现代药水来保存尸体，也很难达到像辛追这样的水准，此时我们不得不再次由衷地为之惊叹。难道说古人在几千年前就已经发明出了比现在还要好的防腐药剂吗？

像辛追、林慧萍这样的不腐尸之所以会引起全世界的轰动，在很大程度上是因为即使是我们现在的医学水平，也不敢保证能将一具尸体保存得如此完好。而辛追棺木中神秘液体的出现，似乎给了一个让我们找到答案的理由。经测试，这种酸性液体里所含有的成分的确具有防腐、抗菌的因素，这就说明，这种液体并非普通的水，而是古人发明出的一种防腐药剂。

那么，能否就此确定这种棺液就是导致古尸不腐的真正原因呢？林慧萍墓的研究专家说，绝对不是！

这到底又是怎么回事呢？

在当年林慧萍墓室挖掘的过程中，考古人员发现在林慧萍的棺木中竟然也存在着大量如同辛追墓一样的棺液。可是令人意外的是，当专家把这些液体拿去化验后，得出的结果却是大相径庭。

陈主任：“我们给这个液体作了一些酸碱度的分析，发现它偏弱碱性，这个和马王堆棺液呈酸性有着很大的区别。”

同样做了酸碱测试，可是林慧萍棺液得出的结果却显示为碱性，而我们知道，这种碱性液体不但对尸体不能进行有效的保护，甚至还有利于细菌的滋生。

毛老师：“这具古尸的保存，单从棺液pH角度来看，应该没有什么说服力。”

在专家们的眼中，林慧萍的棺液完

尸体保存在棺液中

全不同于辛追的棺液，按常理，这些液体不但不能保护林慧萍，反而会加速她的腐化。为了进一步探究棺液的秘密，研究人员又对棺液进行了微量元素的分析。这次会有新的发现吗？

毛老师：“棺液里的钙离子、镁离子和钠离子含量比较高，与海水的含量基本上是在一个数量级的。所以也可以认为，棺液当中这些微量元素的含量与连云港浅水区海水的含量没有特别大的区别。”

再次的化验依然没能从林慧萍的棺液中找到任何一点防腐的元素，但是研究人员却意外发现了另一个问题，棺液中所含有的微量元素含量竟然和当地海水几乎完全一致，这也就说明了林慧萍棺木中的液体应该是出自这里。

考古专家：“可以肯定地说，这个棺液就是地下水。”

林慧萍的棺液再次引发了有关神秘液体的争议，同样是出自棺木里的液体，为什么一个呈酸性，另外一个为碱性，而两具古尸却同样都能不腐呢？由此，人们又对液体防腐的观点产生怀疑。

虽然在几具不腐尸的棺木中都寻找到了神秘液体，但是经过化验分析，现在可以确定的是，这些液体并不是相同的物质，而通过林慧萍棺液的成分数据我们也更有理由相信，这些液体中的水应该是来源于地下水。

考古专家：“这个棺液里并不含有什么药水，而是自然的地下水流进去的，再加上棺木内部一些防腐的元素，以及尸体流失出来的元素，从而产生了一种新的液体，而恰恰是这种新的液体阻断了尸体腐烂。”

专家认为，无论是马王堆辛追，还是林慧萍，棺液中的水都应该是来源于地下，只不过这些水和棺木内部的一些元素发生了化学反应，从而产生出一种新的物质，也正是这混合液体防止了尸体的腐烂。

通过对神秘液体的调查，我们可以总结出，水并不是导致古尸不腐的关键因素，而棺木内部的诸多元素及尸体本身才是我们更应关注的。如果说所谓神秘液体并不是人们想象中古人有意配置的防腐药水，那么棺木中所盛放的许多物品里面一定就有我们要寻找的答案。

考古专家：“在马王堆墓葬中我们还发现了八角、茴香，以及大量中药材，比如朱砂，这些东西都具有防腐的作用。并且马王堆周围配了很多木炭，这肯定是用来防腐、防潮的。”

如同专家所讲，马王堆中出土的不仅仅有大量文物，同时随葬的还有大量中草药材，也许正是它们其中的一种元素与水偶然形成了这层天然保护液。现在我们虽然不敢确定古人是否已经掌握了防腐的秘诀，但是通过这些东西足以证明古人在那个时候已经有了很强烈的防腐意识。

考古专家：“古人非常讲究尸体防腐，比如汉朝的有些帝王，下葬时嘴里要含玉，七窍都要用玉堵起来，古人认为这样一来尸体就不会腐烂。”

纵观历史，古人们对于防腐有着千奇百怪的方法，有些是我们知道的，有些可能是还未发现的，有些已经被证明是失败的，而有些也许就是造成辛追、林慧萍不腐的真正原因。

在林慧萍的棺木中，考古人员既没有发现像辛追墓中存放的大量木炭，也没有看到有任何中草药的存在。但是在对她棺液的测试中，研究人员却发现了唯一一个与马王堆辛追棺液相同的元素，那就是汞。

没有发现任何的防腐物品，也没有像辛追一样的中草药，可为什么在林慧萍的棺液中居然也能存有汞的成分？

在我国历史上，人们为了追求长生不死，在历朝历代都有关于炼丹的记载。而古代炼丹最常用的质材恰恰就是水银，也就是汞。难道说这些不腐尸的形成竟然是来自他们生前所服用的丹药？

在我国古代，自秦皇汉武开始，历朝历代上至君王，下到黎民百姓，无不追求长生不老，各方术士也是各显其能，炼丹炼药弄得神乎其神。可结果我们也都知道，神丹妙药没能换来长生不死，有时甚至直接一命呜呼，而导致很多人迅速死亡的正是当时那些灵丹里的一种化学元素——水银。如今，水银已经被我们的医学界严令禁止随意使用。

不过，水银虽说对活人有害，但是对于死人来讲可就不见得了。古尸不腐是否就是因古人误食水银而造成的呢？

在辛追与林慧萍的棺液中，研究人员发现里面都有汞的存在，可奇怪的是辛追的随葬物中虽说有大量的中草药，但是这些都不含有汞元素，而林慧萍的棺木中更是什么都没有，那么，这些汞究竟是从何而来的呢？

我国历史上关于炼丹的传说源远流长，其实所谓炼丹就是用汞及某些矿物类药物，在高温条件下炼烧，最终炼制成的不同结晶形状的无机化合物称为丹药。那时，一些有权、有地位的人为了追求长生不老，经常服用这些丹药。

考古专家："这些人希望长生不老，于是经常服用各种丹药，殊不知服用了这些所谓的仙丹之后非但不能长寿，反而会加速他们的死亡。"

经常服用含有水银的药物，后果可想而知，换来的非但不是不死之身，反而落得个一命呜呼。虽说这含有毒性的水银对活人肯定起不到什么好效果，但是在专家看来，汞对于死人却是有些作用的。

考古专家："汞本身对人体是有害的，但是对于尸体的防腐方面，它却具有一定的作用。"

汞既然具有防腐作用，而在林慧萍及辛追的棺液中研究人员都找到了这种元素的存在，那么是否它才是导致古尸不腐的真正原因呢？

在对马王堆辛追解剖的过程中，专家们又有了新的发现。研究结果表明，辛追尸体组织内汞含量超过正常人的数十倍至数百倍，另外尸体小肠内还有大量含汞物质残留。这种情况说明，这些汞应该是辛追生前自己吃下去的。

难道说辛追的不腐尸源于她生前所服用的丹药吗？

考古专家："这个说法现在难有定论。汞能将人致死，但是也要看服用的比例。如果服用量大，人立即就会死；服用量小，还有可能抢救过来。"

汞的一些化合物确实有消毒、杀菌的作用，而辛追体内也的确发现

记者和专家探讨

了大量的含汞物质，但这并不能由此就断定它就是导致辛追不腐的决定因素。因为至少现在没有一项数据能表明，多少分量的汞能保证物质多长时间不腐。

辛追和林慧萍棺液中的汞给了我们一个很大的提示，虽说单独一种元素不能完全保证尸体的不腐，但是有没有可能还有其他物质也给尸体提供了防腐的元素呢？在一些资料中我们发现，辛追死后用酒进行过洗浴，这会不会是又一个因素呢?

考古专家："从当时的酿酒技术来看，还达不到酒精的浓度，但是不管怎样，它总是含有一些酒精的成分在里面，这也具有一定的杀菌或是抑制细菌生长的作用。对尸体进行的香浴，实际上就是一种药浴，这个是不是辛追尸体不腐的原因呢？我认为有一定的可能性。"

其实关于辛追的香浴也有着不同的说法。有人说用的是类似酒精的东西，也有人说是一种药物，总之在辛追死之后，她的家人有意在她身上又涂抹了一层东西。而在湖北荆州出土的168号汉朝男尸身上，专家们也找到了相应的佐证。这具男尸身上遍体涂满朱砂，由此可见古人在自己先人"仙去"之后已经有意识地为他们的身体进行防护。

考古专家："根据历史的记载和古人对遗体的处理，包括他们死后很快就对遗体进行洗浴，甚至是酒精的擦洗，以及在身体的表面涂抹朱砂等物质，我认为这些都应该是对尸体的腐化起到一个早期的预防措施。"

无论是传说中类似酒精的东西，还是我们已经发现了的朱砂和水银，虽说现在我们还不知道是否它们中的哪一个或是哪几个是决定古尸不腐的因素，但是至少在当时古人看来，这些东西对先人的遗体是具有保护作用的。

考古专家："根据我们的测试，至少含有十几种元素，那么是不是每一种元素都能起到保护的作用呢？这个也不好说，也许只有其中的几种元素最终起到了保护的作用，而这些元素的含量到底应该是多少，至今仍然是个谜。"

朱砂、水银、中草药及传说中那种类似酒精的东西，至少在当时古人认为这些东西是可以保护遗体的。而像水银，也就是汞，朱砂里也带有汞，还有酒精里的乙醇，这些化学元素本身确实都有防腐、杀菌的作用。而就目前来看，我们只是从棺液中化验出很多的元素，这些元素应该就是来源于棺木中或是尸体上这些具有防腐功效的物质，但是具体是哪一种或是哪几种元素起到了作用我们还不得而知。那么，接下去我们要做的就是分别测试一下，这些物质对于防腐到底能有多大的效果。

记者来到中国药物研究所，希望这里的专家能为我们解释更多关于朱砂、酒精对于防腐的问题。梁爱华研究员为我们进行了热心的讲解。

梁爱华：“朱砂是一种有剧毒的物质，现在属于管制药品，从没听说过朱砂还能进行尸体防腐，但人们利用朱砂对中药进行防霉处理还是很普遍的。”

朱砂又称丹砂，粉末呈红色，色泽经久不衰，而朱砂矿经过高温处理后得到的就是水银。这种物质真的可以延缓尸体的腐败吗？

梁爱华：“这个目前还不能确定，也没有进行过这方面的研究。”

朱砂和酒精对于防腐到底能起多大的作用？梁老师决定用小白鼠进行一个相关的实验。他找来三只小白鼠，其中一只涂上朱砂，一只抹上酒精，还有一只未经任何处理，然后分别将它们放置在三个大罐里密封好。

梁爱华：“一般情况下，在这个温度条件下未经处理的小白鼠顶多 5 天就腐烂了，如果气温高，甚至 3 天就会腐烂。”

正常情况下，小白鼠几天内就会发生腐烂，现在我们把它们放在密封性、温度都完全一致的环境中，两个月以后会出现什么样的结果呢？

两个月后，记者再次来到研究所。透过瓶子观察，里面用白布包裹的白鼠和当初刚放进去时没有任何区别，瓶口的密封效果确实出色，闻不到任何异味。

可由于密封效果实在太好，我们竟没有人能打开瓶盖，工作人员只能出去砸碎瓶子取出小白鼠，而此时臭味立刻扑面而来。记者看到，那只没有经过任何处理的小白鼠，不仅内脏完全腐烂，就连皮肤也开始逐渐发黑，而那股臭味正是出自于它。

用酒精擦拭过的那只小白鼠皮肤几乎没有任何变色，里面的内脏也只是轻微腐烂。这样看来，古人对尸体进行的香浴还真的有些奇效。

而当记者打开最后一只涂有朱砂的小白鼠时，眼前的景象令人惊喜。

当沾染了朱砂的包裹打开时，三个月前的白鼠完全变红了，这和荆州168号男尸体表的朱砂状态极为接近。朱砂包裹的小白鼠在密封了两个月后，竟然没有任何异味，这样的结果是出乎所有人意料的。而且白鼠的表皮是干燥的，腹腔打开后，虽也出现微腐，但脏器外形还能清楚地辨认。

梁爱华："这只小白鼠的内脏几乎没有腐烂，因为涂了朱砂，所以表皮现在看不出变化，否则应该比那只涂酒精的还要好，而且它的尾巴及四肢也都是完好的。"

这个实验验证了酒精和朱砂确实在不同程度上都延缓了小白鼠的腐烂，尤以朱砂的效果最为突出。那么这是否可以说明，它们就是导致古尸不腐的重要因素呢?

梁爱华："这个还不能完全确定。从目前来看，肯定是有一定影响和帮助，因为酒精里有乙醇，朱砂里有汞，这些确实都有消毒、防腐的因素。但是同时我们也看到，即使涂上酒精和朱砂的小白鼠也不是完全不腐烂，只是延缓了腐烂而已。"

通过实验可以看出，无论是朱砂，还是酒精、水银，这些的确都有防腐的作用，但绝对不是最主要的那个原因。如果仅仅使用这些材料也只能是抗腐、慢腐，而绝不可能是不腐。因为，实验中的小白鼠才放置了两个月，而辛追和林慧萍她们可是具有2 000多年的历史啊!

到这一步，我们的调查似乎已经到头了，可以说从外到里，什么白膏泥、阴沉木，还有棺液、朱砂、水银，能看到的，能想到的，都探了个究竟，也的确获知了许多信息，比如说密封、深埋、恒温、无菌等，这些也都的确为防腐提供了帮助。

但是，谁也不能说，当具备以上的几点时就能保证尸体不腐，并且是上百年、上千年不腐。那么，只能说明，发生在他们各自身上的纯属偶然现象。

马王堆辛追由于是这里面出土最早、轰动性最大的一个，因此对于她的研究也是最为突出的。而研究人员在找到辛追当年死因答案的时候产生了这样一个想法。

考古专家：“关于辛追的死亡原因，我们是研究得比较清楚的。她是因为胆结石引起胆绞痛，诱发宫内膜供血不足，从而引起的急性心肌梗死导致的死亡，属于是非感染性疾病导致的死亡。从医学生物学的角度，这个也应该作为综合性的考虑因素。”

专家认为，导致古尸不腐的真正原因要从两方面来看，既有主观原因，也存在一些客观因素，而死亡原因应该就是其中的一项。对于不同原因死亡的人来说，尸体腐烂的快慢也会出现很大的不同。

罗学港：“从医学生物学的角度，死亡的病因对遗体的保存也有一定的影响。比如一些感染性疾病，本身就存在细菌感染，人死以后，可能这些细菌还活着，就会加速尸体的腐败。”

听完罗学港教授的话，我们不由得想到，也许古尸不腐的秘密中真的隐含着一些偶然因素。再次回想几具不腐尸，无论是辛追、林慧萍，还是杨福信、王振，他们都是属于自然死亡，而且后两者还都高寿而终。看来人自身的条件及生前有无病菌感染可能真的也是导致不腐的重要条件。而在连云港，林慧萍的研究者项老师同样也表达了古尸不腐是多重因素的观点。

项老师：“气候原因也是一个重要因素。林慧萍死的那年，当地雨雪特别多，并且那年很可能发过大水，而她一直就稳定在水中间，密封加上水导致她与外界隔绝，深埋在二三十米的土层下面，环境相当稳定，所以这一点也非常重要。”

天气因素是专家为我们提供的第二种猜测。我们可以想象，当一个人下葬时赶上雨雪丰沛的天气，那么在同样条件下防腐的优势一定会高于那些高温干旱情况中下葬的人。而据了解，林慧萍不但在下葬时赶上了雨雪丰沛的天气，同时她的死亡时间显示为冬季。

项老师：“如果一个人在气温比较低的情况下死去，这个时候他整个的化学反应速度都会放慢，包括一些生物学的反应也是如此。”

我们之前说过低温、恒温是保证尸体不腐的基础条件，由此也不难理解不同的天气及季节差异会影响到尸体腐化的程度。而除此之外，专家眼中的第三个客观因素就是埋放地点。

考古专家：“埋葬地的地理条件如果处在一个相对干燥，同时相对湿度恒定的地理位置，也更有利于尸体的保存。”

我们国家幅员辽阔，无论从天气、土质、气候来讲，南北差异都甚为之大，那么墓址选择的地点对于尸体的保存确实应该有着不小的影响。几具不腐尸出土的地点似乎也印证了这一观点。

至此，我们可以为这次关于古尸不腐的调查做出一个较为客观的结论：只要能抑制细菌的生长，尸体就不会腐败。但是，要能达到这一目的，除了深埋、密封、防腐药物、抗腐木材等古人创造出来的条件，还要再加上死亡原因、下葬时间及埋葬地点等不同的客观因素。也许正是当这些条件全部具备时，才让我们今天有机会看到辛追、林慧萍等神奇的不腐古尸。

考古专家：“像辛追、像林慧萍这样尸体能保存2 000多年不腐烂，我认为必然会受很多因素的影响，当然这中间也存在一些偶然的因素。不过，现代科学讲究证据，不管什么样的猜测，最终都要拿事实、拿证据来证明。”

的确，科学要讲究证据，我们对于历史留下的问题仅仅只能通过我们所发现、所了解的进行研究，而想要最终水落石出恐怕还有待于更多新的发现。时至今日，也许我们还不能就此判定古人是否成功掌握了防腐秘诀，但可以确定的是，在很久以前我们的先人就已经有了很明确的防腐意识，并且相应创造出许多方法。不管其中有没有偶然因素，辛追、林慧萍等不腐尸的出现已证明了他们天才的创造性。

探究进行到这一步，古人到底有没有什么防腐秘术已经不重要了。深埋、密封、恒温、无菌这八字口诀就是古人为我们留下最好的东西。也许有朝一日，随着新的考古发现，我们能对辛追、林慧萍有更新的认识。不过，这其中的道理如同我们今天一样，无非只是一个过程、一个阶段，而重要的是，我们要能继续传承祖先留下的这些宝贵经验。

（李凌波）

谁在塔中哭泣

1986年9月，普救寺的修复工作正在进行。突然，一名工人听见了一阵阵奇怪的声音。这声音断断续续，从寺内的古塔中传出。仔细听来，似乎是人的哭泣声。普救寺修复期间，外人严禁进入。有谁会闯入这座古塔？又为何如此悲伤地不断哭泣呢？

山西省永济市，西临黄河，安宁驯顺的黄河水，灌溉着几万亩良田。普救寺便位于黄河边的峨眉塬头之上。

作为张生、崔莺莺的爱情见证，普救寺成全了人们“有情人终成眷属”的美好希冀。而如今，莺莺塔发出的不知来源的奇异声响，却为这里蒙上了一层神秘的面纱。当地村民对古塔怪声的猜测，大多源于一本元朝的传奇小说——《西厢记》。

当地人对古塔的猜测大多源于一本元代传奇小说《西厢记》

在《西厢记》中，张生和崔莺莺在普救寺邂逅，互生爱慕之情。贼兵孙飞虎得知莺莺的美貌，兵围普救寺，想抢莺莺做压寨夫人。情急之下崔夫人当众许愿：有退得贼兵者以莺莺许之。于是，张生请求好友发兵解围。没想到退兵之后，崔夫人又嫌弃张生

神秘的哭泣声究竟源于哪里呢

贫寒而悔婚，棒打鸳鸯，使得张生相思成疾，莺莺泪干肠断。正是因为这部家喻户晓的古代名著，使得当地人对古塔发出的怪声做出了一种神秘的解释。

仝毅是原普救寺旅游文物管理所的所长，与普救寺相伴了三十多年，一直致力于研究普救寺的历史和文化。对于当地群众认为的哭声来自《西厢记》的女主人公崔莺莺，他认为那只是人们善意的附会罢了。可是好好的一座古塔，为什么会突然间发出神秘的怪声？如果不是村民口中的讹传，哭泣声又是从何而来的呢？

得知古塔发出怪声，记者首先想到的就是塔里有某种会发声的物体。可是走进莺莺塔，除了一尊佛像和登塔用的木梯，什么都没有。沿着木梯，记者登上了第二层。第二层出现了夹壁甬道，内部十分黑暗，而且狭窄，只能容一个人通过。借助电筒光，记者找遍了塔内的每个角落，并没有任何意外的发现。而到了九层，就再没有向上的甬道了。

会不会是塔檐的铜铃发出的声音呢？这也不太可能。这些铜铃年代久远，早已经铜锈斑驳，没有响声了。

在距离古塔不到 50 米的地方，一面直径将近 4 米的大鼓，引起了记者的注意。这鼓声会不会就是哭声的来源呢？

塔里还有一尊佛像

可是，在鼓声响起之后，我们却并没有听见传说中的哭泣声。那么，这神秘的声音究竟源自哪里呢？

在与仝毅的交谈中，记者发现，他对古塔中的哭声不但没有半分惊疑可言，而且不以为然。后来得知，他曾亲历的一幕，远比我们已知的更加扑朔迷离。

仝毅：“1987 年，我们在修复的过程中，晚上没事了，就坐在塔底下聊天，突然就听见塔里面怎么唱起戏来了，而且非常清晰，就像一台戏一样，演员的唱腔、道白都很清楚，大家都说很奇怪啊！”

身边的佛塔，居然传来阵阵唱戏声。工人们都很纳闷，想找出究竟是谁在塔里唱戏。可这神秘人却似乎和他们玩起了捉迷藏的游戏。走进塔中，塔中空无一人，走出塔来，唱戏声却又从塔里传了出来。一阵阵的敲锣打鼓声，几乎在寺里每个角落都能听见。可找遍了佛塔的里里外外，始终没有发现任何人。

接下来的几天，仝毅又陆续接到工人们的报告，内容越来越离奇，说是塔里有人哭有人闹，尤其到了深更半夜，还有人聊私房话。

塔里有某种会发声的物体吗

塔里有一个木梯子

是塔壁上的铜铃发出的声音吗

2.5千米以外的唱戏声如何解释

科学途径找到莺莺塔发声来源

同样是在莺莺塔下，为什么总能听见这种不明来源的声音呢？工人们开始疑神疑鬼，有些人认为这里是不祥之地，纷纷辞职。这些事让仝毅有些手足无措。为了稳定大家的情绪，他决定找出莺莺塔怪声的由来。

在莺莺塔周围的村庄，仝毅四处走访，逢人便打听莺莺塔发出怪声的事情。可当地群众知道的并不多，就算有人听说过，也说不出个所以然来。

仝毅：“后来一打听，原来是蒲州镇的文化站在演戏，但声音怎么会从塔里面响起来？”

这个文化站是附近唯一有戏班表演的地方，距离莺莺塔有2.5千米的距离，这让仝毅百思不得其解，声音怎么会传到那么远的塔下呢？但通过多次比较，他非常

普救寺距今至少已经有一千多年的历史

确定，文化站表演的戏曲内容，和他在塔下听到的一模一样。文化站的演戏声应该就是工人们在莺莺塔下听到的怪声的来源。

仝毅：“莺莺塔和文化站舞台直线距离 2.5 千米，这么远的声音就传过来，在莺莺塔下，我们都能听见。”

仝毅的这个结论，让我们感到很疑惑。尽管普救寺地处高地，周围没有任何高大的遮挡物，但毕竟两地相隔了 2.5 千米的距离，按常理来说，人的耳朵根本就分辨不出了。

为了证明这个奇怪的现象，仝毅带记者来到了蒲州镇文化站，大家都希望能现场验证莺莺塔远距离传声的奇迹。但眼前的景象，让人十分失望。二十多年过去了，昔日热闹喧嚣的戏台早已荒废。原本站在戏台上就能看见莺莺塔，如今也因为村民新建的住宅，将视线层层挡住。至此，仝毅所说的当年唱戏声远距离传送的怪事，无从考证。

来到永济已经三天了，神秘的哭泣声始终没有理出头绪，唱戏声又无法考证。这座神秘的古塔为何频频发出怪声？这些怪声之间，又有着怎样的联系呢？

在一千多年前的唐朝，永济是通往京都长安的重要枢纽，因此成为当时最为繁盛的大都市。普救

莺莺塔频频发出怪声

寺，更因是武则天的香火院而远近驰名，三教九流，过者无不瞻仰。莺莺塔就坐落在普救寺的西轴线上。

从外表上看，莺莺塔是一座典型的唐朝古塔。平面为方形，密檐式结构，内部则为空筒式。与之类似的还有著名的西安大雁塔、小雁塔。因为年代久远，又历经磨难，能保存到现在的唐朝古塔，已经寥寥无几。

如今，莺莺塔这座千年古塔，突然发出如此来路不明的声音，究竟应该通过怎样的科学途径来解释呢？记者决定，首先，查找关于莺莺塔发声的最早历史记载。虽然在《西厢记》中，普救寺就已经存在了，但它究竟建于何时，历史上并没有明确的记载。

2008 年 3 月初，在普救寺外的东北角，工人们在施工现场发现了一块年代不详的石碑。根据碑文判断，这应该是一块元朝的石碑，从碑文内容上，仝毅判定出普救寺距今至少已经有一千多年的历史了。

仝毅："它的时间年代，没有准确的比如说是哪一年建的，但是我们从史料中发现，隋初就已经有普救寺了。到了唐朝，道宣和尚又把这个寺院扩大成了一个大寺院。"

既然普救寺在隋唐时期就已经规模宏大，那么史书中对莺莺塔也应当有所记载。在当地图书馆，记者翻阅了大量隋唐史书，希望能找到关于莺莺塔发出怪声的记载，然而仅有寥寥数语说这座塔原名舍利塔。既然普救寺在当时香火

莺莺塔发出的唱戏声、蛙鸣声都来源不明，史书上也找不到任何线索

明朝地震震毁后，重新修建，古人保留了它唐塔的风貌，并由原先的7层加盖到13层

里什么也没有发现，而且塔里的环境黑暗狭小，也并不合动物的生存

极盛，为什么对发出怪声一事会没有记载？难道是古人太粗心，竟没有人发现吗？

7层宝塔，这是《西厢记》中作者对塔的描述。但我们眼前的莺莺塔却有13层。尽管我们说《西厢记》改编自一篇传奇小说，故事的真实性尚待考证，但作者也不会把好好的13层宝塔说成7层啊！难道这其中还有什么变数？

塔中的这尊佛像看上去年代久远，仝毅在佛像中空的腹部发现了一张神秘的纸条。这张纸条字迹清晰，明确地记载了这尊佛像的来历。它是由蒲州敬信坊的信士围岚一家为普救寺重建佛塔捐赠的，时间是明嘉靖四十三年九月十九日。

通过对文物的研究和史料的查找，仝毅发现了莺莺塔历史上的一个重要转折点。

仝毅："在明代嘉靖三十四年，蒲州这个地方发生过一次大地震。震中在山西的华阴，波及蒲州。老百姓把这次大地震，叫作'天塌蒲州'。这次地震时，蒲州地面的建筑几乎全倒了，莺莺塔也倒塌了。"

这一意外发现，证实了一点，即现存的莺莺塔并不是唐朝建造的，而是明朝地震后重新修建的。在重建过程中，古人保留了它唐塔的风貌，并由原先的7层加盖到13层。难怪唐史中没有任何关于莺莺塔发出奇异之声的记载。

终于，在清朝的《蒲州府志》和《永济县志》中，仝毅发现了两段相同的记载："有声若吠蛤，盖空谷应音类矣。"意思是说，这里的声音就像是金蟾的叫声在山谷之中回荡。

在传说中，金蟾并不是普通的蟾蜍，它只有三只脚，能吐钱，因此被人们当作旺财的瑞兽。但这只是人们美好的期望，并非现实。可是，这蛙声又是从哪里来的呢？

普救寺离黄河大约有6千米远，气候湿润，十分适合蛙类的生存，可蛙类只有在春夏繁殖的季节才会成群鸣叫。难不成一百年前，普救寺里有一只不知疲倦的巨蛙？

可是在之前的调查过程中，记者在塔里什么也没有发现，而且塔里的环境黑暗狭小，也并不适合动物的生存。

普救寺山脚下有一片居民区，叫西厢村。据说，早年间有一个民间戏班来这里演出，连演了几台戏都不叫座，最后搬出了《西厢记》。结果一连演了10多天，村里人也不让戏班走。附近城里的，远处山里的，都嚷着要来这里看戏。时间久了，“西厢村”就喊出了名。

在仝毅的带领下，我们在西厢村访问了当地的一些村民。因为《永济县志》是一百多年前编写的，也许现在还有人能依稀知道些什么。

村民：“建塔的时候用的那种砖是不是有回音的？”

仝毅：“民间的说法多种多样，一种说法是，建塔的时候，材料里面有一块禽砖。什么是禽砖呢？做砖的时候，空中有鸟飞过来，而且鸣叫一声，把这个声音就扣到砖里了。烧出来的砖，就叫禽砖。”

烧砖的时候，保留住了鸟的叫声。这种说法，显然太过虚妄。从村民的口中，我们还听到了另一种说法。

村民：“上了年纪的人传说，这个塔是师傅盖的，底下埋了金蛤蟆。”

仝毅：“唐朝佛教大兴，师徒比艺。当时，在普救寺和中条山下的万固寺同时各建一座佛塔。建成以后，发现徒弟建的万固寺塔八面玲珑，大家都说徒弟手艺比师傅高一筹。师傅说，‘他那个外表很好看，但我这塔是宝塔，塔下压着两只金蛤蟆，大家如果不信咱们现在集体试验一下。’结果敲一下响两下，说明有两只大蛤蟆。”

从村民口中听到的这些传说，让我们很兴奋。这证明当时的蛙鸣声真的是家喻户晓，但这些说法却又都经不起推敲，有些还带有迷信色彩，并不能科学地解释莺莺塔的怪声之谜。古塔与蛙鸣之间，究竟有着怎样的联系呢？

前往西厢小学进行寻声的调查走访

种种怪声现象始终找不到研究证实的办法，自己亲身经历的事情又因为时过境迁，无法考证。仝毅成天穿梭在西厢村中，希望能从村民的口中获得一些相关的信息。可惜，仍旧是徒劳无功，朴实的村民们似乎并不愿意多说这些稀奇古怪的事情。

西厢小学是附近唯一的一所学校，为了方便村里的小朋友上学，三年前才刚从山上搬下来。这天中午，学校的喇叭里播放着歌曲，学生们都在食堂排队等着吃午饭。突然记者发现，站在学校操场，可以很清楚地看见远处的莺莺塔。通过目测，仝毅判断这里距莺莺塔的直线距离大概有两千米远。

这样看来，相对于莺莺塔来说，西厢小学的位置和蒲州镇文化站戏台的位置很相似。如果真像仝毅说的，戏台的唱戏声可以在塔下听见，那么现在喇叭播放的歌声，莺莺塔下应当也可以听见。10 分钟后，摄制组到达了普救寺。其实在路上大家就已经发现，当离学校 500 米左右的时候，喇叭里的歌声就已经听不到了。难道在 2 500 米外的莺莺塔下还能听见吗？

令我们震惊的是，在走向莺莺塔的途中，学校扬声器里的歌曲声竟渐渐清晰起来，当摄制组到达莺莺塔下时，听见的歌词句句清楚。这让大家惊喜不已，同时更觉得不可思议。这一次发现，足以证实，仝毅所说的塔中传来唱戏声，确实是真实的。难道是莺莺塔具有某种强大的收音放大的能力？如果真是如此，

河南省三门峡市有一座宝轮寺塔，同样也有蛙鸣声，而且与莺莺塔外形相似（左图为河南轮寺塔，右图为山西莺莺塔）

专家现场调查，发现蛙声是敲击石块的声音形成的

那塔中传出哭泣之声，自然也有了答案。

在专家调查研究的同时，我们也试图在网上搜集有关资料，结果有了一个惊人的发现。河南省三门峡市竟然也有一座能发出蛙鸣声的塔，而且从照片上看，两塔简直双胞胎般的相似。三门峡市位于河南省西部，是河南、山西、陕西三省的交界处，离永济直线距离不到100千米。这两座塔隔着黄河遥遥相对，它们之间会不会有着某种联系呢？

丁士章是山西大学物理系教授，退休后专门研究种种奇观异相。古塔异响，引发了他极大的兴趣。为了使调查更加科学合理，年过70的丁士章专程来到了三门峡。

这座古塔原名宝轮寺塔。相传古印度神话中有个手持法轮的飞行天神，叫“转轮王”，善降水魔。三门峡地区三面环水，历史上有数十次河水冲坏城墙的记载。为了消除水灾，人们自然联想到了主管水的转轮王，因此将塔命名为“宝轮寺塔”。

在莺莺塔周围反复的测量试验，终于，在正对着塔，且直线距离20多米的地方，我们听到了清楚的蛙鸣声

宝轮寺塔最初也是唐朝建造的，之后重修于金大定十七年，比莺莺塔还要早出387年。它曾经历过16次大地震，但因为结构合理、建筑牢固，至今仍保存完好，巍然独存。

从外观上看，与莺莺塔相同的是，宝轮寺塔也是成四方锥形，南北朝向，同样也是13级塔檐，自下而上，逐层收敛，塔面用青灰条砖一顺一丁垒砌而成。

在离塔不远的地上，丁教授发现了一块大青石。石头上有个大坑，像是长年累月被人敲打形成的。当他试着击打大青石时，我们清楚地听见了青蛙的叫声。随即，丁教授又在塔的四周试验，结果发现只有叩石或击掌的时候，才能听见蛙鸣声，而且击掌越快、越响，这种青蛙叫的声音也就越逼真、越响亮。原来塔里发出的蛙鸣声，就是敲击石头或拍手后听见的声音。

此后，我们再一次来到了莺莺塔下，并试着在塔四周叩石、击掌。然而，走了一圈，却并没有听见蛙鸣声。

正当我们四处试验的时候，莺莺塔墙壁上一个个圆形的凹洞引起了我们的注意。这些凹洞与宝轮寺塔下大青石上的凹洞一样，明显是长期敲击形成的。难道莺莺塔的蛙鸣声是敲击塔面发出的？我们沿着一个个凹洞，逐个试验了一遍，可是除了清脆响亮的敲击声外，仍然什么都没听见。

蛙鸣声时而在塔上，时而在塔下，村民说塔里藏着金蛤蟆

经过在莺莺塔周围反复的测量试验，终于，在正对着塔且直线距离 20 多米的地方，我们听到了清楚的蛙鸣声。一系列精确的考察测量后，丁教授总结出了蛙鸣声的规律。

丁教授："在 10 米左右的地方，我们敲石头，听不到蛙声，只听到敲石头的声音，或者拍手的声音，而在 20 米以外的地方，能听到'咯哇咯哇'的声音，这声音是从塔上空传过去的。地面也能听到，空中也能听到，站在房顶上也能听到。"

蛙鸣声时而在塔上，时而在塔下，怪不得村民说塔里藏着金蛤蟆。可好好的一座古塔，为什么会把叩石、击掌的声音变成青蛙叫声呢？

这一奇怪的声学现象，让丁士章突然想到了以前的一次研究经历。在江苏有一座纪念碑，放鞭炮的声音在纪念碑台阶的共振下，听起来就像是军号声。

那么，莺莺塔的蛙鸣声会不会也是因为塔身共振引起的呢？我们特意在听见回声最清晰的地方，将神秘的蛙鸣声记录了下来。回到北京后，记者来到了中国科学院声学研究所。

徐俊华（中国科学院声学研究所研究员）：“现场的记录数据已经送入了计算机，扬声器把信号发出来，又通过电容传声器把信号接收过来。接收完以后，因为信号比较微弱，需要进行放大，要放大就要通过这个测量放大器。下面的是滤波器，可以把不要的噪声滤掉。放大完的信号再送回频率分析仪。这个频率分析仪可以给出发出信号的功率谱，同时也可以给出它的时间波形。分析出的信号又可以通过绘图仪把它绘制出来。我们现在正在进行的就是现场数据的回放和操作。”

经过一系列的测试后，仪器绘制出了塔下击石声的时间波形图。经过仔细地研究和讨论，徐俊华得出了分析结果。

徐俊华：“这是一张时间波形图，我们看到这个波就是敲石头得到的直达波，这个波通过在空气中的传播碰到了障碍物，它会有反射，这些小的峰就是目标反射的回波。”

徐俊华告诉我们，这些小的回波一共有 13 个，整齐有规律，与建筑物共振引起的波形图并不一样，应该是由某种物体特有的反射规律造成的。这是我们现实生活中青蛙的叫声。为了对比两种声音的区别，我们也用仪器进行了分析，并得到了时间波形图。

徐俊华：“这是青蛙叫声的时间波形图，我们看到很有意思的是一个脉冲串，跟敲石头声音的脉冲串基本是一致的。”

徐俊华告诉我们，正是因为这两种声音在波形、数值上十分相似，所以我们才会将在莺莺塔下听到的拍手击石的声音，认为是自然界青蛙的叫声。可是，时间波形图里的脉冲串从何而来？徐俊华所说的障碍物又是什么呢？

在采访仝毅的过程中，我们还听到了另外一件声音变异的怪事。不久前的一天夜里，在普救寺后面的停车场，一名工人走到屋外，却突然清楚地听见莺莺塔里不断传来狐狸的叫声。惊恐万分的他随即叫来工友一起听。

工人：“狐狸的声音就是哇哇的，大家拿手电跟着声音去找，发现不是狐狸，是弥陀殿上面的两只鸟。”

平常，我们形容鸟叫的声音，都会用“清脆”“婉转”这样的词。小鸟在野地里叫，在树枝上叫，那种声音都是很悦耳的，绝不会像仝毅所说的那样，那么大声，还像狐狸叫。想必这也和蛙鸣声一样，是因为声音遇到了某种物体，反射后引起的声音变异。如果我们可以找出击石声变成蛙声的原因，那么这件怪事也就迎刃而解了。这可疑的 13 个波峰究竟是从哪里来的呢？

在河北磁县，当地有一处和莺莺塔类似的回音建筑，叫天子冢，人们只要从它的台阶上面走过，或者在两边护栏内拍手，就能听到清晰的流水声。后来经过专家的检测，流水的声音是通过台阶两边的护栏反射之后的结果。那么，莺莺塔中传出的怪声，会不会也是塔上某个部位反射后的结果呢？

13，这个数字突然让我们想到了莺莺塔的塔檐共有 13 层，宝轮寺塔也同样是 13 层塔檐！难道蛙鸣声与这种特定的塔檐有关？

带着新的疑问，我们找到了丁士章。看过这些重要的图纸后，丁教授非常肯定地认为，蛙鸣声就是击石头的声音通过 13 层塔檐反射而来的。

丁教授：“离塔面 27 米的地方，我们取得测试点，从敲石头的地方到每一层塔檐都有距离，可以准确测量出来。在一定的温度下，我们准确地知道声音的传播速度。速度知道了，路程知道了，时间就算出来了。这算出来的时间，和时间波形图里面 13 个脉冲波峰所对应的时间完全一致。”

可是，塔檐是怎样把叩石、击掌的声音变成青蛙叫声的呢？为什么其他的 13 层塔没有发现同样的现象？

丁教授：“因为每一层塔檐都是用青砖一层一层累出来的，而且每一层往外延伸宽度不完全一样。这样的结构正好形成内凹形的曲面。”

丁教授告诉我们，正是塔檐形成的曲面，使得声音发生了改变。鸟的叫声也好，我们敲石头、拍手也好，并不是单纯的一个频率，而是分为高频、中频和低频。这三种频率接触到塔檐，发生不同的反射现象，有的被减弱，有的被增强，传到我们耳朵中就发生了声音的变异。所以，我们在塔下听到的击石声与自然界的蛙鸣声很相像，而清脆的鸟叫声则变成了恐怖的狐狸叫。

尽管普救寺坐落在半山腰上，周围空旷开阔，没有任何阻挡物，但2.5千米的距离早就超越了声音传送的极限。难道莺莺塔真的具有神奇的收音放大的功能？

丁教授告诉我们，其实声音的反射并不复杂，它就像我们平时看见的水滴，遇到障碍物会向四周溅开。如果障碍物表面相对光滑，水滴会溅得比较远，但如果障碍物表面很粗糙，水滴溅出的范围就小多了。

对于莺莺塔来说，塔身和塔檐全都是用青砖叠砌而成，青砖本来就是很好的反射体，莺莺塔的青砖因黄土高原的风沙长年累月的吹拂，表面格外光滑，

最终根据声音接触塔檐反射的原理，找出了唱戏声、哭声的缘由

就像涂了一层薄薄的釉料，所以几乎所有的声波都被反射到了塔下。

专家：“正像我们有时候看电视，如果两个手一蒙，突然间声音很高，如果是声控的大耳朵，声音就更大，现在 13 个塔檐像耳朵堆在一起，就比声控耳朵还强几十倍。”

对比三门峡的宝轮寺塔，虽然两塔外形非常相似，但莺莺塔的收音机现象却是宝轮寺塔不具备的，或者说表现并不明显。关键就在于塔檐的一块块砖上。

专家：“宝轮寺塔的塔檐也是内凹形的，相同的地方是塔檐都是叠出来的，不同的地方是叠的情况不一样。莺莺塔叠出来的前半部分比较平坦，而宝轮寺塔凹得比较大，这样的结构，使回波声音不可能传得很远。”

莺莺塔之所以能够发出这种声音，跟它独特的建筑结构有着非常大的关系。是 13 层的结构能够产生这种多层汇聚反射的效果，使人能够听到如此奇妙的声学现象。这到底是当年的工匠有意为之，还是偶然天成呢？时间过去太久，已经无从知晓了，但不管怎么样，如果您有机会到这里来的话，一定要亲身体验一下，方不虚此行。

（戴晓莲）

大佛奇光

栖霞山古称摄山，位于江苏省南京市太平门外22千米处。栖霞山古迹名胜很多，其中，栖霞寺是一座历史悠久的古寺，每天都吸引了不少的游人。据说每年11月22到25日这3天，在下午3点半左右，栖霞寺三圣殿无量佛的眉间会发出奇异的光芒。

谛如是南京栖霞寺监院，十多年来一直生活在这间寺庙。最早他也是从寺院里的一些记载中，了解到三圣殿这一奇异现象的。佛光的传说虽然早有耳闻，然而十多年来，他也只有区区几次看到佛光。

谛如："11月22日这天，我去看了，果真如此，我当时也感到非常惊讶，亲眼看到和看照片感觉还是不同的。"

由于三圣殿无量佛眉间发光这一现象难得一见，这更增加了大佛奇光的神秘。于是，大家都纷纷来到栖霞寺，聚集在三圣殿前等候，都希望自己能幸运地亲眼看到这奇异的现象。

古寺

谛如："每年到了11月22日、23日，很多人都来看的，石窟外面里三层外三层。但是话又说回来了，这个毫光，一年虽然会出现6天左右的时间，不是年年都能看到，也不是这6天中天天能看到。"

人们一直从中午等到了下午3点钟左右，三圣殿里的佛像还是没有什么变化。此时只要有一点风吹草动，都被认为可能是这一奇异现象的先兆。但是三圣殿里跟往常一样，并没有出现什么异常，今天究竟能不能有运气看到，谁的心里都没有一点把握。

时间一分一秒地过去了，到了下午3点15分左右，也许被这些前来祭拜的人所感动，在大家翘首期盼中，奇迹终于出现了。只见一个光斑，出现在大佛的脸上，慢慢地，这个光斑准确无误地移动到了大佛的眉心中间。大佛眉心镶嵌的宝石立刻发出绚丽的光芒，投射在佛龛的墙壁上。

谛如：“不得了，太了不起了，这个日光正好射在白毫的位置，它就生动地再现了。”

大佛眉间的奇异光芒

在光斑的映衬下，大佛眉心的宝石宛如一个小太阳，发出耀眼的光芒，大家都目不转睛地看着眼前这奇异现象。但是还没有等大家回过神来，3点45分左右，这个神奇的毫光瞬间就消失了。

谛如：“正在大家赞叹太神奇了的时候，突然之间这个光斑不见了。它到了眉间这一点，没有再向上移一分一毫，我当时看了，都惊呆了。”

神奇的毫光从出现到消失，整个过程就短短的二十几分钟。佛经里描述的白毫相光，在栖霞寺无量佛石像的眉心间悄然出现，位置竟然丝毫不差。这到

准备烧香的人们

底是巧合，还是神奇？

谛如："因为机缘巧合，有个脚手架在这里，那天我看到这个事之后，就爬上去，站在大佛脸的前面，正好在那个毫光的位置。我一看就豁然明了了，真正形成毫光奇观的就是西边的那一个圆窗。"

我们可以看到在三圣殿里，没有任何会发光的物体，光线都是通过大门和3个采光孔进入，通过西边的采光孔进入的阳光，刚好照射在大佛脸上。

由于太阳运行而出现的神奇景象，不止栖霞山这一例。建造于公元前3050年的巨石阵，是英国最出名的史前文明遗迹，每年夏至这一天，太阳升起的位置，与一块名为"黑尔"(heel)的石头排成一条直线。可为什么三圣殿无量佛的毫光却不是出现在一年中阳光充足的夏季，反而是在冬季呢？

大佛所在的大殿

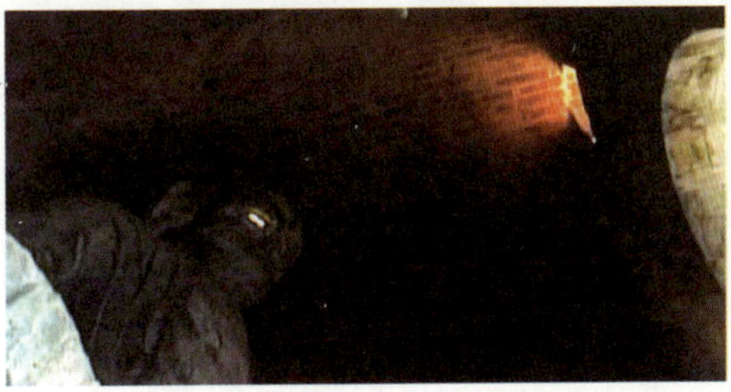

照在大佛眉间的奇异光芒

李向东（南京大学天文学系教授）："在不同的季节，太阳在天空

专家实地测量

中每天运行的轨迹是不一样的，一般在夏天是比较高的，冬天就比较低一些。譬如说在夏至这一天，在正午12点的时候，太阳高度的夹角，可以达到将近80度，而在冬至这一天，同样在中午12点，太阳高度的夹角大概只有35度。”

由于地球的自转，我们看到太阳每天东升西落，地球在自转的同时，还在围绕着太阳在做公转。但是这里有一个特殊的现象，就是地球的自转和公转的两个轴，并不是重合的，而是有一个夹角，大概在23.5度。实际上，地球是在斜着身子绕太阳转动。正是因为有了这个夹角，地球上才有了四季的变化。

黄曾新是上海向明中学的科技指导老师，他对栖霞寺无量大佛发出神奇毫光的报道非常感兴趣。为了揭开大佛奇光的神秘面纱，他专程从上海赶到南京栖霞寺，对三圣殿的地理环境进行考察。黄老师手中一根导光管、一个聚光片，正对着太阳时光斑出现，简单的工具就能测算出太阳的角度。

一年中太阳的运行轨道是不断变化的。在夏天，太阳运行轨道比较高，它的光线和地面的夹角更大一些，阳光更容易直射，热量更容易被地面所吸收，这就使得气温上升。而冬天，太阳运行轨道比较低，阳光是斜射，地面吸收太阳光的能量相对就少了很多，所以我们就感觉到了冷。虽然夏至那天光照时间最长，但由于角度太大，阳光无法通过水平的采光孔直射进来。那么，与夏至相反的冬至，是不是最好的时间呢？

冬至是一年中太阳运行轨道最低的一天。古人不但了解这个特点，而且还十分巧妙地运用到生活中。故宫的太和殿每到冬至这一天，阳光透过窗户，照射到大殿的金砖上，金砖反射的光正好照射在大殿正中的牌匾上，皇家殿堂的庄严在这小小的设计中体现得淋漓尽致。但三圣殿神奇的毫光没有出现在冬至，而是出现在一个极其普通的日子里，这又是为什么呢？通过在三圣殿实地的测量，黄老师又发现了其中的秘密。

黄曾新："它这个孔非常深，有3.5米深。这么深的一个孔，太阳光进来的话，就有要求了，只有在太阳高度比较低的情况下，才能射进去。"

专家对大佛进行考察

虽然中间和东边的采光孔也有光线进入，但是这些光斑只是出现在佛像身上，或者佛龛上，所以并没有引起人们的特别关注。而西边的这个采光孔跟佛像的角度刚好合适，当阳光可以直线通过时，就刚好照在大佛脸上，并移动到眉心。但为什么同样的角度，神奇的毫光在上午没有出现，却只能在下午看见呢？

奇异光芒呈现示意（一）

三圣殿并不像大部分的中国古建筑那样，是坐北朝南。由于三圣殿朝

奇异光芒呈现示意（二）

向不是正南，上午的阳光就无法照射到佛像脸上。但是同样在下午，神奇的毫光却只能在下午 3 点 15 分到 3 点 45 分看见，它的出现为什么只有这短短的二十几分钟？

黄曾新：“下午 3 点多，太阳的高度角只有 18 度到 22 度的时候，阳光才能通过采光孔，照到佛像的脸上。否则的话，就照在采光孔底部的壁上，照不到佛像了。”

每当过了 3 点 40 分，太阳刚好被三圣殿前面的小山峰遮挡住了，所以神奇的毫光就瞬间消失了。细心的人们又发现，佛像上的光斑只有硬币大小，与采光孔的大小比例悬殊，而此时的太阳正由高处落下，但光斑却在时间的推移中，自下而上地运动，是什么改变了阳光的轨迹？

三圣殿的 3 个采光孔，位置比较高，很多游客不容易注意到。出现神奇毫光时，阳光必须充足，而且太阳的方位角和高度角都要正好合适，这样阳光才能十分顺畅地通过长长的采空孔，在小孔成像的作用下，产生这一奇异现象。到了 3 点 40 分，西落的太阳正好被三圣殿对面的小山遮挡，神奇的毫光就消失了。

（张英华）

千年树抱佛

报国寺位于距离四川省资阳市乐至县20多千米的一个小山上。走过报国寺的山门，我们发现这座寺庙有着和其他寺庙不同的两个特点，一是随处可以看到奇形怪状的巨大的山石，同时可见大大小小的树木和这些巨石相依相生；二是在这些巨大的石头上，都雕刻着很多精美的佛龛。我们不禁感慨，也许正是在这样的地方，才孕育了树抱佛这样的奇观。但是树抱佛又是怎么形成的呢？大家迷惑不解。

有的人认为是先有树，因为树根与佛的位置如此契合，肯定是人为造成的，不太可能是天然形成的。但是也有很多人的观点却正好相反，认为是先有佛后有树，也就是说先有了石头上的几座佛龛，然后树根才慢慢地围绕着佛龛生长。当我们探究这种观点的正确与否时，发现树抱佛的背后有着很多神奇的事情。

由于报国寺是乐至县的千年古刹，虽隐秘幽静，香火却很旺。当地的百姓都认为，之所以能够形成树抱佛的奇观，是因为千年古树在寺庙中已经有了灵气，跟佛像融为了一体。这种说法并不是无中生有，还有一些真实的事件可以用来佐证。

报国寺

其中一件离奇的事情，就是曾经有很多人在树抱佛前做法事，但是古树的一根枝干已经腐朽了，眼看就要掉落，但是一直到法事做完树干都纹丝不动，而是等到了人们都走了以后，才掉落下来。

类似于这样的佐证还有很多，尤其是在报国寺两任主持交替的时候，这棵千年古树又表现出了老百姓们所说的“灵性”。因为它居然在上一任主持圆寂之后突然“枯死”，而在接下来的主持到来之后，又“死而复生”。

虽然我们不相信“古树有灵”说，但是从众多当地人的佐证来看，这棵古树似乎真的具备某种灵性，已经不仅仅是一株简单的植物了。

“植物有意识”的现象的确显现出大自然的奇妙，诸如向日葵随着太阳转、牵牛花会沿着竹竿爬等。这些现象，我们通过光能和重力作用对生长素的影响就可以解释，但是对报国寺里抱着佛的古树又该作何解释呢？难道说是佛像对它的生长素有什么影响吗？“植物有意识”在这里有些说不通。虽然很多人都认为它有灵性，但是本着科学的态度，我们也只能认为那些说明树有灵性的佐证只是一些巧合，我们还是要从科学的依据角度，去探求到底是先有树还是先有佛。

树和佛的融合是报国寺常见的景象之一

树和佛的融合是报国寺常见的景象之二

要想知道先有树还是先有佛，最直接的办法就是要分别知道树和佛的年龄。

树根仿佛人工雕琢

我们找来了相关的林业专家和考古学家，通过专业的途径来了解树和佛究竟孰先孰后。

要想知道树的年龄，最有效的办法就是测树干的年轮，而测树年轮最直接的办法就是看到树干的横截面，出于对如此罕见的古树的保护，锯断树干显然不可行，剩下的办法就是通过 CT 扫描或者碳 14 同位素的办法测出树的年轮。可是，就当林业专家王隆瑛带领大家准备从树干中取样检测时，却遇到了一个难以克服的难题。他们发现，眼前的这棵古树并不完整，最老的树干已经有很大程度上的缺失。

30 厘米左右的树心已经没有了，这就意味着无论是通过 CT 扫描还是碳 14 同位素鉴定，都无法准确得知古树的真正年龄。测年轮这一相对来说最准确的方法，在此却无从应用。

同样，考古学家张雪芬对佛龛的分析也遇到了难题。树根怀抱的几座佛龛上都没有建造年代的记载，除了佛像，找不到一点文字记载的痕迹。但她认为，从专业的角度来看，通过几座佛龛的典型特征，可以判断出佛龛的建造的样本，通过佛龛的样本可以推测出其建造的大致年代。

富有考古经验的张雪芬一眼就看出，几座佛龛中最大的一座叫作“观无量寿经变”。而这个“观无量寿经变”的浮雕，又是四川地区某一个时期很流行的一种佛龛，所以，如果知道了这种佛龛流行的年代，也就可以初步判定这座佛龛的年龄。

树根之间的距离刚好与佛像的宽度相契合，仿佛人工雕琢

报国寺处处是石头，也处处是雕像

报国寺气候潮湿温润，有一千多年的历史

“观无量寿经变”是中晚唐到五代时期四川地区很流行的一种造像题材

张雪芬：“在四川地区，中晚唐到五代非常流行这个题材……这是一个时代特点，这种窟的出现一定是在这个阶段。”

由此，我们知道树抱佛中最大的这座佛龛的建造时间，应该就是在中晚唐到五代这个范围之间。但是这段时间距离现在至少也有九百多年的历史，要想知道具体是哪一年，还需要进一步研究。

我们再来关注王隆瑛等人对古树的检测。刚才已经说到由于树干有一个空心，所以无法准确测量树的年轮。王隆瑛准备通过其他的方法，分析出古树的大致年龄。

王隆瑛带领林业局的工作人员测量了树干的周长、树身的高度，以及树皮的厚度，各项指标的测量结果都足以说明，形成树抱佛奇观的这棵古树，距离现在的历史已经相当久远了。

王隆瑛：“从大榕树的生长情况、植物学特征、生物学特性来看，比现在乐至县县城内的五百年左右的榕树还要老得多。”

比五百年的榕树还要老得多，那么多多少呢？我们又能通过什么依据来确

专家推测，这棵大榕树距今至少一千多年

榕树的树根与佛像融为一体，形成了一个一个的佛龛

定这棵古树年龄的大致范围呢？

王隆瑛：“现在我们剥下来的树皮，厚度已经超过 3 厘米了，就是说相当老化了。从树皮的厚度来看，起码是七八百年以上。”

树抱佛的佛龛没有任何年代的记载，这让我们很难确定佛龛建造的具体时间。但是在树抱佛的对面，我们发现了一座和树抱佛下的观无量寿经变几乎一模一样的佛龛，在这个佛龛的旁边，我们发现了另一条寻找答案的线索。

张雪芬：“我们非常幸运，发现了一块造像碑，这个碑有碑名，名字叫报国院西方并大悲龛记。”

这时我们已经能够确定，石碑和旁边的佛龛是同时建造的，石碑上所雕刻的建造时间也就是这个佛龛的建造时间。但是，这个佛龛并不是树抱佛中的佛龛，而是在树抱佛的对面，它的建造时间和树抱佛的佛龛会是在同一个时期吗？

树抱佛对面的这座观无量寿经变龛的建造时期，和树抱佛下的佛龛相比，前后相距时间最多不过几十年，甚至更短。也就是说，如果我们能够确定石碑的建造时间，也就基本确定了树抱佛中佛龛的建造时间。

榕树的树根与佛像融为一体，仿佛人工雕琢而成

报国寺树木茂密，有几百个树种

由于岁月的侵蚀，石碑上的文字已经模糊不堪，但是在石碑的右上角还依稀可见“大蜀广政”四个字。石碑和佛龛的建造时间终于出现在我们面前。

《报国寺》的作者袁圆告诉我们，乐至的清代县志里有这块石碑的内容记载。于是，我们前往乐至县档案馆，去寻找佛龛建造的具体时间。

终于，在清代道光年间的《乐至县志》里，碑文的全部内容展现在我们眼前。此时，我们清晰地看到石碑及佛龛的建造时间——大蜀广政二十六年。

大蜀广政二十六年，也就是五代末年的后蜀年间，距离现在约一千年，这就是树抱佛中佛龛的年龄，前后误差最多几十年。

至此，关于眼前这座神奇的树抱佛，是先有树，还是先有佛，似乎已经离答案不远了。我们已经知道佛龛距离现在的时间是约一千年，如果再能确定古树的年龄，答案就自然揭晓了。但是，刚才我们已经说到，从古树的树皮可以推测出，这棵古榕树的年龄至少应该在七八百年以上。那么，我们还能不能进一步确定它的具体栽种时间呢？

按照王隆瑛所说，栽种榕树是当地寺庙的一个普遍现象，也就是说，栽种榕树的时间应该是与建造寺庙的时期相同，或是在建造寺庙之后。

千年古榕，距离现在至少有上千年的历史。而佛龛的年龄距离现在约一千年，如此说来，佛抱树的奇观究竟是先有树还是现有佛，已经有了答案，答案就是先有了石头上的古树，才有人在石头上开凿了佛像。也就是说，树抱佛奇观的形成实际上来源于人为的因素，人们因为看到了树根的奇特形状，才按照树根的形状建造了佛像。但是，现场的另一个发现，让我们不得不把刚刚得到的结果加以推翻！

当我们近距离观察树抱佛里的佛龛时，意外地发现，在一棵树根的后面还藏着一尊小佛龛。

如果按照我们刚刚推测出的结论，是先有树后有佛，那么，人们又怎么能在这么粗的树根后面雕刻出如此精美的佛龛呢！如此看来，先有树根形成的轮廓，再人为地按照树根的轮廓去雕刻佛龛，显然不符合逻辑。

张雪芬："这些佛像现在是被隐藏到了树根的后面，而且树根还是非常大的，从这一点上我们可以判断，应该是先造的佛像。"

而树抱佛最左边的佛像，已经被树根遮住了大半，据此也可以推测出，先有人在石头上建造了佛龛，后来才是树根逐渐生长蔓延，自然形成了佛龛现在

树抱佛

树根屋檐

的树根屋檐。

即使是古树的出现早于佛龛的建造时间，也很有可能当时的榕树只是一棵年轻的小树，树根还没有蔓延到佛像的周边，即使已经蔓延，也只是非常细小的根，而不是像现在这样粗壮的根。所以，树抱佛的形成并不是人为地按照树根的形状建造佛龛，而是先建好了佛龛，旁边的树根经过漫长的生长过程自然形成的结果。这的确是人文景观与自然景观高度融合的一个奇观。

王隆瑛在现场发现了另一个依据。在树抱佛的斜对面，同样也有一座佛龛，佛龛的石头上方同样也有一棵榕树，虽然这棵榕树还很小，但是它的根已经开始向下方的佛龛蔓延，看来，若干年后也会形成另一座树抱佛的奇观。

看到眼前这棵佛龛上的小榕树，就让我们联想到一千多年前形成树抱佛的这棵古榕树，也应该是像这样先有了细小的根须，再一点一点蔓延生长起来，从而自然地怀抱住每一座佛龛，形成了我们现在所看到的树抱佛的奇观。

里耶疑云

9 月 18 日，这一天对于张国民的妻子来说，是永生难忘的。这一天，相伴近十年的丈夫张国民，在田间喝农药自杀了。但是，对于张国民突然自杀的原因，妻子和儿媳妇有些讳莫如深。

事情也许要追溯到很多年前的 3 月的一天。那天，张国民和妻子在田里犁地松土，一切都和无数个烈日下劳作一样普通，直到张国民不深也不浅地一刨土下去，发现了一个铜盆。

张国民：“价值不菲，一点都不菲。”

廖桂发（湖南里耶县大阪村村民、铜盆的见证人）：“看起来是几千年前的，不是现在做的，也不是仿造的，是原汁原味的东西。”

更令张国民夫妇惊奇的是，刨出一个还没完，就这样往下挖，竟然一连又挖出 5 个来。

张国民：“一共是 6 个，一模一样的，里面有龙有凤。”

虽然没读过什么书，没见过什么世面，张国民夫妇还是抱着铜盆欣喜若狂。因为在他们那里一直流传着一个关于宝藏的传说。直觉告诉他们，也许改变他们命运的时刻到了。谁也没想到宝藏还没兑现，换来的却是一场家庭的悲剧。

在里耶发现的铜盆

张国民自杀身亡怎么会和宝藏有联系呢？这个宝藏的主人又是谁呢？宝藏的主人就是赫赫有名的太平天国翼王石达开。想当年，石达开负气出走天京，以通国将军的身份继续在南方地区进行战斗，但不幸被困于安顺场，以一人救三军，和清军进行谈判，没想到清军背信弃义，最终把他活剐于市朝。千古之后，这个人的名字依然会彪炳史册，但问题是现在距离石达开的死亡并不很久远，也就一百多年的历史，但是他身后为什么会有这么多的谜团？尤其是关于他的宝藏。传说中的宝藏到底有没有？和一个普通农民的死亡到底有什么关联呢？

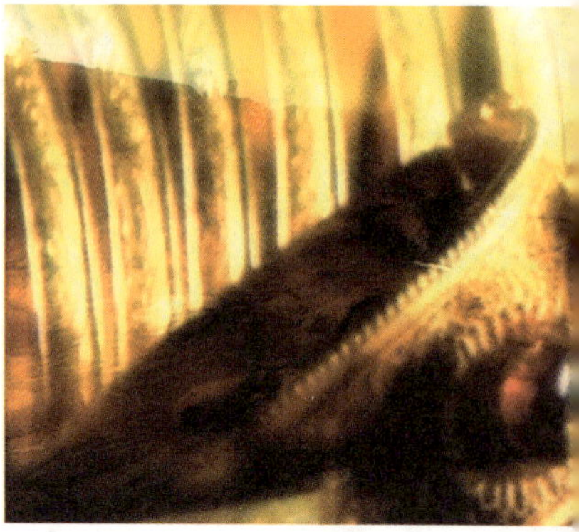

宝藏，似乎总是和杀戮、阴谋这样的词汇联系在一起

在中国源远流长的历史里，关于宝藏的故事有许多，项羽的 12 金人、张献忠的海底沉船等。宝藏，似乎总是和杀戮、阴谋这样的词汇联系在一起，也永远带着扑朔迷离的奇幻色彩。石达开的宝藏，看似不起眼，却因为一个无可争议的事实，而被凸显出来，让众多史学研究者为之注目又深感困惑。

大渡河边的安顺场是石达开被清军围攻，最终兵败的地方。

及康生（四川省石棉县文博研究员）：“在不到一个月之内，就有两万人全部在此被彻底地消灭掉，最后剩下的两三千人是被集体拉到了现在安远县，杀掉了。”

及康生：“从 1863 年到现在，在安顺场这个大乱之地，整个面积只有 1 平方公里多一点，我们没有见到一件跟太平天国有关的文物。”

袁庭栋（巴蜀文化研究专家）：“石达开作为太平天国的翼王，十几年南北征杀，他应该有很多缴获。”

袁庭栋：“且不说天府之国圣库的财产，他从南京出发，一直打到川西，中间经过了好多省份，打下了好多个城池。当时，农民军的经济来源主要是靠对官府和有钱人家财产的没收。石达开这一路走来肯定没收了很多东西。”

洪秀全领导的太平军自从起义之初，就一直实行一种特殊的经济制度，叫圣库制度。总的一个原则就是“人无私财”。一切财务，无论是加入者自带的财物，还是打败清军或攻克城镇所获的战利品，都必须上交圣库，统一管理。这种制度，让太平天国迅速积聚了大量财富，保证了军队的充足供给。

定都天京，也就是现在的南京后，太平军的领导层逐渐腐化，公财私用，穷奢极欲。据史料记载，石达开却是少数的作风清正的领导者。但是，在发生太平天国领导层最大的内讧中，他仓皇出走天京，一路招兵买马，继续实行圣库制度，自是无可避免。

大渡河，石达开被清军围攻，最终兵败的地方

大渡河边的安顺场

袁庭栋：“石达开平时是十多万人马，他不可能没有后勤装备，不可能没有财务管理，不可能没有仓库，不然十多万人吃什么、喝什么。”

袁庭栋：“在清朝的记载中，特别是当事人回忆如何杀掉了石达开的将士，如何把他们消灭干净，就是没见着他们得到了多少金银财宝，没有这个记载。石达开的军营里不可能没有财宝。这些财宝哪儿去了呢？”

于是有人猜测，石达开早就在沿途伺机埋藏了宝藏。1861 年 2 月，这一年的春天来得特别晚，石达开部队辗转来到位于湖南湘西龙山县里耶镇。按计划，他的行程由湖南取上游之势，再下趋湖北，而后伺机入川，建立根据地。但面对清湘军的重兵增援，计划推进变得艰难。

里耶周边山高水险，道路不畅，部队于是停留做暂时休整。在这期间，发生了一件至今还在里耶百姓中流传的事。

村民：“有个墓地 1 丈多长，80 多厘米宽。后来一挖就把它平了。”

老人说这被推掉的墓地，是石达开母亲的。在里耶，稍微上点年纪的人都知道。

传说石达开路过此地，在此葬母

石达开部队途经此，整顿休息

宝藏，永远带着令人扑朔迷离的梦幻色彩

相传那时正值部队休整，石达开的母亲忽然染病去世。迫于战争形势，石达开决定将母亲就地下葬。

刘长绪（里耶镇退休教师）：“那时我有个亲家的父亲，叫陈保安，他是绅士，也是保长，他参加了葬礼。”

在老一辈人口口相传的这个葬礼里，有一个很生动的细节。据说在母亲下葬前，石达开曾召集镇上的名流士绅，当着他们的面亲自把棺材打开，告知棺材里并无贵重的陪葬品，恳请在自己撤离之后，大家不要去惊动母亲的墓地。

事情似乎总是欲盖弥彰。石达开走后，关于他在里耶藏宝的说法忽然就盛行起来。

张国民所在的大阪村正属于里耶。他挖出5个铜盆的消息，就像是百年传说的一个印证，顿时整个村子炸开锅了。可是，厄运随之到来。一天夜里，几个蒙面歹徒闯入张国民家中，把他和妻子捆绑起来，抢走了铜盆。

廖桂发：“我问过他这个事情，他不敢讲。他害怕，为什么害怕呢？一怕政府找他，二怕歹徒，他就干脆自己死了算了，就这么回事。很简单，

安顺场，传说中宝藏最可能的埋藏地

农药一喝下去就死了。”

老实巴交的张国民就这样走完了自己短暂的一生。他甚至都还不知道自己挖出的铜盆究竟是哪朝哪代的，究竟是不是石达开的。

这些已盗的铜盆，究竟是不是石达开宝藏的冰山一角呢？在里耶，有一个人也许比谁都更想知道。这种愿望不仅仅是因为他的专业。

胡荣春（湖南省考古学会会员）：“1997 年的农历正月，我当时在山丹县文化站工作，当时接到州文物管理处还有县文化局领导的电话通知，说有一件任务，要我马上到燕子洞去。”

燕子洞，位于里耶县八面山悬崖峭壁之上。在大阪村 5 个铜盆发现之前，这里其实是里耶盛传的石达开宝藏的埋藏地点。

为什么是这个地点？究其原因，无清晰线索可寻。不过，有一个现象似乎可以推理，那就是中国人对洞穴一直情有独钟。无论是著名的《桃花源记》中的“复行数十步，豁然开朗”，还是武侠小说笔下主角的迷途误入，最终修炼成盖世神功，洞穴的漆黑、神秘给了人们足够的想象空间。

胡荣春也一直这样认为，直到一封特殊的民间来信惊动了各方。

这封信里有一张标记翔实的地图，清晰地指明了宝藏就在燕子洞。但是，却不是关于石达开的。

刘昌儒（龙山县文联主席）：“当年国民党在退出大陆的时候，有一批宝物从重庆方向运到里耶，藏在八面山上。”

八面山的燕子洞是典型的溶洞地貌，洞穴幽深阴冷。因为传说盛行，不时地总有附近的村民不顾危险上燕子洞探宝，令当地政府很是头疼。所以，当这张所谓的藏宝图来到眼前时，相关部门决定派胡荣春进洞一探。国民党的也好，石达开的也罢，总之要揭开真相给出结论，以消除风言风语。

胡荣春：“我看了一下图纸，还是完全吻合的。”

于是，挖掘工作立刻展开。一周后，挖掘工作因为人员体力不支，被迫停止。里耶管委会的冉瑞科带队，随后挺进。可是，数十日的苦心挖掘，什么也没有找到。

燕子洞的藏宝事件就此搁浅。那张所谓的藏宝图，因为时间久远也不知去向。其实让冉瑞科和胡荣春放弃的真正原因是，当他们深入溶洞，就知道那地方看似隐蔽，但是并不合适藏宝。

冉瑞科：“这个洞内很潮湿，不利于宝藏长期保存。另外，是石灰岩形成的溶洞，里面一般都是空的，土不是很深，也不能够挖掘很深。”

当10年后村民张国民为5个铜盆自杀的消息传开时，当人们再次热议起所谓宝藏时，他们的心情是复杂的。过往的经历加上胡荣春自己的专业，让他对里耶藏宝持严重怀疑的态度。而在县志里，对石达开里耶藏宝传说的源头——那场石达开母亲的葬礼，并无任何记载，更坚定了他的判断。

但是，那不翼而飞、又确确实实出土的铜盆是怎么回事呢？

随张国民妻子去了一趟铜盆发现的现场后，胡荣春有了答案。

胡荣春：“老百姓把一些比较大的、直径有30厘米或者40厘米以上的圆形器皿称为盆，因为它的形状看起来是盆。”

在一本胡荣春随身携带的专业书籍里，可以看到很多像“盆”一样的器皿。而他们全都出自大阪村，也就是张国民妻子指认的那一片土地。

胡荣春：“这个地方，我们已经陆陆续续发掘了六十多座墓葬，出土了很多铜器。通过墓葬的形式，已经断定为东汉时期的东西。”

胡荣春认为出土的铜盆极有可能就是东汉墓葬品。

当然由于实物已被盗走，所有的结论都只能是基于经验的推测。但有一点可以肯定，胡荣春等十多年的调查经历可以证实，这发现5个铜盆的地方尚未有所谓石达开宝藏的痕迹。

不管在石达开途经的地方有多少关于宝藏的说法，在四川大渡河安顺场，这个石达开最终兵败之地，虽然至今没有一件文物出土，当地专家却坚持认定，若有宝藏，只能是在这里。这种认定，基于一个最基本的事实，那就是时机。

1863年，距离石达开率部队出走，在外征战已经6年了。历来所向披靡、令清军闻风丧胆的石达开部队，因为脱离了主战场，没有根据地作为依托，已经成为一支流动作战的孤军。这年5月14日凌晨，石达开率部队穿行于荒无人烟的山间小径，到达大渡河南岸的紫打地，也就是今天的安顺场。

历史经常会出现一些惊人的巧合之处。事隔72年，1935年，中国工农红军在长征途中也来到此地，时间也是5月。

目的一样：强渡大渡河，面临的困难也一样：前有涨水，后有追兵。但结果却是一个成功，一个失败。肖宗弟认为失败最大的原因还是石达开的轻信。原本石达开用财物收买土司王应元，后来王应元反悔，还倒过来派人断了石达开的粮草。

肖宗弟："石达开大怒，就把给他带路的两个彝族向导杀掉了。"

袁庭栋："石达开在那里被围困了，非常困难，做了很多努力也冲不出去，他必败无疑了。"

后面出现的那一幕，是至今仍令很多人潸然泪下的一幕。石达开带着3名亲信和五岁的儿子投奔清营，提出以自愿受死为条件，换取对方赦免他的残部。所谓舍命以全三军，这样的行为无疑是悲壮的。正是这样的一种从容赴死，让众多史学家相信，宝藏有埋藏在此的理由。

袁庭栋："他对后路作了充分的安排，包括如何和清军谈判，他的家属怎么处理。据记载，他怕被敌人侮辱，他对老婆、孩子都做了安排。"

肖宗弟："他不会甘心失败，还想卷土重来，想东山再起。即使本人不行，

宝藏有可能埋在这山高水深处吗

还有其他人东山再起。他也不愿意把自己的金银财宝送给敌人，他是不愿意的。”

石达开本意是入川建立根据地的。他的最重要的财物是不可能沿途掩埋。大渡河的失败是一个意外，但石达开仍有充足时间进行财物的处理。这两点是让专家们相信宝藏就在此地的理由。但是，也许建立在史料上的推测，都比不过一个实实在在的线索，一个实实在在的人物。

这个人的名字叫王云舍。袁庭栋第一次接触这个名字，源于他在《文史杂志》上看到的一篇署名李有明的文章。

在这篇名为《石达开结局及其窖藏之谜》的文章里赫然有这样的文字，文章甚至还指出，根据这个叫王云舍的人提供的线索，就可以找到石达开宝藏的埋藏地。

王云舍是什么人呢？王云舍是民国政府四川省主席刘湘的幕僚。据说刘湘从安顺场一个姓赖的人那里得到消息，知道了石达开宝藏的具体位置，并且刘湘也派人进行了秘密挖掘。不过，这个事情后来被远在南京的蒋介石知道了，蒋介石下令停止挖掘。新中国成立后，王云舍向有关部门汇报了这个情况。

在这篇文章中，作者详细记录了1936年刘湘部队在得到所谓的赖家线索后，进行宝藏挖掘的秘密情况，并称最初开挖的那些宝藏均装箱运往成都，由刘湘夫人收存。

除却从已掌握的历史信息进行推断，李有明文章中那些细致翔实的细节描写，正是袁庭栋相信石达开宝藏存在的一个极为重要的理由。

袁庭栋：“从这篇文章看，他本人肯定没有参加过探宝，他本人也没见着过这个宝藏。但是，作为一个历史学家，作为一个研究员，我相信他是用学术的态度来对待这件事的，他写的东西我认为应该是可信的。”

文章称王云舍曾对宝藏埋藏地点进行指认。时隔 24 年，文中作者提供的照片，那个注明三角符号代表的埋藏地点，却已模糊得完全无法辨认。只是，如果情况真如文中所写，当年面对如此明晰的线索，为何没有后续挖掘的任何消息？

也许要了解当年的情况，肖宗弟是最有发言权的。因为他正是王云舍去现场指认时，相关部门派去的主要随同专家。

对于石达开这样一位重要的历史人物，关于他的实物却极为稀少。四川博物馆对此事高度重视，没多久，肖宗弟便作为专家代表随王云舍动身前往现场。

肖宗弟：“我们调查了几个地方，围绕着安顺场调查了好几处。最后，他指认的地方，他回忆的地方，是在一片农田，确实在安顺场附近不远。我记得那里有农田，没有特别显著的标志，在农田之间有个不高的土坡。”

肖宗弟：“指认以后，当时我就问过他，这个地方他是不是完全肯定，让他回忆一下。”

王云舍忽然就迟疑了。看到这一幕，不只是肖宗弟，在场的另外一个人也开始着急。

及康生，王云舍现场指认时的当地陪同人员。

及康生：“他能够记得他当时到安顺场的老街，不知道为什么走到那个松林河边，他无法确认应该锁定的目标在什么位置。”

但是，在及康生的记忆里，王云舍虽然只能大概指认一片农田，还是提供了两个线索。

及康生：“他记得大榕树。”

记者：“这个榕树有什么作用？”

及康生："这个榕树在安顺场是个标志性的东西。第二，他能记住在松林河边的碾坊，就是当地老百姓碾稻谷的地方，应该是加工和使用的一些机具。"

从1936年王云舍所在的刘湘部队接到线索，到1980年王云舍的现场指认，时隔40年，地形地貌的变化，加上记忆的模糊，让原本自信的王云舍不敢确指了。由此我们可以推断，李有明那张模糊的藏宝地图，其实能指出的应该也是大概的范围。

当时业内轰动一时的事情，就此搁置。几十年过去，王云舍、李有明相继去世了，肖宗弟退休了，而及康生这个当年的毛头小伙子，成为当地文体方面的负责人。出于专业和自身经历，对石达开宝藏这个事情，他始终铭记在心。

2000年，一件欣喜又有些尴尬的事情的发生，再次触动了他这根神经。那一年，央视年度大戏《太平天国》正在热播。村民王恩云务农之余，收看到节目，很快里面人物厮杀时挥舞的军刀引起了他的注意。随即他想起来，长辈们以前砍柴似乎曾经用过一把这样的刀。

经过鉴定，果然是一把真正的太平军军刀。这时，王恩云的妈妈才支吾着说出原委。王恩云的奶奶就是太平女兵，石达开兵败后，她逃难到了山上，开始隐姓埋名生活，她有一把随身的军刀。

看到这把刀的时候，及康生百感交集。作为太平天国史上具有浓重一笔的大渡河安顺场，这竟然是他们收藏的第一把军刀——而且不是出土的，是转赠的。

机会终于来临。通过反复的联系，中国地质大学的物探专家们终于决定接受邀请，前往大渡河安顺场，协助勘查。

物探的原理若要简单解释，就是在地表，专家勘测的点或范围，用仪器收集所需数据，通过数据处理、比较，来辨别地表之下是否有不同于普通土质的异常物。相比人工开掘，在位置无法完全确定的情况下，这无疑是一种更为科学省力的方法。但是，在专家组进行仪器测试的阶段，就遇到很大的问题。

专家："这个图形全是干扰。"

记者："正常的应该是什么样子的？"

专家："应该是一个衰减曲线。"

专家判断最大的原因，在于周围这些高压电线带来的磁场干扰。营盘山因为地势较高，离高压线近，在山上的测试被迫中止。面对如何设计、部署勘测方案，这天夜里，专家们起了争执。

专家："我们推测古人的思维，如果埋藏一个东西，他将来还想取、还想要这个东西，肯定有些相对比较明显或者永久性标志的地貌地形，或者是相对永久性的标志。"

所以按照李振宇的意思，直接针对榕树和碾坊这两个标志性物体，进行周边延伸勘测，是最直接有效的。而及康生则认为，王云舍所说的标志也只是泛指，如果营盘山无法勘测，在碾坊和榕树的勘测意义不大，因为它们都靠近河边。

及康生："河边是不适合窖藏的，这是常识。按照我们的经验，有些窖藏都是临山，或者是临洞。"

但是，王云舍在有限的记忆线索内，的确清晰地指认了碾坊和榕树这两个地点。这其中会不会还隐藏什么并不为人知的蹊跷？

于是，经再三研究，第二天一早的工作还是从河边碾坊和榕树周边开始。令人没有想到的是，在碾坊的工作刚铺开没多久，仪器竟然显示有异常反应。

在勘测到的这个异常反应带，有一块明显的大岩石。李振宇很快要求助手对岩石进行排查。也就是说，异常可能在地表之下。大家开始兴奋起来，围绕着异常点，把工作面扩宽并细化。

经过反复勘测，异常的范围基本可以划定了。它是沿着岩石，呈拐弯形态，并逐渐向河边延伸的大约 20 多米长的一个狭长条。

对于这个结果，李振宇是失望的。他认为即使尚未有人见过石达开的宝藏，但是，按照一般规律，宝藏的埋藏应该是装在一定器具里，且相对规则并相对集中的。而

多少秘密在其中

测出来的这种散漫形态，地表下最有可能的不是宝藏，而是河流冲刷沉积物，比如一些体积不等的带有导电性和导磁性的生活垃圾等。

文物保护法规定，即使确认为异常带，也不允许随便发掘。但是，对于这个探出来的异常带，李振宇自信满满地说，如果我们不信，可以在浅层进行挖掘。

当我们在这片异常带随意选择一点开挖，当这样的东西出现在我们面前时，我们不得不惊叹于专家的判断。

当地人告诉我们这是曾经修建水电站时用于搭架设备的基础，如今已经废弃。专家推测，这 20 多米的异常带底下，这样的废弃物体应该还有很多。

碾坊周围的勘测再无任何惊喜和发现。第二天的行动，从大榕树周边铺开。科学勘测是严谨而细致的，几个小时的工作在我们画面剪辑里，可能就是这样几个动作的重复。

比起碾坊，大榕树已经存在了 800 年，这是一个更为明显的标志物。但是，古人真的会以此为标志进行埋藏吗?

比起碾坊周围的耕地，面对这一片河滩，所有人都不抱什么希望。但是，情况在傍晚时分有了变化。

为了保险起见，另外一位专家梁庆九也拿出相关设备，希望通过不同参数进行印证。事实证明，通过两种工作方法的运用，基本能判定底下确有异常，是一个长宽都接近 5 米的规则异常带。面对这个结果，所有人都兴奋起来。按照常规的推理，这样一个规模的异常带和我们设想的石达开目标体十分接近。

但是，专家们还是给了我们一个科学推测的方向，造成异常最常见的可能是这里恰好有地层断裂或天然矿床。但是，断裂或者矿床都会有相当规模和深度，并且从数据反映出的频率来看，它们并不符合。那么，还有一种可能就是一些从上游带来的含有金属成分的次生矿或者大岩石，又或者类似像我们之前挖出来的带有导电性或导磁性的建筑或生活垃圾。还有一种可能就是我们心中希望的石达开宝藏。但是，还有一个一直困扰我们的问题就是，无论碾坊还是大榕树，它们都靠着河岸，古人真的可能选择泥泞潮湿的河岸掩埋宝藏吗?

经多方打听后，我们找到了答案。在清朝的光绪二十八年，安顺场附近曾经发生过一次河水改道，现在的河岸其实曾经是一片富饶的田地。这似乎是一个好消息，也是一个坏消息。田地的确至少符合了掩埋条件，但是，如果水灾能使得地貌发生如此大的改变，即便有准确的藏宝信息，地表以下的东西又会被冲向何方呢？这会不会是安顺场至今没有任何相关文物出土的原因呢？

一个月后，我们收到来自中国地质大学的勘测报告。在这份报告里，首先可以确定这个异常体的深度在 10 米以下。仅这一项，专家认为基本就可以排除人为掩埋宝藏的可能。在那样一个战乱的年代，短暂的时间、简陋的工具，这样一个埋藏深度是不现实的，并且从导电性等数据分析来看，底下物体的反应数值和金、银、铜相距甚远。这个边长 5 米的异常体最有可能还是类似碾坊附近的建筑废弃物或者河水沉积物。

（潘婷）

矮人墓调查

黄美家的新宅基地分下来了，这片空地是墓地，是他抽签抽到的。就在他们动工开始打地基的时候，奇怪的事情发生了。地下出现了一个个小鼓包，当他们撬开小鼓包，下面竟然露出一排排陶罐，当陶罐里的东西呈现在人们面前的时候，人们惊呆了。

黄美："骨头跟人的一样。"

黄荣辉（黄美哥哥）："这个大腿骨长 15 到 20 厘米，头只有一点点大。"

黄美凭经验判断，这么短小的骨头不会是他们经常见到的人的尸骨。更奇怪的是，它们竟然被装在小陶罐里，一个个排列整齐。惊慌过后，黄美赶紧找土公谢生来看一看，"土公"在当地是专门负责收敛尸骨的人。

谢生："骨头皮很薄，有大腿骨，也有手上的骨头。大腿骨粗一些，手上的骨比较细一点、小一点。"

一排排陶罐

有着几十年收敛尸骨经验的谢生为各色人的尸骨下葬，但是这样的骨头，他还是头一次看到。围观的人认为，这么小的骨头会不会是小孩子的尸骨。谢生断然否定。

谢生："一定不是小孩的尸骨，小孩骨里的毛孔很小很细，年纪大一些，毛孔就大一些。"

当黄美一家发现了这个东西之后，又有一些

奇怪的事情随之出现了。

村民们纷纷反映，到了夜晚，村子附近的鹧鸪山上不断有莫名火光跑来跑去，他们感到很害怕。

黄晨（村民）：“亮晶晶的火，不知道是什么。”

黄美：“人走过去，突然就没有了，很可怕。”

已经住上新房的黄美一家人，竟然在自家院子里也发现了同样的现象。恐惧萦绕着黄美家，有人说，这是因为动了矮人国的秘密，遭到报应了。黄美就让家人买了些纸钱焚烧，祈求平安，来缓解一下紧张局面。可是，那奇怪的火光继续频繁出现，特别是在夏天的晚上，家人根本不敢出门。

黄美：“家里人都很害怕，经常看见穿着白衣的无头鬼站在院子里的大树下。”

黄荣辉：“小孩子晚上都不敢出来，也不敢看。”

黄美所在的村子是一个靠海吃饭的小渔村，这里的人们靠打鱼为生，过着日出而作、日落而息的渔民生活。然而，“矮人国”的蓝火打破了这里的宁静。村民们议论纷纷，恐惧笼罩着这个只有几千人的小村子。

那么，萦绕这个村子的神秘火光到底是什么呢？不久，就有化学老师尝试揭开它神秘的面纱。

黄妙龄（福建省泉州师范学院副教授）：“鬼火也叫磷火，是一种很普遍的自燃现象。磷存在于我们的细胞、蛋白质、骨骼还有牙齿中，人的骨骼里面有大量的磷化钙，人死后埋在地底下，躯体会慢慢腐烂，腐烂的时候就会发生各种化学反应。”

这些化学反应的产物就有磷化氢，它就出自陶罐里的骨骼中。在实验室，黄妙龄老师用实验为我们揭开这个谜团。这是黄磷，被特殊仪器保存在水里，她首先把磷从水里小心地拿出来。

黄妙龄：“黄磷有一定的毒性，会腐蚀人的皮肤。所以，大量的黄磷一般都会保存在水里。”

磷的燃点特别低，在 40 摄氏度左右就会发生燃烧。果然，刚从水里拿到室温不到 20 摄氏度的地方，就开始挥发了。

为了快速达到磷的燃点，黄老师打开酒精灯，让卡尺的一头温度升高，把一小块磷的水分弄干，然后扑灭酒精灯，迅速把磷放在卡尺上，我们见到的就是这样一番景象了。

黄妙龄："磷化氢很轻，特别在夜间没有风的时候，空气一般不怎么流通，它会固定在那里；但只要有一点点的微风，比如我们人走过，会带动一点空气流通，它就会动起来。如果人一害怕后逃跑，风会更大，磷化氢跟着就跑得更快；如果人停下来，空气不流通了，它就又停了。所以，就好像鬼火追人，其实是磷化氢在追。"

可以想象，为了盖房子，黄美和一些村民把宅基地上发现的盛有骨骼的陶罐迁往鹧鸪山，由于密封不严，骨头里的磷在高温下挥发自燃。黄美家的院子里也是如此。

黄妙龄："磷化氢一旦在地底下形成，就会通过地裂缝和孔洞冒到地面和空气中来，一跟空气接触，它就会自燃，形成磷火。大家以为是鬼火，因为它经常出现在墓群周围。"

随着人口增长，小渔村旧村改造力度加大，曾经的海边都盖了房子。

老人们说，原来排列在海边的矮人墓已经不存在了，而且人们对磷火的存

这是一个混合墓葬

颅骨的一部分

在也已经司空见惯。但是，人们对于矮人墓的记忆却总也抹不去。

黄晨："我小时候就常听到老人讲小矮人的故事，当时有很多小矮人的墓，一排排的坐落在海边。"

在我们的现实生活当中，到底有没有个头非常小的正常人呢？2004年，科学家在印度尼西亚的弗洛勒斯地区找到了一具史前头骨。经过研究发现，它是属于一个成年女性的。但是，根据它的身材比例来判断，身高只有1米左右，脑容量也只有我们普通人的三分之一大小。因此，科学家把她定义为弗洛勒斯人。她们生活的区域相对而言是比较封闭的，生活资源比较少，在这儿生活的生物体必须缩小自己的身高体重，才能适应当地的环境，把自己的种族延续下去。那么，在这个村子当中出现的罐里面的这些尸骨，如果真的是人类的话，确实值得好好研究一下。

林少川（专家）："村民们讲，在海边，当时有很多小矮人，他们比较短小，个子可能只有1米多高，骨骼才几十厘米，比平常人少一半。"

林少川发现当地村民身高正常，就连侏儒症患者都很少见。有人猜测，矮人是来自台湾，还有人猜测来自国外。

林少川："泉州府志记载，在南宋时期，这些是菲律宾所谓的毗舍耶人，身材比较矮小，皮肤很黑，人又很好斗，曾经在澎湖、晋江等地方骚扰当地村民的生活。根据我的推测，如果这边有小矮人的墓，估计跟那边有一定的联系。"

种种猜测似乎都有道理。因为泉州是海上丝绸之路的起点，蟳埔村古时候就是个小海港，登陆上岸的中外游客把他们的习俗带到这里，今天出现在我们面前的景观早在宋元时期就已经出现在泉州，千年保留至今，称得上是个奇迹。从女人们头上插戴的鲜花就可以略知一二，它们被称为"戴在头上的百花园"。

这些戴在头上的花园及流传至今有着异域风格的服饰，都不能不让人联想到这个小渔村或许就曾经来过那么一群人，他们身材矮小，漂洋过海而来。矮人国的疑云始终在小渔村里笼罩，距离旧村改造已经几十年了。如今，传说中的矮人骨还能不能找到呢？很多人试图揭开谜底，却遇到了阻碍。

林少川："为什么没办法把这个谜揭开？因为当地有种种传说，说谁如果动那个小矮人，就会遭到报应。正因为有这样一个传说，所以当地的村民一般都不敢去动它。”

专家进行比对（一）

人们的目光再次投向福建泉州这个小渔村。

郑剑文（泉州市丰泽区文体局副局长）：“我们在去年全国文物普查中，发现蟳埔这个地方有数量众多的坟墓。而这些坟墓之中，有体型非常矮小的骨骸，围绕这些坟墓还有很多离奇的传说故事，这些都让世人非常关注。”

一时间，各大媒体聚焦泉州蟳埔村，各种猜测五花八门，矮人国真的存在过吗？

刘凯（泉州电视台记者）：“猜测有很多种，包括蟳埔的村民也通过媒体了解到各种说法，但没有得到一个最后的结论。各种各样的传说依然流传着。”

“走近科学”栏目记者走进了这个小渔村，去探寻传说中的矮人国。

黄美家的院墙外至今还堆放着据说与当年矮人墓一样的建筑。如今，它们像一群护院的勇士静静伫立，它们护卫的那些陶罐和陶罐里的骨骸到哪里去了呢？

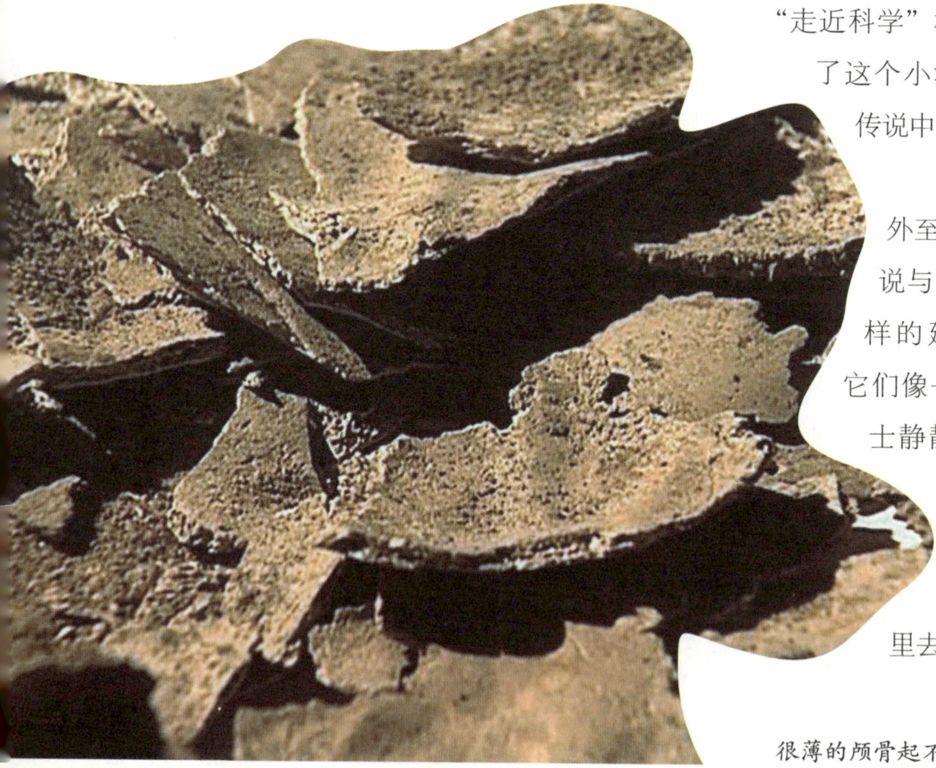

很薄的颅骨起不到保护作用

专家进行比对（二）

专家察看颅骨

郑剑文："那个时候，蚵埔村还是比较原汁原味保留它原来的风貌，有大片的沙滩，沙滩上面还有一排一排的矮人墓，那是一个一个的小墓包。那个时候，我就觉得很惊奇了。"

据说，鹧鸪山是各种墓葬的集中地，也是海边矮人墓搬迁后的埋藏地。可是，植被茂密的鹧鸪山哪里有矮人骨呢?

林少川："鹧鸪山位于晋江和洛阳江的交汇处，后边这座山，人称泉州的母亲山。"

在黄美的引导下，我们来到了鹧鸪山。

上山的路是黄美用砍刀砍出来的，路上不时可以看到各种坟墓。矮人骨到底在哪里呢?

颇费了一番周折之后，我们来到了一处稍微开阔的地界，一排排的陶罐进入大家视线，只是它们里面盛放的是成年人的骨骸。

当年的矮人骨到哪里去了呢？就在我们疑惑的时候，黄美竟然从一只编织袋里找到了一个头骨，头上还长着角。

黄美随即就在一块大石头上摆弄了起来。不久，一个人形的骨架就出现在人们面前。它大约有 1 米长，比正常人的骨架小了很多。难道它真的就是传说中的矮人骨吗?

头骨比对法

黄美在鹧鸪山上即兴拼凑的骨架让人们依稀看到了矮人国的踪影。这个消息让泉州海外交通史博物馆的专家们为之一振。面对这副骨架，现场的研究人员犯难了。

郑剑文："凭我的直觉，那么小的动物，有没有可能是一个新物种呢？"

丁毓玲："它的头看起来像某种动物，但很难判断是什么动物。"

泉州地处福建省东南沿海，属于亚热带海洋性季风气候，温暖湿润、雨量充沛，年平均气温 18℃～20℃。泉州植被繁茂，类型多样，动植物资源丰富。辖区内分布有野生动物 400 多种，但是真正长角的动物并不多。那么，黄美发现的这个长角的物种到底是什么呢？会不会真的是传说中的小矮人呢？

泉州医学院解剖学教授王庆林来到海交馆，他不停询问这些奇怪骨头的出处。

王庆林："我看那些骨不像是人的骨头，而像动物的骨头，人的头骨和动物的头骨是不一样的。"

不仅头骨不像人骨，就连其他部位的骨骼也与人骨有天壤之别，王庆林仔细研究着这个奇怪的长着角的动物。

王庆林："那不是角，而是头颅面部的颧弓。只是颧弓断了，像角一样。"

如果不是人骨，那么会是哪种动物的骨骼呢？

夏霖（中科院动物所专家）："因为它的头骨也不是很完整，只是一部分，从我们多年从事动物研究的经验上来看，它属于脑容量比较大的灵长类哺乳动物。从它的个体尺寸来说，差不多有一只猴子那么大。"

灵长目属于哺乳纲的一目，是目前动物界最高等的类群。它们大脑发达，眼眶朝向前方，眶间距窄，手和脚的指头分开，大拇指灵活，人就属于灵长类动物。黄美捡拾到的头骨标本，从一个侧面看，与灵长类动物猕猴的确有相像处。由于缺失面部最重要的一部分，专家还无法判断它到底是什么动物。

夏霖："历史记录显示，在泉州附近确实有猕猴的存在，但是如果像当地村民们所传言的，成千上万只猕猴同时死亡，同时埋葬在一个地点，让人难以置信，也是一个疑点。"

据村民们描述，这样的骨头成千上万。如果成千上万只猴子同时埋葬在这里，那一定是一场触目惊心的灾难，不仅泉州史料中没有这样的记载，就连当地村民们也不认同这样的说法。人们坚信这些骨头就是人类的，根本不会是其他动物的骨骼。

当地村民："要是说整批动物死掉了，我认为顶多挖一个大坑，全部埋在一起，没必要像人一样埋葬，那岂不是很浪费财力，又浪费时间？即使现在的鸡瘟，也是全部堆在一起烧掉，不可能放在一个一个的罐子里。"

村民们的说法不是没有道理，矮人国的传说已经流传上百年，成千上万个动物能够同时葬在一个地方，而且使用人的丧葬规格的确让人费解。那么，当地是不是有埋葬动物的习俗呢？

黄荣辉："我们这里有句土话，死猫挂在树头，死狗让水漂走，所以不可能将它埋葬了，然后捡骨头再放在那个地方。"

那么多的短小骨骼为何会大规模聚集在这个小渔村呢？难道真的是众多小矮人埋葬在此吗？作为海上丝绸之路的起点，发达的海上交通及独特的地域文化，使这个小渔村越来越神秘。泉州海外交通史博物馆的考古队决定探个究竟，寻找矮人墓。于是，他们又来到了黄美家的院子里。

黄美家的院子已经铺满地砖，要撬开不是一件容易事。黄美说："可能还有一个地方葬有矮人骨，那就是墙外的树下了。30 年前，它和这座院子一样摆满了一排排的陶罐。"

经过协商，黄美一家同意考古队员在院墙外的空地挖掘，寻找矮人骨。一大早，黄美的家人就买来香和纸，因为害怕考古队的挖掘会动了他们家的风水，他们要祈福。

考古队测量确定方位，由于对地形比较熟悉，黄美父子主动协助海交馆进行挖掘。很快，地下就出现了一排排小陶罐，里面真的会出现矮人骨骼吗？

丁毓玲：“在发掘现场，我们发现了排列有序、大小不一的陶罐。陶罐大致有 3 种形态，分别是大、中、小 3 种，小的甚至像笔筒一样，各种遗骸都有，很出乎我们的预料。”

很明显，这是一个混合埋葬的墓地，不仅有正常人的尸骨，还有短小的尸骨，并不完全是大家所描述的矮人墓的情形。

陶罐一般是用来盛东西或打水用的器具，怎么会成为存放尸体的棺椁呢？对于这个疑问，专家给出了答案。

陈鹏（泉州文物保护中心主任）：“我认为如果是直接土葬，由于泉州这一带都是酸性土壤，所以保存条件比较差。如果放在瓦罐里面，保存的条件比土葬相对好一点，骨头不会很快地腐烂掉。”

收敛尸骨的师傅谢生还道出了一个当地的风俗。原来，这里的先民去世后要经历两次安葬。

谢生：“第一次土葬的时候，本来是用棺材，棺材烂掉后，把那些骨头捡起来，擦干净，重新装在缸里面。”

第二次下葬的骨骸，当地人称为皇金，盛放皇金的陶罐被称为“皇金瓮”。这样的称呼似乎代表着人们对先人的尊重。

从黄美家的侧院挖掘出来的小型陶罐被集中放在海交馆，里面会不会真的有矮人骨骼呢？这些骨骼，最长的不到 10 厘米。这时候有人猜测，这些会不会真的是小孩子的骨头呢？

陈鹏：“以前在 7 个城门外都有一些公共的墓地，这些公共的墓地提供给一些比较贫穷的、买不起墓地的人家埋葬小孩子。所以，我认为这种小矮人墓集中在这一个地方，很可能就是乡间的一个专门埋葬小孩子用的公共墓地。”

通常情况下，婴儿出生后身高在 50 厘米左右，四肢骨的长度在 10 厘米左右，

准备出海

考古队员整理标本

皇金瓮表示对古人的尊敬

这些与罐子里的骨骼有些符合。难道这些骨骼是夭折的婴幼儿吗？

丁毓玲：“但是我们在挖掘的过程中，发现这些骨骸非常细小，甚至连婴儿都不是，很像是某些动物的骨骸。所以，我们找另外的一些专家来认证，这到底是人类的还是动物的？”

夏霖：“《自然》也发表过一篇关于小矮人的文章，从主观上来讲，我既不肯定也不否定小矮人的存在。因为如果中国确实存在着这样一个人种，那将是科学界的一个重大发现，所以我对这件事也非常感兴趣。”

中科院动物所的副研究员夏霖奔赴泉州，来到海交馆。看到这些非同寻常的骨骸，她有很多疑惑。

夏霖：“如果把一个动物的遗骸整体地搬移到这么小的一个笔筒状的容器

中，几乎是不太可能的，除非是身体残骸部分的骨骼。另外，我们在那个罐子里发现，有许多当地人所说的头皮，其实就是一个脑颅部分的顶骨或者额骨的碎片，还不是一个完整的部分。所以，从上一次挖掘的小笔筒中的遗骸，很难断定它是一个什么物种。”

大家认为，这次挖掘不仅没有找到小矮人的蛛丝马迹，就连挖掘地都不是最原始的埋葬地点。这些骨骼到底来自哪里呢？

夏霖：“非常遗憾的是，虽然传说中有成百上千这样的头骨，但是在这次发掘中却一个都没有发现。而且从黄美的转述中，他也没有真正见到过一个完整的头骨究竟是什么样子的。”

丁毓玲：“我们还是带着一线希望，因为关于小矮人的传说传了太久，我们还是想再证实一下是不是真的有小矮人。基于这两个目的，我们决定，再做最后一次发掘，地点就确定在黄美家的院子里。”

皇金瓮

黄美家的院子里铺满了地砖，根据记忆，黄美圈定了准确位置，这次挖掘比上一次更复杂。这次会有收获吗？

不久，奇迹就发生了。

丁毓玲：“不出所料，发掘的现场是比较原始的状态，发现了 8 到 10 个可以看到的墓堆。”

瓮里全是沙子

可以看出它们还保持着原状，并没有受到人为破坏，包在最外面的就是大家所说的糖水灰。

陈鹏：“煮出来的糖水跟灰搅拌在一起，变成一种非常坚硬的建筑材料。在明朝、清朝的时候没有洋灰、

发现骨骼

无名瓮

小瓮中会是矮人的骨骼吗

水泥，做墓都是用这种糖水灰的。”

这种近似三合土的物质下面，能有大家期盼的皇金瓮吗？

外面的一层非常坚固，需要用凿子一点点凿开。当人们小心打开上面的糖水灰盖的时候，现场看到的却是这样一番景象。

皇金瓮里盛满了沙子，这跟大家的预想大相径庭。中科院动物所副研究员夏霖就在现场。

夏霖：“当时并没有看见任何骨骼，一直清理到罐的底部才发现骨骼，而大部分罐子所放的骨骼的量，甚至不到罐子的四分之一，甚至是及底的部分。”

沙子下的点点碎骨，由于海水的侵蚀，大都颜色暗淡。看来，上面厚重而坚硬的糖水灰并没有阻止海水的入侵。

夏霖：“既有惊喜、吃惊，也有失望。我们并没有发现传说中的小矮人的骨骼，也没有发现尺寸介于人和婴儿之间的头骨。”

与此相反，大家在现场却看到了一块大骨头。

夏霖：“大骨头是偶蹄类动物的遗骸，但是只有头骨的一部分，应该是属于鼻骨和上颚的部分。但是，最令人惊奇的是当地人为何把人和动物共同埋葬到了一个罐子里，让人觉得非常迷惑不解。”

疑似老鼠的下颌骨

没有想到，第二个罐子也是如此。不仅没有完整头骨，就连一副完整的骨架都没有找到。可以说，皇金瓮中的皇金复杂而凌乱，让人百思不得其解。

罐葬本是沿海地区人类保存遗骸的特殊方法。如今，这些习俗因为国家的火葬政策，人们在当地已经找不到罐葬的影子了，鹧鸪山上的陶罐也成了无名骨的代名词。可是，把动物跟人的尸骨葬在同一个罐子里，似乎不合常理。难道这次大规模的埋葬真的只是一次偶然吗？

丁毓玲：“这些到底是当地的一种民俗，还是真的有一种新的种族在这里存在过？我们想要知道一个结果。”

现场的挖掘还在继续进行，在海交馆考古队工作人员指定的区域内，陶罐陆续被清理出来。

夏霖：“从清理出的骨骼来看，都不是非常完整的躯体，比如说并没有完整的四肢、完整的椎骨，甚至头骨也只是一部分。离人们所传说的小矮人的形象，越来越远。”

海交馆考古队员整理着从黄美家院子里挖掘出的骨头，可是，要判断它们的部位和出处并不是一件容易的事情。

夏霖：“这些骨骼的骨质已经变得非常酥脆，拿起来看它是透光的，里面有许多微孔。我们发现罐子里面有许多湿的海沙一样的东西，这些骨骼都埋藏在里面，受到海水的侵蚀和长期的风化，已经变得非常易碎，因此在科学研究上会增加很大的难度。”

猴子

没有想到，夏霖有了意外发现。这几个小骨片在众多风化严重的骨骼中格外显眼，凭经验判断，其中的一个近似老鼠的下颌骨。

夏霖："按道理来说这种越小的骨骼，在风雨及海水的侵蚀下，应该是最先降解、腐蚀和风化掉的，但是它却保持得相对完整，而且牙齿也非常完整，应该说是一个比较近期的鼠。"

黄沙下严重风化的骨骼和这些近似老鼠的骨骼显然不是出自同一个时期，它们到底是怎么进到密封的皇金堆里的呢？夏霖认为这是个很蹊跷的事情。经过对比分析，夏霖发现它并不是老鼠，它的嘴巴尖尖的，属于一种食虫类动物。

夏霖："严格说来，这个尖嘴鼠并不属于科学分类上所说的啮齿类或者鼠类。虽然老百姓叫它鼠，因为它的外形跟鼠难以区分，实际上，它的真正名称叫作臭鼩。"

臭鼩是一种小型食虫类动物，它主要是吃蚯蚓、昆虫，也会吃一些植物的种子、草根。它们多出现在靠近民居的区域，包括农田。大家猜测，这个叫作臭鼩的动物是通过陶罐缝隙误入陶罐，最后通过挖掘进入人们视线的。

初探皇金堆，人们看到了皇金瓮，这些陶罐属于同一个规格，推论它们应该是同一个时期下葬的。它们到底是什么？是什么时候葬在这里的？考古人员试图寻找这些皇金身份的证明。

一般情况下，要测知古墓中骨骼存在的年代，碳 14 是如今最有说服力的方法。骨骼、牙齿中都含有碳 14，碳 14 在人死亡之后每隔 5 700 年就减少一半。可是要测这些骨骼的碳 14，误差就要一两百年。

王庆林："用肉眼来判断年代是很难的，这些骨骼给我的感觉是，年代不会太久，好像没有两百年。"

面对这些埋在黄沙中被海水严重侵蚀的骨头，大家犯难了。

就在这个时候，海交馆考古队了解到一个重要信息，就是在黄美建造这座房子的时候，曾经挖出了大量古钱币，后来被喜欢收藏的外甥郭胜拿去了。古钱币对于这批排列整齐的皇金瓮有着非同寻常的意义。海交馆的专家决定去寻找郭胜。

如今的郭胜已经将近50岁，他很快就找出二十几年前在村里捡到的古钱币。尽管只剩下四枚，但是足以让海交馆的专家们眼前一亮。

丁毓玲："我觉得这些铜钱可以起非常关键性的作用，也是一个很直接的证据。因为那个铜钱上写的时间，一个是嘉庆，三枚是光绪，大概跟郭胜所追忆的历史是相吻合的。"

通过对陶罐的研究及对郭胜手中铜钱的鉴定，海交馆的专家推测出这批排列整齐的皇金瓮真正的下葬时间。

丁毓玲："那些陶罐的时间大概也是在清末民初，跟那个铜钱的时间是吻合的。所以我觉得郭胜的叙述，跟我们发现的骨骼、罐子和埋葬的形式，是可以相互印证的。"

可以想象，一两百年前，一批骨骼被装在陶罐里，上面浇灌上特殊的建筑材料，整齐排列在海边。小渔村旧村改造，打破了这里的宁静，改变了它们的命运。它们中的一部分被迁往鹧鸪山埋葬，一部分被永远留在原地与黄美的庭院融为一体。

我们发现的骨头分别出自三个地方：鹧鸪山、黄美家院墙外的小陶罐及黄美家院子里的陶罐。但是，大家仔细分析这些骨头，竟然找不到任何规律。

夏霖："比如说我们可能发现有十几个，甚至几十个一样的头骨，不管它是哪一种动物都可以，但是并没有；相反出来的都是混杂的各种动物的骨骼和遗骸，什么动物都有。"

这个被黄美最先拿来展示的头骨到底是哪种动物的呢？由于缺失严重，这让夏霖颇费了些脑筋。

夏霖："因为最初拿回来以后，我们发现从它的后部细节，特别是颧弓部分的曲率、后部分的听泡，以及枕骨的枕大孔的位置，还有后部头骨的枕肩骨和顶骨中间的几何角度来看骨缝，跟灵长类越来越不吻合。”

一般情况下，根据颅骨判断物种有两种方法，一个是DNA比对，因为DNA就存在于骨骼和牙齿中，另外一个就是利用几何形态学进行数据复原。

对于少数个体来讲，分子生物学研究方法是一个上选，但是它有一个缺陷，对于样本的保存条件要求是比较高的。

对于这些严重风化的骨骼来说，DNA会降解成非常小的片段，要提取出来是非常困难的。夏霖就试图利用几何形态学的方法，复原它的颅骨，确定这个头骨的归属。

夏霖：“我们的头骨具有一定的几何形状，这个生物体也同样具有一个几何形状，所以我们要把它的几何形状转化成一个数字信息，就可以用电脑进行处理。而处理之后通过比较不同的头骨，就可以比较不同的生物体所取得的生物信息在形状上的差异。”

要用这样一个技术进行颅骨复原，首先要对头骨从各个角度进行拍照以采集数据，但是等到这些都完成之后，夏霖发现没有那么简单了。要选择有代表特征的部位来研究，但是单凭后脑勺很难识别两个人。

由于这块头骨缺少最重要的生物学特征，用几何形态学的方法根本行不通。夏霖决定用最原始的头骨比对法去研究它，而这个难度宛如大海捞针。

夏霖要把来自泉州小渔村的骨骼跟中科院动物标本馆的动物骨骼相对比，最后确定黄美手里的那份不完整的头骨到底是哪种动物。

夏霖：“我们进行了大量的标本比对之后，认为它和犬科动物的头骨是比较近似的，但是还不能确定它具体为哪个种。因为犬科动物很多，包括狼、狐，还有我们平常所见到的狗。”

犬科动物，包括体形较大，食肉性较强，可以捕食较大型猎物的犬类；还包括体形较小，食性略杂，主要捕食小型动物的狐类。然而，犬科动物的颅骨千差万别，鉴定并不是一件容易的事情。经过与犬科动物的各种颅骨比对，夏霖终于找到了相似的头骨。

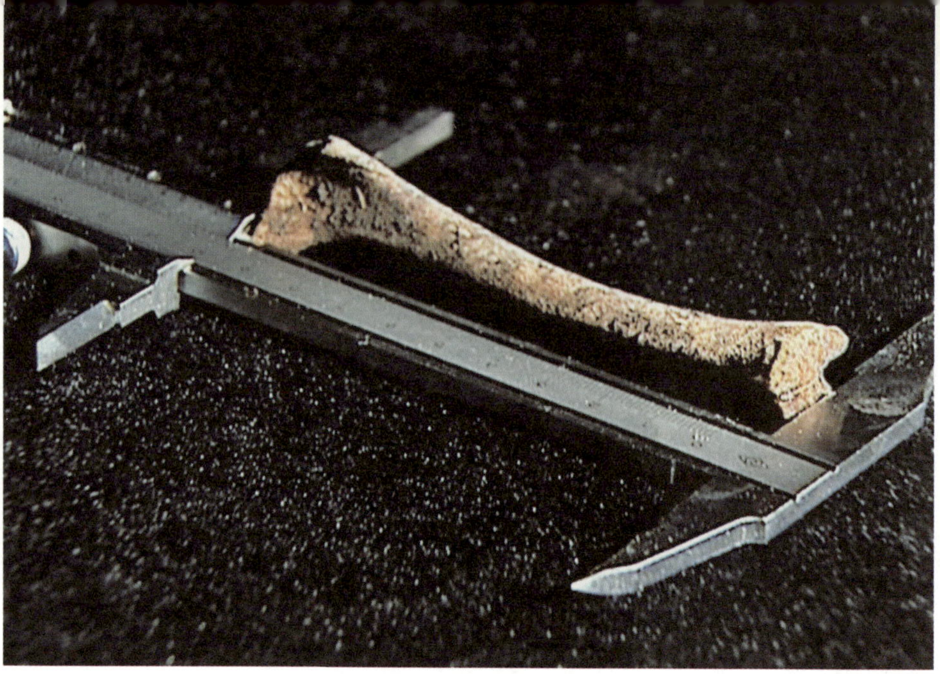

最长的骨头不到10厘米

夏霖："最后发现它与另外一只狗在后部的吻合度是最大的，但并不是百分之百相同，只是它的吻合度最大。由于狗的品种不同，有可能出现一定的差异，但是总体来说，应该还是属于狗这一类的。"

夏霖研究发现，从黄美家的院子里挖掘出来的几个骨片薄而且大，这明显是颅骨的一部分，然而，夏霖猜测这不会出自普通的动物。

夏霖："有一部分头骨比较接近于人类的头骨，因为它里面有大量的当地人称之为头皮的，属于脑颅的颅骨或者顶骨的部分。如果要把它进行复原，面积是比较大的，应该属于脑容量比较大的一种动物。此外，从一些散落的牙齿来看，是属于灵长类动物的。但是，跟我们现在标本馆所比对的数种猴子都不能吻合，所以怀疑它有可能是人类的遗骸。"

这就是说，在众多的骨头当中，不仅有正常人的骨骸，还有比人类头骨小的碎骨，难道村里传了几代人的矮人墓真的存在吗？为了解开最后的谜团，记者和夏霖带着从泉州小渔村出土的骨骼样品，来到了首都医科大学解剖实验室，尘封地下的皇金瓮里真的有矮人骨吗？张铭教授仔细查看了这些奇怪的骨头。

张铭（首都医科大学教授）："根据它的顶盖骨和颞骨的大小，可以看到它围成的颅腔的空间还是比较大的。换句话讲，这个生物体的脑量大概不是一般的小动物或者低等动物，应该是一种比较高等一点的动物，脑量比较大一些。”

在解剖学上，颅骨有23块，不仅构成了面部的支架，还分别容纳和保护着眼睛、鼻腔、口腔和大脑，避免它们受外界刺激和损伤。张铭认为，这么薄的颅骨对于成年人根本起不到保护作用。张铭仔细查看手里的碎片，试图把它们拼接在一起。但腐蚀严重，它们还能被辨认出来吗？

正常人的颅骨顶部由几块骨头组成，有锯齿状的边缘，使骨与骨之间的嵌合更加牢固。张铭教授对这些头骨碎片的鉴定，不仅彻底否定了之前的孩童墓地之说，还否定了矮人头骨的传言。

张铭：“这块骨跟人的小腿的主要胫骨相对应。我们人类的这个关节面是很光滑的。而这个标本是四角形的。从功能上来说，平滑的关节面让我们活动性很大，比较灵活；而这块骨头明显没办法动，也就显示它是以负重为主，以保持稳定性为主。”

人能够负重还能够行走自如，这些关节的结构功不可没，四脚着地的动物为了增加稳定性，这样的棱角也是有道理的，这些骨头根本就不适合直立行走的人。

越来越多的证据证明，拥有这些头骨的动物是成年个体，脑容量很大。

张铭：“那些骨头一看就不是人的牙齿。如果是来自同一个罐子，那么把这些证据全放在一起，同样也能说明它不是来自人类，来自动物的可能性很大。”

难道当地有埋葬小动物的习俗吗？没有想到，泉州学研究所所长林少川竟然把我们领到了这样不起眼的小庙。村里人说，这叫阴公宫。

在当地，妈祖庙出现的频率是最高的，可是这样供奉骨头的庙宇我们还是第一次看到。他们在庙里供奉这么多骨头是为什么呢？黄荣辉道出了缘由，在科技还不发达的过去，出海的渔民在风浪中同自然搏斗，生死难料。

黄荣辉：“有一句叫作行船跑马没有三分命。以前在这边经常出事，过去的船都比较小，也没有机器，都是木帆船，因此经常出事。”

每次出海，渔民们收获的不仅是可以卖钱的海货，还有随着渔网一起捞上来的各种骨头。对于那些骨头，人们都捞上来堆放到阴公宫里。

黄荣辉："因为人们认为从海上捡来的尸体和骨头能够保佑他。"

这样的庙宇里面堆放着各种骨头，一堆好多年，可以看出泉州这个小渔村对于生命的尊重。后来船的改进及天气预报的出现，让黄美和村里人认为出海已不是什么危险事情了，如今的年轻人不再拾骨供奉了。那么，以前的习俗究竟与矮人墓有什么关联呢？

丁毓玲："他们并不知道到底这些骨头是什么东西，有人说是猴子的，还有人说是人的，村民们还疑惑这些是不是另外的人种。所以，以讹传讹，一代一代传下来，形成了一个神秘的传说。"

我们尝试还原一下皇金瓮里矮人骨的传说。百年之前，人们把长久以来大家出海拾到的各种骨头，按照大小排列，分别用陶罐装起来，进行过一次大规模的埋葬。多年之后，它们中的一部分偶尔重新进入人们的视线，由于骨骼短小，陶罐规格也小，所以关于矮人国的各种猜想也就接踵而至。

如今，这个小渔村又恢复了它的宁静。对于黄美一家人来说，出海捕鱼与讨小海抓牡蛎，生活都是有保障的，他当上了爷爷，全家人在这座房子里也已经平安居住了将近三十年。他说未来不可知，但是，现在很幸福。

（宋英慧）

被迷“祸”的明故宫

12 月的一天，在南京的御道街，金先生驾车赶往回家的路上。到明故宫午门南口时，正常行驶的金先生没想到，接下来发生的一幕，会让他在很长一段时间内成为人们议论的焦点。

有车祸发生并不奇怪，但奇怪的是，金先生驾驶的汽车以时速 60 公里的速度撞在了午门南口的石狮子上，导致车头高高翘起，副驾驶座上的乘客当场死亡。然而，车毁人亡之后，被撞的石狮子却毫发未损，甚至连块石屑都没有掉落。

出发前，我们在互联网上搜寻有关明故宫的信息，然而一个个网页打开，触目惊心的标题令人咋舌。明故宫附近究竟暗藏着怎样的玄机？我们怀揣着复杂的心情飞往南京。

位于南京中山门以西的明故宫遗址，曾是明朝开国皇帝朱元璋的皇宫所在地。然而，历经 600 多年风吹雨打、多次战乱，宫阙万间都已作了土。我们很快找到了被金先生撞击的石狮子，它依然威风凛凛地把守在午门口，丝毫不见被撞的痕迹。难道这尊石狮子真的有神力，可以“金刚不坏”？

南京《现代快报》是对明故宫屡现诡异交通案件进行报道的第一家媒体。我们决定首先走访同行，希望从他们已经掌握的线索中理出头绪。然而，巧合不期而遇，我们发现报道此事的陈主编竟然就是当事人之一。

陈劲松（车祸当事人之一）：“那天晚上我从新街口出去，一直跟在一辆出租车的后面。当时大概离路口有三四十米远的时候，我抬眼看了一下红绿灯，发现灯是绿的，前面的出租车很顺利地通过了。快到路口的时候我又扫了一眼，

被撞的55路

印象当中感觉绿灯还在亮着。”

毫无防备的陈劲松怎么也不会想到，开车经过一个亮着绿灯的丁字路口，竟然会在车的右侧遭遇突如其来的猛烈撞击。

陈劲松：“最主要是，当时我看到的路口并不是一个十字路口，而是一个丁字路口。这个时候，首先隐隐约约听到‘啊’的一声喊声，然后紧接着就是这个车子遇到障碍，猛然撞了一下。”

红灯看成绿灯，丁字路口幻变十字路口，令陈劲松百思不得其解。

陈劲松：“当时我就觉得这太奇怪了，事后我还是觉得不可思议。”

在明故宫附近开车会产生幻觉，这是陈劲松决定对此事进行报道的一个重要原因。

陈劲松：“为什么人会在这个地方产生幻觉？”

然而，产生幻觉的并非陈劲松一人。2008 年 7 月 14 日，南京市一辆 55 路公交车在此处撞上了迎面而来的法国梧桐。据司机描述，他在正常行驶中，突然感觉旁边有一辆车要超车，从直觉判断，那辆车的车速极快，本能之下，他赶紧往左打方向盘，意外发生了！

陈劲松：“那个时候，他处在一种视而无物的状态。为什么会这样？他一定产生了幻觉。后来我们去采访他的时候，他说他感到有个车从旁边挤过去，他吓得赶紧往这边打方向，就撞上去了。事后，他去找那个车，根本就没有那个车。幻觉也叫‘感觉欺骗’，当一个人看到、听到、感觉到并不存在的东西时，他就产生了幻觉。那么，明故宫附近还出现过其他幻视现象吗？”

在我们调查的过程中，一位生活在明故宫附近几十年的老人，对我们讲述了他的所见所闻。他说他经常会看到这边有古代的人在路上行走，有时一闪而过。

这种“幻视”现象显然和我们要解决的交通事故没有太多关联，但两辆 17 路公交车 3 分钟内相继被撞的事故，却浮出了水面。

大爷：“撞过两次，那边也撞过两三次。”

记者：“都是撞同一个地方？”

大爷：“就撞那个地方。怎么回事？这有鬼啊！”

石狮子谜团还没有解开，幻觉的出现又增添了新的疑点。那么，会是什么导致了幻觉的产生呢？

陈劲松：“底下有特别强大的磁场，在地下通过多次的反射，加强了某一种能量，这种能量对人的脑磁场产生影响并相互作用，在一定的条件下让人产生了幻觉。”

陈劲松的推测并非没有根据。地磁对人体大脑神经元有影响的说法由来已久。最典型的受地磁影响的案例，就是北纬 30° 的“百慕大死亡三角”，在那里航行的舰船或飞机常常神秘失踪。

北纬 32° 03′，南京明故宫与百慕大正好同处北纬 30° 附近，是巧合还是存在某种必然联系？带着这个猜测，我们赶紧找到了江苏省地震局的高级工程师张治天。说明来意之后，张教授决定先用仪器对明故宫进行现场勘查。

地球磁场是随着地球纬度变化而变化的，当某地区测得的实地地磁和正常值有显著差别时就被视为地磁异常。地磁异常、北纬 30° 、幻觉，这些词语似乎和明故宫存在着某种天然的联系。勘测的结果究竟会是如何？我们焦急地等待着。与此同时，关于明故宫各式各样的传说也引起了我们的注意。

记者：“你们晚上会不会和同学出来在这溜达呢？”

学生：“不会吧，这边太黑了，挺诡异的这地儿，同学都这样说的。”

在我们调查之初，就听说坊间流传着明皇宫建设初期是填湖圈地而成，地势“前昂后洼”，犯了风水学说的“凶相”。再加上两次大

幻变的十字路口

屠杀，造成了明故宫的“阴魂不散”。难道是犯了风水才遭来车祸？这些说法有何依据？我们走访了在南京对此事颇有研究的明史专家周道详。

周道详：“这些驾驶员都经常讲，不是因为避让另外一辆汽车要超车，就是避让行人，或者路上走不过去，他要绕开一个障碍。他让人，人不见了，结果撞在大树上；让车，没有车，他的车反而开到人行道上。于是，人们开始怀疑明故宫为凶险之地。这块地方在明初的时候是经过当时最著名的一个《易经》大师——刘基刘伯温所测定的。这样一位风水大师选择的地方，绝对不会是凶险之地。”

已经过去了600多年，为何到近四年才有如此多的事故抬头？用风水之说来解释，自然是有些牵强。就在此时，地磁强度的测量终于有了结果。

张治天（江苏省地震局高级工程师）：“从北门到南门，在不同的环境下，我们脚下还有一条铁的链子，也不过就是差了一百多纳特。”

一百纳特究竟是一个多大的差值呢？

张治天：“纳特是一种磁学单位，就是毫微特斯拉。这是一个什么样的概念呢？比方说，我们现在几乎人人都有手机，你即使没有通话，你身上放个手机，这个磁场的影响量有几百个纳特。试想，那么多的驾驶员都带着手机，难道因为手机他们就出车祸吗？”

既然明故宫附近没有地质上的异常现象，那为什么司机出事的瞬间，都说脑子一片空白或者产生幻觉了呢？就在一筹莫展时，我们听到这样一个故事：江苏省修了一条公路，叫312国道，在丹阳那一带有一个转盘就经常出问题。后来被证明，是由于转盘的设计上有一些问题，比方说花坛过大、转盘的路过窄。那么，可是为什么当初人们都传说是墓葬的影响呢？

明故宫的事故会不会也是道路设计引起的呢？找到了新的方向，我们立即与道路视觉专家周平教授取得了联系，邀请他与我们一同前往17路公交总站。

顾海滨（南京雅高巴士有限公司安全主管）：“容易发生交通事故的地方，一个是在中山东路跟明故宫的路口，第二个就是在午朝门。”

十字路口事故和55路公交车事故发生在中山东路和明故宫交叉的十字路

口，石狮子事故和 17 路公交车事故发生在午门口转盘处，这几起交通事故正好集中分布在这两个区域中。为什么明故宫附近就这两处极易发生事故呢？

记者：“您开车觉得明故宫那段路况好吗？”

方司机：“有时在转盘那个地方拐弯看不清，有点像 S 形，因为它拐过来接着又是个弯。”

在午门口，我们意外地发现了 17 路车撞击后还未修复的痕迹。同时，周平在 S 形弯道上进行反复比量后发现，御道街视线宽度 25 米，而拐弯后的视线宽度却锐减到 10 米。

顾海滨：“这边的路比较宽，视线也比较好，就是到午朝门那个地方，拐弯就比较急。”

公交车车身长 12 米，弯道近乎直角。通过计算，一旦车速过快，来不及打转方向，车辆很容易就会撞上左前方的障碍物。

顾海滨：“12 米车子跟小车不一样，小车过任何一条马路的时候，车子过这个路的三分之一就能全部看到。但我们车子只有过了二分之一以后才能看到。”

到此，午门南口的谜案终于有了答案，然而另一事故高发点却迟迟没有进展。从时间上看，这些诡异的事故均发生在 2006 年至 2008 年年底，那为什么 2009 年之后这些事故就不再发生了呢？

顾海滨：“在明故宫这一带，自从围挡拆除了以后，我们车队没有发生过事故。”

顾师傅所说的围挡是指自 2006 年地铁二号线开工以来在路面上设置的临时路障，这些围挡直至 2009 年春节前才被拆除。

顾海滨：“这两个十字路口，发生事故是由于地铁施工的时候，路面有围挡，在围挡期间交通事故比较多。”

地铁围挡占道这四年，恰巧是中山东路事故频发的四年。

顾海滨：“围挡就是把整个路面留了三分之一，围挡了三分之二。所以说，所有的车辆到这个地方，在三股车道去争一股车道的时候，就容易产生交通事故。”

明故宫遗址午门口

道路设计造成的视觉偏差，以及地铁围挡占道，才是造成这四年来事故频发的主要原因。但是司机为什么产生幻觉，仍然没有结论。经过几天的细致调查，视觉专家周平提出，司机描述的现象并非幻觉，而只是一种常见的视觉偏差。这究竟是怎么回事呢？为了解释这一现象，专家做了一个实验。

循环转动的小球是什么颜色？无色？粉色？

再仔细观察后会发现，其实是绿色，为什么我们的眼睛会看错颜色呢？

周平（视觉专家）：“当快速的物体进入我们眼球的时候，即使这个物体已经消失了，但这种影像也会在我们脑海当中残留一定的时间。例如0.1秒至0.4秒，这时候我们会感觉到，脑海中仍有某种影像。”

因此当书页被快速翻阅时，多张连续动作的静止画面会因视觉残留现象而出现动画效果。那么，这些奇特的视觉现象究竟和我们前面提到的幻觉有什么关联呢？

周平：“开车的过程当中发现有人影，我以为可能就是视觉残留在脑海中的显现。”

陈劲松：“事后通过放录像，我在三四十米距离的时候看了一眼是绿灯，而且出租车在前面走，我看它很顺利地过去了。”

以80公里的速度行驶不到10米，陈劲松在0.4秒内看了两次信号灯。

周平：“我觉得是他的视觉与他的记忆发生重叠，产生了错觉。”

那么，错把十字路口看成丁字路口，视觉专家又该作何解释呢？

周平：“根据事发当天的驾驶者反映，当天出租车在前面，它行驶到了人行道上去，而他平时没有走过这条道。当时在丁字路口，由于受地铁、路面的围挡影响了车子，所以车子只能往人行道上走。”

陈劲松：“我平常开车过了明故宫的路口以后，在到下面清溪路口之前会走右侧，不是走正常的路。”

周平：“所以，当时他走到这个地方的时候，就可能与他原来视觉记忆产生了叠加，从而产生了错觉。”

原来那些所谓的幻觉，在专家看来，只不过是自己被自己的眼睛欺骗了。

周平：“通过这个案例可以看到，视觉在我们交通事故当中也是一个比较重要的因素。”

当真相慢慢浮出水面，撞击石狮子事故究竟有没有谜底呢？记者查遍了明故宫有关资料，并没有找到有关石狮子材料的特殊记载。交管部门经过粗略测试，发现尽管过了几百年，其坚固程度仍然让人吃惊。南京的《东方早报》也这样写道：“当车子在紧急转弯时，前引擎盖边角擦至石狮子，石狮子将前引擎盖掀起。而在瞬间作用下，石狮子反倒受力很小，所以没有留下什么损伤！”

（江璐）

“天坑”之谜

“五一”刚过，网络上出现了一条新闻——四川宜宾市硐底镇，惊现“天坑”26个！大的坑直径达到几十米，深不见底。一时间，沸沸扬扬，各种猜测四起。不少网友说，会不会又要地震了，有些人干脆就说，看来世界末日真的是要到了。

到达宜宾市的时候，我们和当地的媒体取得联系。编辑机房里他们第一时间拍摄的画面，让我们相信，原来网络上的东西并不是耸人听闻的假消息。

5月2号下午，一个施工单位给我们打来热线，说他们在修公路的时候，在下面发现了很多的深坑，不知道原因，而且周围也发现了。我们在5月3号早晨9点到长宁县硐底石垭村。

这些天坑有的分布在公路边，有的在民房旁边，有的甚至在民房的下面。公路旁边的一个天坑最深，初步测量，那个坑洞在50米以上。

记者告诉我们，发现的“天坑”的数量已经从26个增加到了43个。省市的相关专家还在就“天坑”出现的原因进行调查。我们随即前往当地地震局。

四川宜宾市硐底镇惊现“天坑”

2008年的汶川地震，至今让很多人记忆犹新。如今“天坑”也出现在四川，时间也是5月。且短短几天之内，出现得如此密集而频繁。很多人怀疑并且恐慌，这会不会是又一场地震的前兆？因为地震确实会出现很多的地面塌陷。

天坑数不断增长

宜宾市地震局的专家在第一时间抵达现场，经过几天的研究分析，他们会有什么样的判断呢？

专家：“这个红颜色表明当地这个台有小的震动。”

记者：“红色表示有小的震动？”

专家：“红色表示有小的震动。”

记者：“那绿色、蓝色表示什么意思呢？”

专家：“绿色、蓝色表示我们这个地震台和这个数据是保持通讯的，正常的。”

记者：“比如当红色闪的时候，我们需要提高警惕吗？”

专家：“不一定，如果地震大的时候，我们还有个报警装置。”

王静（工作人员）告诉我们，地震防控中心的这些仪器有两个作用：一个是监控发生或者正在持续发生的地震，监控它的震中、范围和强度；另一个就是实时监控，收集数据。如果在一个地方持续出现红色亮点，也就是小的各种震动，仪器就会自动报警，专家就要立刻对这种异常做出分析和判断。

记者：“对于老百姓关心的“天坑”现象，是地震的预示吗？”

专家：“地陷发生以后我们去了两趟，现场也看了。从目前地震监测的情况和现场的情况看，并非预示地震发生。”

带着各种疑问，我们驱车上路。宜宾长宁县硐底镇是“天坑”集中发现的地区。在驶向目的地的路上，我们一度被迫停了下来。

这应该就是先前接到的热线电话里提到的那个“天坑”。当我们下到公路底下时，发现这个坑比我们想象的要大且深。

这个路面干线工程在 4 月 28 号那天在公路边上发生了地陷。当时发现的时候有 1 米左右大，两三米深。现在可能有三四米大，四五米深。

不单是新的“天坑”在增加，原来的坑也在继续变大！

直到进入村庄，才发现更触目惊心的还在后头。各种被大家称为“天坑”

的巨洞，大的小的，放眼望去，遍地都是。虽然当地政府，已经在坑洞边上竖起警告牌，拉起了警示线，并且安置处在危险区的村民，但是仍然有不少村民在警戒线外不停地观望打探。

为了更清晰地看清这些“天坑”，当地的村主任带着我们越过了警戒线。地上的裂纹，时不时地出现在我们的视线里。我们小心翼翼地走着。如果真的像专家所说，这些“天坑”的突现和地震这样巨大的破坏因素毫无关系，那么会是什么样的一种力量，在作用和控制着我们脚下的这片土地？

庆幸的是，硐底的“天坑”主要集中在田地里，这也是目前为止，硐底没有相关人员伤亡的一个重要原因。不过，还是有少数村民心惊胆战地发现自己家房子底下也出现了“天坑”！

村民：“出现了裂缝，不能够住人了！住在这儿危险得不得了，只有搬到我们兄弟那边去住。”

不过，众多“天坑”中，最让村民们惊恐的是硐底县石垭村大弯头坡上的那个“天坑”。据初步估算，它的直径在 60 米左右。

村民陈分模是村子里最早发现这个天坑的人，因为她的家就离这里不过 500 米。

陈分模告诉我们，5 月 3 日凌晨，他们听到轰隆隆的持续巨响，一家人吓得在屋外待了一宿。当天蒙蒙亮，他们壮胆靠近时看到的景象，是一个不停塌陷的可怕的无底洞。

在我们还在为眼前的景象担忧猜测的时候，四川省地矿局 202 地质队的工作人员已经在现场展开应急勘查。一是对天坑进行数量统计和表征测绘，二是为进一步有可能再次出现天坑的区域进行界定和观察。

测量员：“12 号坑是 5 月 3 号发生的，当时没有水，这两天下雨，积了点水。这边是 11 号坑，11 号坑现在还在发展。”

天坑是否和地震有关？

记者："还在发展？您是说这个缝隙可能还会再塌下去吗？"

测量员："对，它的环形裂缝可能还会继续发展，继续往下塌陷。再往那边就是在这个区域比较大一点的天坑。"

记者："是这个吗？"

测量员："这个是 9 号坑。"

记者："这个也有发展的趋势吗？"

测量员："这个也是在发展，能看得到它的裂缝，裂缝比较宽，再往后面还有一些细小的裂缝。"

记者："还有可能发展到这后面来？"

测量员："还有可能往这边发展。这个坑的塌陷是 5 月 1 号发生的，当时只有现在的三分之一大小。"

在吴晗带领的小组对地表情况进行监测时，另一队物探小组也正在着手对地表底下的情况展开工作。

简单来说，物探手段就是通过仪器收集地表底下的相关数据，以此辨别地表之下的各种土层、物质的分布情况。

村民口中的吞噬竹林的无底洞，田间随处可见的一张张大口，这一切似乎都在告诉我们，也许所有的答案就在我们看不见的地表之下！

在我们等待各小组汇总结果的时候，看到沿途村民好像已经开始适应了这些所谓的"天坑"的存在。

不过，和我们聊起当时发生的情况，他们还是提起来就激动。

村民："我们亲眼看着那个洞落下去，水轰轰地响。我们在马路上看，不敢在地里看。"

这个坑被吴晗小组标记为 2 号坑。虽然地表上面积不如石垭村大弯头的那个坑大，可是站在坑前，我们却不寒而栗。它好像一口水井，圆形垂直向下，让人感觉深不可测。

测量员："我们测了一下，这个深度是 30 米。"

记者："30 米。"

测量员："嗯，30 米。这个坑也是我们重点监测的一个坑，因为前两天有村民反映说这个坑塌陷以后能够听到很明显的轰轰的水声。"

解说："吴晗告诉我们，这个坑目前情况比较稳定，直径和深度都没有增加，只是水声变小了。"

记者："是哗哗哗的声音吗？"

测量员："对，对，对，就是这个声音。"

记者："哦，这是从底下传出来的？"

测量员："这是从底下传出来的。"

可是，有一个无法解释的现象是，我们丢石头下去，并没有听到石头落入水里的回声。

记者："我没听到有水的声音，就听到岩石撞击的声音。"

测量员："对，这就是一个比较奇特的现象，包括我们刚才测量的皮尺 30 米以内都没有看到明显的水的痕迹。"

吴晗告诉我们，这其实是老百姓口中常说的"暗河"，也就是地下水。在 2 号坑边上的那个天坑，也可以听到。这时候我们注意到一个现象，这两个坑不仅有泥和土，还有部分裸露的岩石。那么，这些区别于其他坑的异常，究竟说明了什么呢？

此时，地质队的高级工程师谢兵、肖汉全来到了现场，硐底地区关于"天坑"的勘测图已经基本成形。

不过，他们匆匆看了一眼各种"天坑"之后，并没有做过多停留，而是到周边的村民家走访，问起了水的问题。

老乡口中所说的可以抽水的地方，就在他房屋对面的小山底下。

这只是最小的天坑

而我们随即发现，这个所谓的小山，表面裸露的岩石和我们在坑里看到的几乎一模一样！

测量员："这就是石灰岩，它是可溶岩石，在地下水里面有二氧化碳，溶解这个石灰岩里面的碳酸钙。它溶解到地下水里面就被带走，形成空腔。溶洞就是这样形成的。"

测量员："这就是地表能够看得到的一个溶洞，现在我们就是在那个天坑出现的位置。"

记者："那边就是我们有天坑出现的位置？"

测量员："这些位置地下都是这种岩石。"

根据石灰岩的分布规律，肖汉全判断，在天坑出现的地表底下，也可能分布着这样的石灰岩。我们忽然明白，一遇水容易被侵蚀的石灰岩，产生的镂空、空腔，如果发生在地下，又是特别巨大的，从地表往下来看，不就是天坑的样子吗？

这时候我们才注意到，整个村庄，即使在地表，都可以见到很多这样的石灰岩。而老乡曾经可以直接抽取地下水，是不是也可以说明这里的地下水应该很丰富，所以地下的镂空也特别多呢？

村民："以前，我们这个地方叫大龙塘，地下有很大的水往外冒，最近几年没有水了。"

根据村民介绍的情况，我们初步分析这应该是一个岩溶地下水集中的排泄区域，大龙塘就是个出水口。

此时，虽然物探等数据还需要时间处理和分析，但是按照专家推测，我们似乎已明白"天坑"出现的原因了。那些我们看到的一夜之间塌下去的空洞，也许是经过几百年流水侵蚀的石灰岩空腔的裸露。只是，如果脚踩的这片土地底下真的存在这样的空洞，那么当地人自己住了几十年怎么都没事，却会在这个时候集中发生呢？

我们随着专家又折回具有代表性的 2 号坑。经过一番现场的考察，2 号坑里的一个小细节引起了专家的注意。专家认为，这种土被掏空的形状，是地下水位变化的信号。

按照专家的解释，由于受地表洪水等其他因素的影响，这片地区原本石灰岩上覆盖着厚厚的土层，土层、溶洞、地下水，原本是一个相对平衡的状态，可是地下水位急剧下降，原来在溶洞里的水也会跟着下降，洞内的空腔就裸露出来，产生了与上下不对等的负压力。

专家："由于地下水下降，水会掏蚀掉溶洞上面的土体，土体逐渐往削面掉，越来越薄，最后无法承受上面的荷载，或是因为雨水等其他的影响，就塌下去了。"

如果说石灰岩地貌是"天坑"产生的基础条件，那么地下水位的急速下降，就是引起天坑出现的一个直接诱因。

塌陷那天巨大的水声正是这种变化一个很好的证明。地下水下降瞬间，地势高的水往地势低的地方补给，而由于地下空洞较大，因此回声也比较大。

（陈子隽）

碎玉下的亡灵

济南双乳山村发现一个汉朝陵墓，出土了大量青铜器、鎏金的马车配件等文物。考古专家从墓高22米的规格、形制、陪葬的青铜器、马车配件等来看，墓主人应是汉朝的一个诸侯王。从在封土层中发现的五铢钱来推算，墓主人下葬的时间应该在公元前118年以后。由此，墓主人最有可能的就是济北王刘胡。但接下来的发掘却发现种种矛盾，墓里没有发现汉朝王陵里常用的玉衣，而只用了十几片碎玉覆盖五官，还发现了一些质地不太好的常规葬玉和碎的玉剑璏，这都不符合汉朝王的入葬规格。这些反常的现象有待考古队员去深入探究。

6月的一天，山东大学考古系的任相宏教授突然接到一个电话，电话是长清区文物局何局长打来的，他的声音听起来非常焦急。他说县里双乳山村的村民开采石头时，在石层中发现了类似人工开凿的石壁，怀疑可能会有古墓，请任相宏立刻赶到现场看一下。长清区距离济南市区70公里，任相宏教授放下电话，马上赶往现场。

到底有没有大墓呢？任相宏的内心也充满了期待。到了现场，任相宏马上展开了勘查。现场有两段石壁，石壁中央好像是一条通道，如果这是人工开凿出来的，那它应该是一座巨大陵墓的墓道。但这只是一种猜测，必须寻找证据。在已经被炸开的岩壁上，任相宏仔细地观察着。在一块岩石上，他看到了人工开凿的痕迹。这条通道，很可能就是墓道。他又绕到了岩壁的上方，在这里，他看到了更加令人吃惊的景象，这里的石壁上布满了凿子的凿痕。任相宏的心里已经有了数，他知道这些凿痕就意味着，这里有人为开凿的古墓。

任相宏：“从这些意向上看，有石墓应该是没有问题的，而且破坏得比较严重。”

任相宏认为，这里就是一个古墓，他下令马上对现场进行进一步的勘查。从已经露出的墓道来看，最深的地方达到了 4 米左右。任相宏在墓道的封土层上用洛阳铲进行探测，洛阳铲往下打了一段很深的距离，任相宏感觉这个墓可能有些不同寻常。

任相宏：“这个深度当时是 14 米，14 米上面还有 4 米的东西。这样计算出墓道的深度是 18 米。”

这么深的墓道，这在任相宏的考古经历中还从没遇见过。接下来要寻找的就是墓室的位置。

山东大学考古系教授任相宏

长清区博物馆根据出土的马车配件复制的较小的一辆马车

任相宏：“就是墓室盛棺木的位置，它的深度要比墓道还要深。一般情况下，这个深度大概在 4 米左右。”

任相宏所说的 4 米是指墓室继续往地下延伸的距离，加上墓道的深度 18 米，墓室应该在地下 22 米深的地方。22 米相当于今天 10 层楼房的高度，说明这座墓的规模十分宏大，陵墓的规格一定非常高。而且从墓道的情况来看，陵墓是在石头之中开凿而成的，规模这么大的陵墓，它的开山凿石量必定巨大。也就是说，必须拥有强大的财力和物力才有可能修建这样的一座陵墓。由此，任相宏推测陵墓主人

镀金的配件

绝非寻常人，可能是古代的某位帝王。

任相宏："当时我们也很吃惊，在这个地方竟然有这么大的墓葬，当时大家都非常兴奋。"

任相宏继续在现场仔细搜寻。因为古墓的封土已经被挖开，墓道暴露无遗，墓中的文物有可能会散落出来，他害怕有什么重要的东西被开山采石的农民捡走，那很多关键的线索也许就会遗失，所以必须马上追回这些东西。他马上来到村里，询问了几位村民，一位村民说他今天确实在采石场捡到过几枚铜钱，就放在自己家的窗台上。任相宏跟着村民来到他家，果然看到了这几枚铜钱。

任相宏："当时看的是比较清楚，因为它是汉朝的五铢钱。五铢钱是西汉武帝元狩五年开始铸造的，在汉武帝元狩五年之前是半两钱。"

果然发现了很有价值的线索，任相宏知道西汉时期下葬之时会进行祭祀活动，这些铜钱就是祭祀时埋在封土中的。现在基本可以确定这座陵墓就是西汉时期修建的。任相宏甚至已经感到，价值连城的宝物正在地下召唤着自己。由于开山采石已经把陵墓破坏得很厉害，双乳山汉墓的挖掘工作马上就要展开。打开陵墓后，任相宏竟然看到了许多意想不到的景象。

双乳山的古墓被打开了，最先清理的是墓道。这里并没有发现人为破坏的痕迹，任相宏一开始担心墓室被盗的疑虑完全打消了。在靠近墓室的地方，考古队员们在泥土中发现了骨头。难道这么快就发现了人骨吗？几十分钟后，整个骨架被清理出来，考古队员发现这是一匹被活殉的马。在马匹的附近又发现了马车的配件。然后，不断有马匹和马车的配件出现，最后一共挖出了 7 匹马和三四辆马车的配件。马车上的饰件都是鎏金的青铜器，虽然掩埋千年，但在

墓主人使用了3层棺木

铜绿下仍闪出金光。

任相宏："而且有的青铜表面镀金镀得非常好，尽管是镀金，大部分都没有脱落，而且镀金也不生锈，剥了以后，它依然金光灿灿的，大家都非常兴奋。"

这些马车饰件金光闪闪，令人眼花缭乱，可以看出当年使用它们的人生活有多么奢华。这是长清区博物馆根据出土的马车配件复制的较小的一辆马车，估计这是墓主人随从乘坐的车。从其他配件上可以看出，还有一辆车比复制的这一辆要大得多，结构也要更加复杂，装饰也要豪华得多。

任相宏："通常我们认为这就是王的当置，王的车马当置。发现这些马车饰以后就更近一步证明我们以前的推断了，这就是一个王陵，这是绝对没问题的。中间是王车，前面是引导，后面是随从。"

在汉朝，王是一个仅次于皇帝的等级。那么，墓主人会是哪位王呢？任相宏晚上回到山东大学查阅相关的史料。

公元前 195 年，汉高祖刘邦看到自己已经快走到生命的尽头，他把群臣召到了大殿前，吩咐手下人宰了一匹白马和大臣们歃血为盟。大臣们一起重复着刘邦的誓言，非刘氏而王者，天下共击之，声震屋瓦。紧接着，刘邦将全国二分之一的土地分给了刘家的 9 个子弟，每块土地上建立了一个诸侯国。这 9 个子弟是诸侯国中的最高统治者——王。资料显示，公元前 178 年，汉文帝把长清区这一带封为济北国的领地，济北王是这里的最高统治者，他的身份完全符合双乳山陵墓的规格。任相宏推测，双乳山陵墓的主人也许就是一位济北王。任相宏又仔细地研究那几枚从农民家里拿来的铜钱。

任相宏："西汉武帝元狩五年，就是公元前 118 年，封土里面有这样的钱币，那么这个墓葬年代的最上限，最早也早不过西汉武帝元狩五年。"

现在可以进一步排除，五铢钱是公元前 118 年铸造的，说明墓主人下葬的时间必定在公元前 118 年之后。按史书记载，在这个时间之后下葬的济北王只可能有两位。

任相宏："最终这个墓主人就确定只有两个，要么是刘胡，要么就是刘宽。就他们父子两个，其他的就排除掉了。"

大墓的主人到底是父亲还是儿子呢？在双乳山附近，有一座福禄山，任相宏认为这可能也是一座汉朝王陵，从封土来看，规模比双乳山陵墓要小一些，有可能这是在位 11 年的儿子刘宽的陵墓。父亲刘胡在位 54 年，按理说有时间为自己修建更大的陵墓。

任相宏："11 年是不能做出这么大规模的墓葬的，在汉朝时期修建这么大规模的墓葬的可能性是比较小的。所以，当时我猜测这座墓葬是刘胡的，因为他在位 54 年，最后寿终正寝。"

任相宏很快把目标锁定了公元前 97 年去世的刘胡。其实，任相宏的潜意识里也愿意相信这样的推断，因为在位五十多年，地位仅次于皇帝，最终寿终正寝的王的陵墓里肯定会有极其宏大的陪葬。任相宏再也抑制不住激动的心情，第二天一大早，就开始清理墓室了。王陵的墓室被挖开，墓主人的棺椁已经腐朽成灰，没有完整的棺椁，这令任相宏略微有点失望。不过很快，他就发现从泥土中可以分辨出木板的痕迹。

任相宏："经过清理，椁的痕迹比较清楚了，有两个椁，外边一个椁，里边还有一个椁。两个椁之间还有空间，南边一个空间，北边一个空间，东边、

汉朝著名的金缕玉衣

汉朝著名的玉衣，价值连城

西边都有空间。我们把这个形状叫作边厢。”

在两个椁板的空间里考古队员发现了许多陪葬的物品，大量的食物早已经腐烂了，但许多铜器都完好地保留了下来。如此大量的青铜陪葬品，而且制作质量很高，说明使用这些器具的人绝不是普通的富豪人家，这进一步证明了任相宏关于陵墓主人是诸侯王刘胡的猜想。

挖掘工作继续进行，清理完墓室中的椁以后，考古队员开始清理墓室中的棺。在泥土中，考古队员发现了漆皮，这是从早已腐朽的棺木上剩下的。从这些漆的痕迹，考古队员发现墓主人使用了3层棺木。这3层棺木是套在一起的，也就是说，墓室中用两层椁板搭了一个椁室，然后在椁室中又放上了套在一起的3层棺木，墓主人应该就躺在这3层棺木之中。两层椁三重棺正是汉朝王入葬的规格。

这个时候，发掘已经进入到了相当关键的程度。大家都觉得，毫无疑问，在棺椁之中，一定就是这位历史上赫赫有名的济北王刘胡的尸体了。而且按照汉朝的丧葬习俗，他既然是一位王，肯定就会有玉衣出现。

玉衣，是汉朝皇帝或者诸侯王下葬时所穿的用玉片做的衣服。国内最早发现的玉衣是在河北的汉朝王陵——满城汉墓中，中山王刘胜及夫人各穿了一件

玉衣，由两千多块上好的玉片连缀而成。汉朝人比较迷信，认为玉可以防腐，相信穿了玉衣以后，尸体可以一直不腐朽。玉衣在汉朝几乎成了王陵的一种象征，代表着一种等级。据此来说，作为济北王陵，必然会有玉衣，所以在挖掘之初，考古队员最期待的就是玉衣。

任相宏：“我们做了很多的技术准备，包括玉衣，如果真的有玉衣的话，我们怎么提取，怎么将它复原，怎么编号、编排起来；包括现在已发现的竹简；或者包括出现丝绸以后怎么处理，我们都做好了充分的准备。”

考古人员非常细致地一层层除去泥土，现在已经慢慢接近尸骨的位置了，他们知道，价值连城的宝物就该在这里。果然，地上露出了一块像石头的东西。扫去泥土后，考古队员马上判断出来这是玉石。大家屏住呼吸，小心翼翼地继续往下清理。在玉石的旁边又发现了玉片，紧接着露出一个类似人的鼻子的东西。一会儿的工夫，一片片的碎玉相继呈现出来，一共19块。任相宏从上方俯瞰，这些玉片组成了一个人脸的形状，这个人脸看起来庄严威武，似乎像是古代武官的样子。令任相宏不解的是，没有发现玉衣，代替玉衣出现的就是那19块仅仅能够覆盖住五官的碎玉片。

代替玉衣的19块仅仅能够覆盖住五官的碎玉片

任相宏：“因为汉朝的王一般都会使用玉衣，就是王后也使用玉衣，何况我们推断的这个是王呢？”

往玉片的下面寻找，没有头骨，甚至连一点零碎的残骸都没有找到。这些

在玉枕的内侧，发现破碎的玉剑璏

玉片组成的人脸似乎正在嘲弄着在场的所有人，陵墓之中没有骨骸！出现在任相宏脑海里的第一个念头就是，这难道是个假墓？前面找到的金光闪闪的马车，殉葬的马匹，陪葬的大量青铜器，包括两层椁三重棺的习俗，都完全符合汉朝王陵的规格。难道这些都是掩人耳目故意做出的假象？

可是，刘胡是寿终正寝的，他的家人似乎没有理由做出掩人耳目的假象。没有尸体，只有这个用碎玉拼成的人脸，它似乎像某种神秘的符号。这是不是什么奇怪而又神秘的入葬仪式，或是有其他的象征意义？紧接着，在头部的下方，考古队员发现了玉枕，在本该是安置身体的地方，收集到了一些小件的玉器，有 5 件玉璧，还有几件口含、鼻塞、耳塞、肛塞之类的常规葬玉，而且玉的质地也不好。

任相宏：“我们原先的期望值很高——发现玉衣，大家心里都这么想。一旦没有发现，就有点接受不了，大家都有些失望。”

在中国历史上，尤其是在汉朝，玉器的贵重程度甚至超过了黄金，而且玉也分三六九等，地位高的人陪葬的玉器也更精美。徐州狮子山楚王陵虽然已经被盗，但仍然发现了两百多件玉器，而且玉质精良，雕琢工艺精湛。而双乳山济北王陪葬的玉器就这么几件，简直到了寒碜的地步。如果说是因为国力衰弱，没有财力来置办精美的玉器，却为什么能够建造如此大规模的陵墓呢？双乳山汉墓的开山凿石量达到 8 000 立方米，超过了徐州狮子山楚王陵的工程量，这在国内已发掘的汉朝诸侯王陵墓中是非常罕见的。看来，这一切不能用财力不足来解释。

任相宏：“这太反常了，太反常了！它的车马制度，它的棺椁制度都是王的，但从玉器这一方面来看，和车马制度，和棺椁制度是不匹配的，不统一的。”

紧接着，在玉枕的内侧，也就是墓主人脖子所在位置的泥土中，任相宏手里的竹签又碰到了什么东西。用刷子扫掉泥土后，泥土中露出了十几块非常小的玉石，玉石淡淡地散发着神秘的光泽。谁也不知道它们是做什么用的，而且为什么要埋在墓主人的脖子下面。回到驻地，任相宏开始仔细端详，他发现，这些玉石似乎是某种玉器的碎片。于是，他尝试着开始拼接，碎片并不太多，按照缺口的裂纹，他的眼前很快就出现了一件玉器。任相宏马上判断出来，这就是玉剑璏。

玉剑璏是剑上的一种饰品。在汉朝，用玉装饰后的剑一般不作临阵之用，而用于仪仗。玉剑璏代表了一个人极高的地位和身份，用它陪葬是上流社会贵族的一个惯例。但为什么这两件玉剑璏却是碎的呢？是人为摔碎的，还是被什么东西不小心压碎的呢？为什么陪葬品中档次最高的玉器是玉剑璏呢？

这时候天色已经接近傍晚，任相宏小心翼翼地移开玉枕，所有发掘队员的目光都集中到了这里，随着泥土被慢慢剥开，又发现了许多金饼，一枚接一枚，一共发现了 19 枚，黄灿灿的一片。考古队员们兴奋异常，大家开玩笑说，看起来要找值钱的东西应该直奔枕头下面。

任相宏：“考古发掘有时很有意思，原先我们盼望出现玉衣，结果它没有出现。而我们从来没有想到会出现那么多金饼，发现金饼以后大家都非常兴奋。”

这些金饼属于上等货币，西汉时期这样的钱币在市场上也很难流通。金饼的总重量接近 5 千克，它们应该是储备的黄金，是财富的象征，绝非普通人能够拥有。

发现价值连城的19枚金饼，上面还刻着“王”字

汉朝把玉人格化，以玉比德

玉在汉朝是规格最高的陪葬品

任相宏："这些金饼是属于墓主人的财产，这也证明了这个墓葬作为王陵是没问题的。"

有些金饼依稀能够看出面上刻有一个"王"字，这更加证明了拥有这些金饼的人是一位王，这位王可能正是陵墓的主人。

双乳山汉墓的发掘工作仍在继续进行，在墓主人身体的一侧，考古人员发现了一把铁剑，估计是墓主人的佩剑。在尸体的腰部发现了一小块金鼎。任相宏和同事们把停放尸体的棺床清理出来，尸体已经全朽了，连一颗牙也没有剩下，但依稀能够看出人体的轮廓。看来这并不是没有尸体的假墓，只是尸体全朽成粉末了。可是让任相宏困惑的是，既然种种迹象都表明是王陵，里面为什么没有玉衣，而只有十几片仅仅能盖住五官的碎玉呢？

任相宏："玉覆面在汉朝之前就有，汉朝也有，像徐州的汉墓也出现过玉覆面，但是玉覆面级别和规格很低，远远没有玉衣高。"

这十几块碎玉组成的五官叫作玉覆面，它是玉衣的早期形态，在战国时期就开始出现。最初贵族下葬只是用玉覆盖五官，后来用的玉越来越多；到了汉朝，整个身体都包裹在玉内，也就是玉衣。没有出现玉衣，连普通的贵族都不如，可是从那 19 枚金币来看，墓主人的等级只可能是地位仅次于皇帝的王。此时，陵墓中的文物已经被全部清理干净，任相宏发现好像有什么地方不太对头：在所有的文物中居然没有发现印章。

任相宏："我们清理内棺的时候，花了很大的精力寻找印章。我们清理得非常仔细，把所有的土都筛选了一遍，但是再仔细也没发现印章。"

西汉时期，印章是一个人身份最重要标志，无论是皇帝、王，还是诸侯，下葬时最重要的陪葬品就是印章，而且可能不止一枚。即使是没有权力的富贵人家下葬，也必定会放入死者的私印，否则到了地下怎么证明自己的身份呢？

看着发掘一空的陵墓，任相宏陷入了沉思。价值连城的金饼都还在，说明盗墓贼并没有进入墓室，印章难道不翼而飞了吗？没找到印章，将无法确定墓主人的身份。这种情况只有一个解释，就是下葬时印章根本就没有放进陵墓里。但为什么不陪葬印章呢？这在注重礼仪的汉朝，是绝对无法理解的。

任相宏："因为前面发掘的东西，比如车马制度、棺椁制度，包括铜钱随葬品，包括金饼在内，这些东西都是王陵规格。但是从玉器来看，数量大量减少，没有玉衣，也没有印章，同时还出现那么特殊的玉剑璏。"

陵墓中出现了太多的反常现象，这位济北王并没有按当时完整的葬礼下葬。西汉时期，什么身份的人使用什么等级的陪葬品是有严格规定的，会不会有什么原因让这位济北王被剥夺了用玉陪葬的资格呢？一定有什么意想不到的事情发生在了墓主人身上。

回到山东大学，任相宏再次埋头于史料中。他开始怀疑自己最初的判断，从史料看，刘胡在位 54 年，有理由修建如此大规模的陵墓，他是寿终正寝，没有理由不使用玉衣作为陪葬。于是，任

墓道并没有修完

相宏开始把目光转向刘胡的儿子，最初并没有引起他足够重视，仅仅在位11年的济北王刘宽。

史书中记载，出生在王室的刘宽，像众多诸侯子弟一样荒淫骄奢，终日游手好闲。汉武帝四年，父亲刘胡去世，刘宽继位。成为济北王的刘宽更加没有约束，自由放荡，无法无天。刘宽即位后的第十二年，后宫里又传出了很多流言蜚语，大家都在传说，济北王刘宽和自己父亲的王后和妃子淫乱。在注重礼仪的汉朝，这绝对是大逆不道的行为。然而，刘宽并未因此被杀。反而是刘宽对汉武帝怀恨在心，因为中央政府曾处死过刘宽的祖辈淮南王和衡山王，但是由于实力不济，他不敢做出造反的事来。也许沉迷女色是一种忘却仇恨的方法，因此他做出了惊世骇俗的事情。

任相宏觉得已经找到了解释大墓中种种矛盾现象的突破口。在清理墓道的时候，他又惊奇地发现，靠近墓室部分的墓道两侧已经修建有明显的排水沟，然而，排水沟往外墓道方向延伸的时候逐渐就没有了，好像没有修完，这就太令人奇怪了。

任相宏："它如果做完的话，应该整个墓道都有沟渠，但它没有，说明没做完。"

这样的排水设施是起不到防涝功能的，反而有可能把陵墓淹了。任相宏发现墓道里还有一处更加说不过去的设施，在墓道的中部有两段用碎石头垒起的矮墙，应该是墓道上的门户，不过这样的门户出现在一位王的陵墓中，简直令人无法想象。这不像王府的豪门，更像是村户人家的柴门。

任相宏："当时看到这些，我们也很吃惊，实际上它还不如农村的院子，或者一般的平民墓葬的规格。"

除了门户，整个墓道修建得也非常粗糙，巨大的棺椁及陪葬品都要通过墓道运送到墓室里，因此墓道应该是一个开凿平整的斜坡。但眼前的这条墓道根本就没有认真加工过，墓道上的石头坑坑洼洼，凹凸不平。

这时，任相宏开始重新考虑这个墓的奇特外形。整个陵墓是外"甲"字中套了一个小"甲"字，是一个双"甲"字形的陵墓。

任相宏："这种形制到汉朝为止，特别是以凿山为陵的陵墓以前从来没见过。"

任相宏觉得这并不是一种奇特的墓葬形式。外"甲"字的四周有 4 条在石壁上凿成的简易通道，显然这不是留作下葬的通道，而是当年修墓的民工上下行走的过道。如此大规模、高规格的陵墓怎么会留下这些粗糙的简易通道呢？

任相宏："我也认为这不可能是双"甲"的形式，可能还是一个"甲"字形下去的，也可能不是墓葬的最终形制。也许是没做完，修着修着就这样使用了。"

任相宏认为，最初设计的陵墓可能是西汉时期的王陵中非常普遍的单"甲"字形状，外"甲"字本应凿到墓室底部，但显然不知道什么原因让工程停了下来，外"甲"字没有凿完，所以才出现了这样一个奇怪的墓形。种种的反常现象只能说明一件事，这座陵墓根本就没有修完，墓主人是匆匆下葬的。按照汉朝的规矩，王都是头年继位，第二年开始修墓，陵墓一般都提前设计好形制和规模，然后开始动工。一般都是先在山体中凿出陵墓的规模来，然后再进行精细的加工和装修工作。陵墓的修缮会一直持续下去，直到王衰老或者疾病死亡。

眼前的双乳山汉墓外"甲"字没有凿完，说明它连最初设计的规模都没有完成，这位王就仓促下葬了。会不会是在陵墓的修建过程中王突然暴病，或是王统治的领地财政出现困难，无力承担修建如此巨大陵墓的资金呢？

墓道修得很仓促

这时，任相宏又发现了新的疑问。陵墓的主人下葬时使用了三重棺、两层椁，这符合西汉诸侯王的五重棺椁制度，而且建造了规模如此庞大的墓穴，但他却没有使用一般王室都采用的黄肠题凑。黄肠题凑是天子赏赐的一种葬制，在汉朝王的墓葬中非常流行。它是设在棺椁外的一种木结构，用黄色的柏木心堆砌而成。陵墓中没有发现黄肠题凑，却在石壁上发现了许多方形浅坑，而且越靠近墓室的底部越明显。它们不可能是无意凿成的，也不像是施工留下的痕迹。所有到陵墓看过的考古学家，没有人能够解释这些浅坑的含义。

任相宏："这些东西是干什么用的？那肯定是有意识的。一个个小方坑，在壁上凿的，如果真是墓葬墓穴，它没有必要做这些东西，它只要切下去、放下去就完了。凿一个个小方坑是非常费时间的，这些小方坑很像黄肠题凑的痕迹。"

也就是说墓室墙壁上的方形浅坑是在暗示着黄肠题凑的形式，这位王为什么要用暗示的方式呢？

终日沉迷女色的刘宽对汉武帝积怨已久，经常实施汉朝时期流行的偶像伤害术，他用铜木削成汉武帝的形象，并且在心脏、头颅等要害部位插上铁针，每天用恶语诅咒，希望汉武帝早日归天。诅咒天子和谋反没有任何区别，这件事被皇帝知道了，皇帝马上派了一名官员要把刘宽押往都城问罪。官员很快到达了济北国都，骄奢的生活已经磨掉了祖辈遗传给刘宽的血性，他被吓破了胆，就在天子的羁押令到达的同时，在无奈和惶惑中，刘宽在自己的府中拔剑自刎了。

《汉书》上有这么一小段文字，大意是，历史上有一位王，在他即位后的第十二年，与自己父亲的王后和爱妃乱伦，并且在祭祀时诅咒皇帝，皇帝派人抓他进京，王拔剑自刎而死。

任相宏："刘宽是一个不拘于礼节、放荡高傲、也很有个性的人，皇帝他都可以诅咒。而且这个人也不是贪生怕死的人，不然，他也不可能自杀。"

任相宏推测，双乳山汉墓的主人就是这位济北王刘宽。刘宽畏罪自杀后，济北王家族只能准备他的葬礼了。因为刘宽属于非正常死亡，没有任何先兆，因此连加紧完善墓穴的时间都没有。陵墓已经不可能达到最初的设计，墓壁上还留下了民工的通道，排水沟没有完成，临时用石块堆了个墓门，修了 11 年的陵墓只能说是一个半成品。刘宽下葬之时，完成陵墓肯定已经来不及了。但用柏木在墓道中搭建黄肠题凑却并不需要多少时间，往陵墓中摆放玉器和印章也不是件费劲的事。所以，刘宽的突然自杀肯定不是使这两件事无法进行的原因。

黄肠题凑作为皇帝赏赐的一种待遇，诅咒天子的刘宽是肯定不可能使用的了，但济北王的家族又不甘心，因此在墓壁上凿了些浅坑，借以替代黄肠题凑。

至于玉的使用，刘宽就更没有资格了。汉朝把玉人格化，认为玉具有仁、义、智、勇、洁的君子美德，所以以玉比德。刘宽的所作所为，说明他的品德简直坏到了极点，这在注重礼仪的汉朝，是不能用大量象征美德的玉器来陪葬的。因此，在墓中任相宏只看到了九窍塞、玉枕头等一些基本的玉葬品。而且刘宽也不能使用金缕玉衣，但又不太甘心，所以只好凑合着使用更简单的玉覆面了。墓中没有发现印章，现在也可以解释，犯下这么多罪行的刘宽最终连证明自己权力和身份的印章也不允许陪葬在身边。

任相宏："尽管刘宽是出了问题，但他还是个王。所以，他依然可以使用原先的墓穴、车马制度、棺椁制度、金饼及其他随葬品，唯独这个玉器不行，还是有监督的。"

石壁上并没有汉朝王的墓葬中常用的黄肠题凑，只有一些方形浅坑

任相宏想起了两个在玉枕旁发现的碎的玉剑璏，这虽然是墓中最好的玉器，却平白无故地碎了。

任相宏："那个玉是相当不错的。玉剑璏的硬度很高，通常情况下，是打不碎的，何况它是在颈部呢？"

玉剑璏在玉枕旁边，上面就是玉覆面，同样是玉质的东西，如果因为陵墓崩塌，肯定把玉枕也压碎了，而且玉覆面是人为地整齐摆放的，丝毫没有被移动过。那么，为什么单单只有玉剑璏是碎的呢？

最有可能的情况是，如果是刘宽的家人来埋葬他，他们肯定不会让他到了地下还背负着世间的这一切罪责，葬礼的现场可能有汉武帝派来的人，他监督刘宽的家人不许按王礼下葬，并且在最后的时刻，他敲碎了两块玉剑璏，放到了刘宽的枕头下。

（张晓颖）

解密太极传说

1. 四两拨千斤

历史上，太极拳曾经威震武林，在实战中雄霸一方，而现在太极拳更多地用于养生锻炼，真正的实战精髓已极为罕见。

一指摔的传说是真是假？四两拨千斤的奥秘何在？

公元 1864 年，京城瑞王府，太极高人杨禄禅居然用一根手指使彪形大汉飞扑出去，这就是太极传说中的神奇“一指摔”。现在看来，这只不过是古人书中描绘的一段传说。

听说，现在也有人能够展现“一指摔”的绝活。有人不服，前往挑战，牢牢地抓住了此人的一根手指，用尽全身的力量试图把手指掰断。然而，这个挑战失败了。

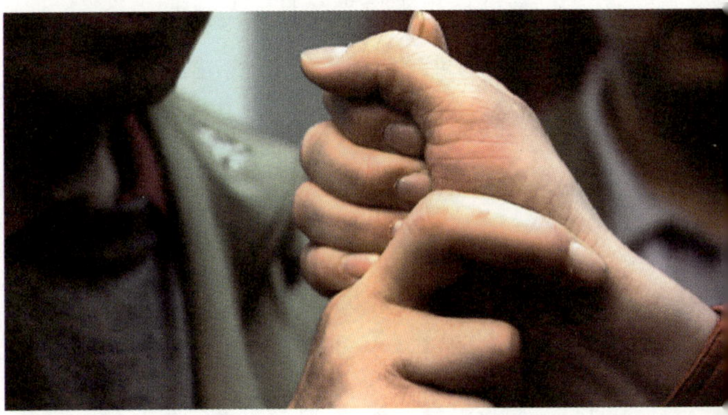
一指摔，是当年杨禄禅的传说，现在在张志俊的身上得以体现

张志俊，郑州第四纺织厂退休工人，陈氏太极拳第十一代传人。真正用于实战的太极拳在日常生活中很难见到，而对于张志俊来说，却几乎是他生活的全部。

张志俊：“经常有人来找我。有些是外门外派的，有些是练太极的，挑战也好，切磋也好，其实都是一码事，都是要秤秤我的斤两。”

他在一次次的切磋与挑战中逐渐获得认可，然而，他也对流传了一千多年的练拳方法，产生了质疑。

张志俊：“这么多人下了这么大功夫，什么条件都具备了，为什么就练不好呢？我觉得是方法问题。”

于是他从1984年开始，放弃了工作，潜心研究太极拳，苦苦研究了16年，总结出了一个打破太极拳传统练法的规律。

张志俊：“16年中，我每两年研究出一个字，还得出了‘梢节领劲、两头卷曲’八个提纲挈领的经验之谈。”

张志俊真的发现了练出太极拳神功的一条捷径？我们怀着好奇的心态想要探究，同时也将有一支科学的队伍对其进行科学的分析与验证。

李祥晨，国家体育总局科学研究所教授，近年来从事人体力学的实验与研究。他试图通过实验和现场的实战探究太极拳的人体力学奥秘。

张志俊的太极拳功夫真有那么厉害吗？太极拳的实战能力真的像传说中那样能四两拨千斤吗？在实验现场，张志俊将面临在力量和体格上都比他强大的对手，一系列不同方式的对决将展现在人们面前。

李祥晨也动用了最先进的器材和最精锐的团队，展开了一场别开生面的实验研究。这是历史上第一次以如此严谨的态度剖析传统文化，以科学的精神为基础分析太极拳的技击与实战。

实验组设计了一个简单的实验，既能体现出太极的技巧，又能让力量和技巧的作用一目了然。这就是太极技击中的一个基本动作——拧手。

150年前，初入京城的杨禄禅第一战就是以一招“拧手”瞬间结束了战斗；150年后的今天，张志俊将面临几位强大的对手展开一场实战。

实验中，张志俊的对手都是在身高和体重上远远超过他的人。第一个对手窦春旭是一个学习形意和披挂的武术爱好者。

窦春旭年龄43岁，身高1.82米，体重96千克，而张志俊年龄65岁，身高1.7米，体重只有74千克。如此明显的体重差异，让在场的人们不禁替张志俊担心。

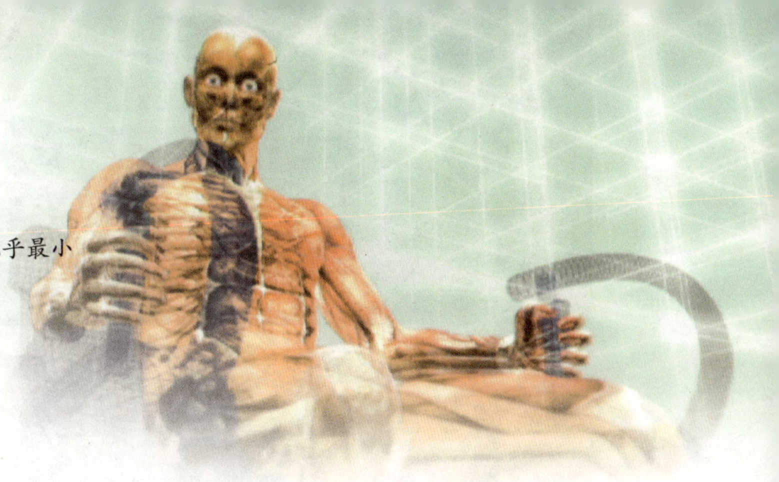

张志俊的握力在几名测试当中几乎最小

不仅如此，李祥晨还对张志俊及挑战者进行了握力和腕关节旋转力的测试。在测试结果的对比中，让人又多了一层担心。

握力结果窦春旭 70 千克，张志俊 54 千克。

窦春旭内旋力矩 12 牛·米，外旋力矩 10 牛·米；张志俊内旋力矩 11 牛·米，外旋力矩 8 牛·米。

结果证明，无论是张志俊的握力还是腕关节旋转力都远远小于其他的挑战者。这让在场的挑战者无不充满了怀疑。

余勇（选手）："我觉得他要是没有真功夫的话，这条路是走不通的。"

窦春旭："所以，我一直对传统武术这种提法有所怀疑。"

李旭民："我见过最好的功夫，都是比较内敛，你甚至不敢跟他对视，斗志会被他的这种精气神瓦解。"

张志俊无论是在年龄、身高还是体重上都没有任何优势，那么他将怎样应对这样的挑战？他能否施展出传说中太极拳的神奇之力？尽管如此，为了实验的需要，张志俊和窦春旭仍然要以这个"拧手"较量作为实验的开始。

让人们意外的不仅是太极拳仍然具有格斗能力，最重要的是它的胜利为什么如此轻松？

再次反观窦春旭等人和张志俊的对抗，一时也很难说清"拧手"这一瞬间张志俊到底是怎样完成的。但是基于力量对比的事实来看，可以推论出，张志俊的制胜并不是力量决定的。

为了印证猜测，李祥晨组织了新的实验，在以张志俊和朱利尧对抗的肌电实验中，高速摄影机拍摄的画面似乎发现了一丝破解的曙光。

每秒 1 000 帧的慢速影像显示，在对手朱利尧进攻的瞬间，张志俊手腕有

李朝金在与张志俊一场对练后，甘于拜张志俊为师

张志俊的徒弟们，大都有过多年的武术经历

一个微小的动作。这个微小的动作，就是张志俊在抓握对方的手之后，还轻轻地旋转了手腕。

这个令人不易察觉的微小细节意义何在？难道它就是张志俊以弱胜强的关键？

张志俊："太极拳所有搏击的最高纲领，就是舍己从人。"

如果不仔细观察，人们很难相信这一微小的旋转手腕就决定了胜负，但它却是太极拳的精华所在，舍己从人，欲擒故纵，让对方无论使多大的力量，都仿佛迷失了方向。

虽然张志俊在"拧手"实验中顺利过关，但对于旁观者来讲，怀疑一直存在。这只不过是太简单的一种实验，虽然实验的对手在力量上都胜过张志俊，但他们都只是业余的体育锻炼者，也许张志俊利用一点技巧就能把他们的力量轻松化解。那么，如果面对经受过专业训练的武术运动员，这种技巧是否还经得住考验呢？

李朝金，国家一级武术拳师，武术六段，曾任四川省武警总队武术队队长。曾经拿过多次冠军的他，初次听说张志俊在重庆开太极拳培训班，也抱着强烈的怀疑态度。

看到很多人都报名参加，李朝金有些不屑，甚至想对这位太极拳大师验明正身。

李朝金："我还是有点不相信，就怕碰上江湖骗子。怎么说我也是部队出来的，免得以后闹笑话。"

于是，李朝金走进训练场向张志俊展开了挑战。出乎意料的是，李朝金这个多次拿奖的散打冠军，在和张志俊的第一次交手中就被彻底击败。

李朝金："在我伸手的过程中，他一个顺缠变成了逆缠。然后我就顶住他的手，不知道要松，他一拿我，我就一顶，本来是他变方向，我却坐地上了。当时也想不通，我怎么会倒地。"

从地上爬起来的李朝金，内心的怀疑被击碎，但他却成了张志俊的徒弟，至今还在研习太极拳。后来我们才了解，张志俊的很多徒弟都有着深厚的武术功底，并且在一开始的时候，无不抱着怀疑和挑战的态度。

翟文胜，国家一级武术拳师，武术六段。曾经练拳击和散打的他，也是在和张志俊的实战对练中，感受到太极的魅力。

翟文胜："我开始不相信，但是领教过之后，也就相信了。"

翟文胜这位赛场上的重量级选手，在和张志俊交手之后，却成了"不倒翁"，连站都站不稳，任凭张志俊引来带去。

他也因此从擂台赛上的搏击运动员，转而变成了太极拳的入门弟子。而这一入门，就是二十多年。到现在，他依然觉得太极拳有着很深的探究空间。

翟文胜："前人留下来的东西，我们能否继承？在继承的同时，前人有没有错？练太极拳的人，都在有心求柔无意成钢，怎样才能做到呢？"

俞勇，年龄 35 岁，身高 1.81 米，体重 83 千克。常年进行体育锻炼的

"稍节领劲"是张志俊坚持的一个太极拳的核心

稍节领劲，才能舍己从人，引进落空

俞勇是张志俊第二个正式的对手。

攻击者双手抓住小臂，太极拳只凭一条臂膀压倒对手。这招以一敌二的单臂下压，进一步体现了在绝对力量面前，太极拳以弱胜强的本质。

传说当年杨禄禅拧手打败第一个武士后，瑞王爷的仆人心怀妒恨，借献茶之际实施偷袭，杨禄禅即用这招轻松化解。那么今天，65 岁的张志俊是否能将这招单臂下压的招式成功再现呢?

无论是拧手还是单臂下压过程都只是一瞬间，看起来并不复杂的动作，为什么窦春旭等人却似乎毫无还手之力?

俞勇："我是觉得他用的是技巧并不是力量。"

从俞勇的亲身感受来看，摔倒他的原因也不是力量，而是某种技巧。这种技巧究竟是什么呢？李祥晨教授的研究队伍再一次展开了细致的分析。

通过每秒 1 000 帧的高速摄影机，捕捉张志俊摆动手掌的角度和速度。在这一轮的试验中，又有了进一步的发现。

角速度越快，说明每秒钟手腕摆动的次数越多。实验结果发现，其他人腕关节旋转的角速度最大值是 700 度 / 秒，而张志俊则达到 1 400 度 / 秒。就数据而言，张志俊具有远超对手的手腕关节柔韧度和旋转速度，几乎相当于对手的两倍。

由此可以看出，张志俊以弱胜强的内在缘由，显然不是依靠力量，而是依靠关节的柔韧度和旋转的速度。之前在拧手对抗中人们已经发现，张志俊制胜的一个关键就是他比别人多了一个微小的动作，就是旋转手腕。看来，关节旋转的柔韧度和角速度，是太极拳在实战中制胜的关键。

而这关键的两项生理运动指标，在太极拳的实战当中又该如何运用呢？张志俊已经说出了"舍己从人"，从而"引进落空"。那么，如何才能真正做到"舍己从人"？这里还有一个重要的核心，那就是张志俊所提出的"稍节领劲"。

太极拳控制对手的方法，依靠的是准确的方向，而准确的方向同样是稍节领劲，也就是在手指的带动下才顺利完成的。

张志俊举了一个例子："如果按照传统的方法，以腰来带我们的身躯、带我们的臂膀，再这么打出去，比如说抓一个杯子，谁都不会这么去抓的。也就是说，这个方法也许行得通，但是它违反了人的正常生理规律。所以讲，在敌人的力量也好、拳式也好到你眼前的时候，还没接触你指尖的时候，你就开始有所动作，这样的话才可能是最快的。”

张志俊走出了一条属于他自己的道路，那么张志俊的拳法当中还有什么奥妙之处呢？

2．平衡魔术师

平衡仪，测试每个人的平衡能力

是太极拳“听劲”的体现，也是太极拳平衡能力的体现

几百年来，太极拳界一直有一个传说，有一种高深莫测的技巧只有极少数人能够做到，这叫作“盲打”。所谓“盲”就是蒙上眼睛，全凭听觉和触觉来分辨敌人的进攻。

蒙上双眼的张志俊，完全看不到对手的运动方向和力量转变，但他依然轻松应对，将对手一一击倒在地。

有的测试者试图通过猛地改变用力方向，试图让张志俊失去平衡，但张志俊更是在瞬间做出反应，使对手在来不及更改方向时就摔倒在地。

听劲是太极拳独特而神秘的高明技巧，人们亲眼看见了张志俊蒙眼盲打的精彩动作。接下来人们更

想知道，他依靠手指“听劲”，是不是因为他的触觉更加灵敏，反应能力更强？

张志俊：“听劲是太极拳人给它起的一个名字，是用耳朵听的意思，这只是一种形容。真正的听劲是一种触觉反应。”

为了测试每个人的触觉反应能力，李祥晨专门设计了一个触觉反应测试器。

李祥晨：“触觉的测试是通过一个气泵，让两个受试对象同时在蒙眼的情况下，来感觉这个力过来，然后做出反应。”

所有测试者全都参加了这个实验。

参与的受试者有窦春旭、俞勇、李旭民、朱利尧、姚宇。

为了捕捉测试者反应瞬间的准确信息，首先在每个受试者身上都贴上肌电电极，同时以每秒 1 000 帧的高速摄影机捕捉动态影像。

李祥晨：“为了更精确地了解太极拳选手，要考察选手在感受方向和力的大小的时候，能不能快速地做出反应。”

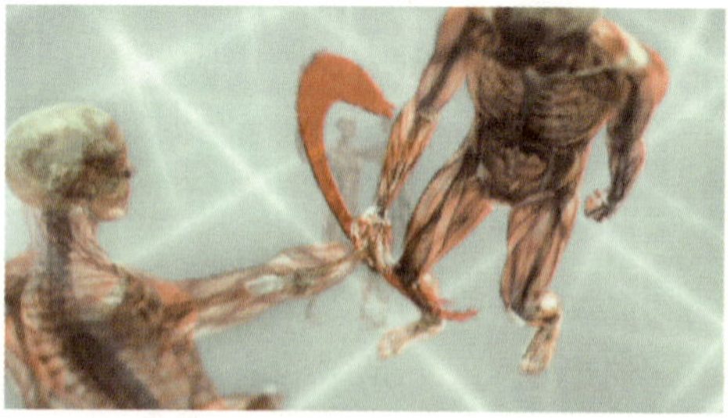

拧手，是太极拳化解对方力量的重要体现

通过此次实验，李祥晨将计算出受试者在小球弹出瞬间的反应时间。

结果显示，张志俊的反应平均为 0.28 秒，与其他 6 位选手相比难分伯仲。

李祥晨："从数据上来看，太极拳手并没有超常的反应能力。

既然张志俊在触觉反应能力上并没有明显优势，那么他的优势又在哪儿呢？人们静下心来观察眼前的情景，一般人蒙上双眼就很容易失去平衡，而张志俊不但能够保持自身平衡，还能将对方击倒。这是不是说明他自身具有很强的平衡能力呢？为了验证这一点，李祥晨和他的同事又展开了一项平衡测试。

胡水清："很多文献中都讲到，练太极拳会提高人下肢的控制能力，会预防老年人摔倒。我当时就想，张老师的平衡能力应该是比较好的。"

张志俊几年前到美国讲学时，曾经获得过"人体平衡魔术师"的绰号，可见平衡对于太极拳的重要。

李祥晨："平衡指的是神经肌肉的协调能力，它测定的目的是要了解人的神经控制能力。"

李祥晨教授讲解小球测试的方法

平衡台，双脚踩住万向踏板，控制方向，使屏幕中的光标迅速移动到5个方向的坐标中，并停留两秒钟，最终计算出所有时间长短，就是平衡能力的水平。然而，张志俊的平衡测试结果与其他人不相上下，并不像我们所预料的那么出众。

张志俊："它和实战当中的平衡完全不是一个概念。我原来想象的是我应该比别人好，实验的结果我并不比别人好。"

太极推手的忽左忽右正是相互打破平衡又建立平衡的过程

胡水清："当时我们想，张老师的力量、平衡和有氧能力可能比较差，那张老师为什么能制胜呢？"

张志俊认为，通过平衡仪器所测

太极的每一个动作都是圆或圆的一部分

量的平衡，与实战中的平衡不是一码事，所以，自身的平衡并不是实战中“听劲”的关键。究竟什么才是太极拳“四两拨千斤”的关键所在？怎样才能做到“闭眼听风”？这可以从张志俊徒弟们的练拳感受中，得到些启发。

翟文胜：“我曾经参加过拳击散打的比赛，所以我对自己拳的力度各方面自认为还可以，但是一拳过去之后，结果就不一样了。当时，我根本就无法想象老师是怎么把我的拳架空的，一打没有了。为什么打不上呢？老师就像施了法术一样，在我的手臂上，轻轻地划了一下，我一头就栽下去了。”

翟文胜曾多次在擂台赛上拿过冠军，却没有想到会在一个比自己年长很多的太极拳练习者面前，连站都站不稳。

翟文胜：“进没法进，退没法退，在这种情况下，进之则空。也就是说，进的时候，找不到老师的支点，开始有一个支点，突然间就没有了，就像站在悬崖边上一脚踏空了的感觉。”

当时的翟文胜已经意识到，自己的拳击技巧根本就派不上用场，但太极的技巧又尚未完全掌握，所以在与张志俊的对练中就像是一个不倒翁，任由张志俊推来送去。

翟文胜：“打一拳，就失去平衡了，或者是将要失去平衡。对方稍微给你一点力就把你带出去了，因为你的重心没有了。”

翟文胜回忆起和老师推手的经历，无不流露出惊奇与惊恐的神色。而这些惊奇和惊恐，又无不外乎“意料之外”“踩空了”“使不上劲”，终归一句话，他失去了重心。

李毅（重庆陈式太极拳研究会会长）：“我跟他一搭手，就把他按住了，刚想使劲，前面却什么东西都没了，像突然从高楼失重的感觉，很恐怖。”

李毅居然用“恐怖”来形容太极推手中的失重感。并且这种失重难以预料，一旦有了这种感觉，也就意味着接下来的一个瞬间就是要栽倒在地。

李毅：“首先身体要保持平衡，从人的生理角度来讲，往往是当人的拳向前打，对方一牵引，你的手继续向前运动的时候，你这个手为了保持身体的平衡，它不会向前去，只会向后去，因为只有向后去，人才能够保持平衡。”

李毅的感受和翟文胜不相上下，而他最大的感受是“失重”。那种类似坐“过山车”的失重感让他强烈地意识到，自己之所以能被老师完全控制，忽前忽后、忽左忽右，是因为自己完全失去了平衡。

由此我们受到启发，张志俊之所以能够蒙上双眼，仅依靠触觉就能够击倒对方，不是因为他有极强反应能力，也不是因为他自身的平衡，很大程度上，就是因为他善于破坏对方的平衡。

张志俊：“他之所以会摔倒是因为他在你身体上没有了支点。一个人扶住一个东西，当一个人要栽倒时想扶住一个椅子稳定自己的时候，有一个人把椅子撤走了，这时他会怎么样呢？”

张志俊不但很懂得如何破坏对手的平衡，更能讲出这些招数背后的科学原理，因为他一直在探寻太极拳神奇之处的理论依据。

张志俊：“他在撤手的时候就是一个斜面的改变。正常斜面是很舒服的，但正常斜面突然断了，斜面角度改变了，方向变了，就产生了空。在他空的瞬间你给他一把力，那么他瞬间就倒下了。”

张志俊此时提出了第一个力学原理——斜面。他发现太极拳在实战中的很多招数，实际上都是由于力的斜面发生了改变而使对方突然失去了平衡。

高速摄影机捕捉小球弹出时每个人的反应时间

张志俊："我可以举一个例子，我们平时带着小孩上公园去玩，小孩最喜欢玩的一个项目叫滑梯。几岁小孩从滑梯上去滑下来很愉快，自己又跑回去，又滑下来。那是因为他沿着一个斜面下去了，可是一旦滑梯中间断了，小孩滑到那儿以后，就变成了自由落体运动，就空了。太极拳就是利用这种斜面的改变，形成自由落体，才使人空。"

张志俊认为，很多太极拳的实战技巧都离不开"斜面"原理，但太极拳也绝非只囊括了"斜面"，还有其他几种力学原理，都可以用来解释太极拳的"四两拨千斤"。这一点，经历了多种试验和思考的李祥晨也有相似的推论。

李祥晨："他并非完全都是以一个圆的方式旋转。我可以理解成他是以切线方式在旋转，因为他不可能画一个规规矩矩的圆。"

切线是几何学名词，意思是：经过半径外端并且垂直于这条半径的直线。假定对手的攻击是圆，那么太极拳就应该在这条切线方向用力。简单地讲，太极拳的理想攻击方向就是任何时刻都不正面迎着对手的方向。

太极圆是一个古老而神秘的图形，在中国它代表了世间的万事万物。百多年来，凡习练太极拳者无一例外都在追求着"圆"这一至高的运动境界。而通过对抗也清晰地看到，太极拳所有动作似乎都在遵循着"圆"这一古老相传的规律。

无论张志俊做什么动作，实际上都是在做一个圆的动作。这个圆的动作是什么意思呢？

当年杨禄禅应对各路武林高手，其中一个武士被打之后莫名其妙，于是再次冲了上来。杨禄禅就是用一招童子拜佛，将他再次击倒在地。

为了再现童子拜佛，仍然由窦春旭作为张志俊的对手。童子拜佛所考验的是人体向下的力量，实验组同样对张志俊和窦春旭进行了力量测试。

腰背力测试结果：张志俊腹肌127，背肌160；窦春旭腹肌195，背肌292。

张志俊："尽管出现了种种差异，我觉得也不应该有这么大，然而事实胜过雄辩，数字出来了，也没法不相信这个事实。"

窦春旭的力量超出张志俊将近一倍，如此巨大的差距，张志俊能否挑战成功?

然而，人们再次亲眼所见，窦春旭双臂强大的支撑力，被张志俊在一瞬间轻松破解。

如李祥晨所说，战斗只需瞬间结束时并不需要太多的体能。张志俊不费吹灰之力潇洒制胜，说明太极拳并非一个"巧"字可以解释。

李祥晨："他的力实际上是张力，他所有的力是向外膨胀的，就像雨伞。如果把雨伞撑开以后，力是很强大的，风也吹不坏。"

回顾之前的挑战实验，童子拜佛是个圆，单臂下压仍然是个圆，甚至拧手也还是个圆。不过这仅是第一个圆。同时，通过自身手臂的旋转形成第二个圆。

李祥晨："依次在切线上，如果我再旋转，那么在两个切线上运动，别人的力是作用不到我身上的，也就是说，很多力对我没有意义。"

也就是说，当两个圆相加后形成的圆才是最神奇完美的变化，这个圆已完全超越了传统认识中的圆，它所真正体现的是一种时时刻刻的动态变化。

切线原理，是太极中四两拨千斤的一个奥妙

张志俊："前后是本能，左右是技巧，上下是奥妙。这6个方向所有的圆都按照6个方向去画，这时出的力就叫浑圆力。这种浑圆力是练武术人梦寐以求的。”

人们在现场亲身体会了太极拳的浑圆力，以及这种浑圆力所成就的四两拨千斤。这才是太极拳真正的奥妙所在。

弧线、切线、变化，这一系列动态的运动已远远超越了6个方向，并同时赋予了人们以崭新的视角欣赏传统文化。

3. 爆发的瞬间

人们见证了太极拳以弱胜强，又见证了它的闭眼听风，实验见证它的连续制胜是凭借无形的斜面与切线，以此来破坏对手的平衡。难道太极拳只能用来破坏对手的平衡？它是否具备强大的爆发力呢？

在和老师对练的日子里，李毅就曾经有过一个深刻的记忆，那个记忆让他感受到了太极拳巨大的爆发力。

李毅：“他的手一拎起来，我的头就从他手侧面过去了，他的肘尖正好在我的后颈窝轻轻地点了一下，我就不属于自己了。大脑轰的一下，就像爆炸一样，脑中一片空白。”

太极无处不是圆，切线的产生也来源于圆

李毅没有想到，如此简单的一个动作，竟然让自己有了前所未有的晕眩。

李毅：“当时非常的痛苦，因为完全没有预计到会出现这样的状况。”

然而，像李毅这样在师徒对练时受到惊吓的状况，并不仅此一次。几十年来，徒弟们多多少少都有过类似的经历。

太极拳的技击手法，能将对手瞬间击倒在地，这就是一招制敌

李朝金：“太极拳不先打圈可不可以？接手就来可不可以？老师说可以。一闪进去就被老师的手压住了，我意识到，终于抓住机会了！我心里面很高兴，一松胯，就想出去！正准备出，就感觉到飞了起来！突然失重，像往前下倒，不知道怎么回事。”

孙长海，国家一级武术裁判。曾担任河南省交通厅武术教练的他，根本就想不到太极拳有着意想不到的威力。

孙长海：“我刚刚搭老师手上去，老师一挂手就到我这来了，我的颈椎突然一下子就受不了了，一直痛了好几天。”

孙长海从20世纪80年代就跟从张志俊学习太极拳，并且他之前也有着多年的武术功底，并多次在武术比赛上拿奖。身强体壮的他怎么也没有想到，就在他和老师随意地试练一个动作时，竟感受到了前所未有的惊险。

孙长海：“磕到地下之后，我睁开两只眼睛，满眼是金花。我想大白天怎么有星星呢？当时整个人就蒙了。”

张志俊：“我感觉我是没用力，可能平时在跟他玩儿的时候用力大了。我一推他，一发力，他就摔倒了。中午吃饭的时候，他就老在那儿晃脖子，然后就喊脖子疼。我当时就想，我都没用力他怎么老喊脖子疼？”

徒弟们有了这些切身的体会之后，都不敢再轻易跟老师交手。每次张志俊要做示范时，他们都尽量往后躲，因为那种突如其来的爆发力，实在是难以招架。

虽然张志俊总是感觉自己没用多少力，但是，对于受力的徒弟们来说，已经到了难以承受的程度。

这些意料之外的经历，让张志俊及他的徒弟们感受到了太极拳在实战中具有的巨大的爆发力。

张志俊的徒弟们口中所说的这些痛苦，我们无法体验。为了探究太极拳究竟具备怎样的爆发力，我们进行了另一项实验。在科学电影制片厂的摄影棚里，道具师们正在赶制此次实验所需要的最后一个道具“假人”。这是根据李祥晨的设计特殊制作的，在服装模特的胸腔里装进猪肉、猪肠子等填充物模拟人体内脏，在人体模型的腹部覆盖一层硅胶来模仿人体皮肤的质感。最后，要用强烈灯光照射，使硅胶凝固，给假人安装各种实验仪器，以获得真实数据。

李祥晨：“一拳过去以后，内脏如果没在固定的情况下，会发生震荡。”

假人模拟真实的人体，被击打后内部会产生三维空间的震荡，这些信息会被仪器清晰地捕捉并记录。

胡水清：“我们当时把足底压力传感器放在假人的肚子里，主要目的是测试打假人的时候，假人内部一些受力的变化。”

将压力鞋垫置于假人腹部，在感受外部力量击打的时候可以准确地采集到击打瞬间的冲击力。

测试开始，张志俊和其他的测试者都攒足了力量朝假人打出了重重的一拳。

人们期待着实验中能够看到张志俊无与伦比的击打力，但结果却令人瞠目，张志俊的击打力最小。

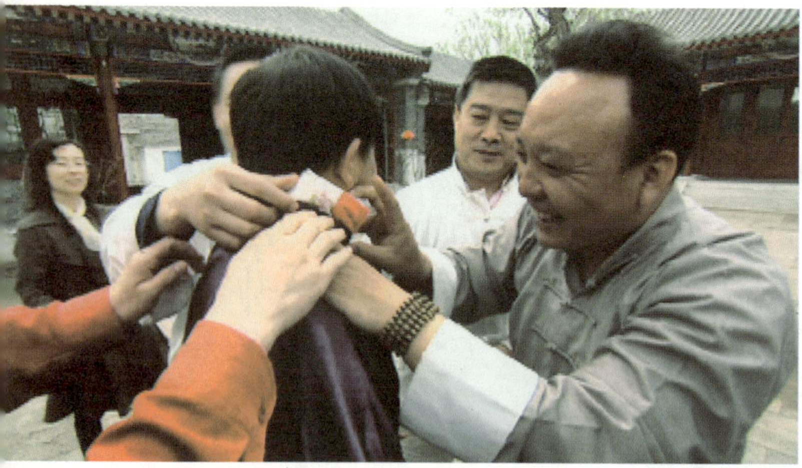

在训练当中，受伤是徒弟们的日常

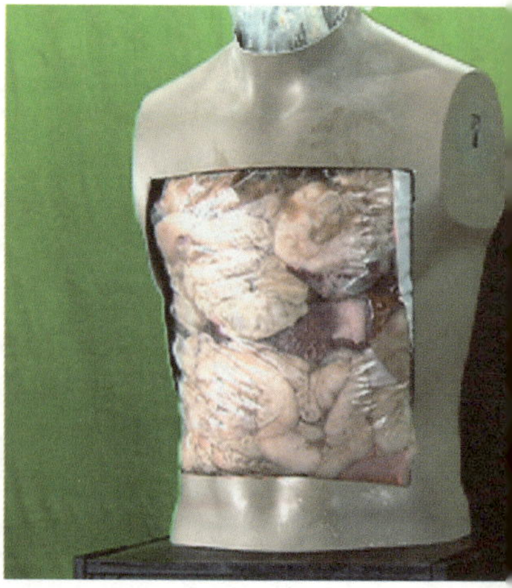

试验中，我们用硅胶和猪肉模拟人

张志俊的打击力量是26.5，朱利尧第一、李旭民第二、张国良第三、张鹏第四、张志俊第五。

李祥晨："测试结果不理想，后来查原因的时候发现一个最大的问题。假人表面很光滑，里侧很粗糙，全是风，没有办法真实地测出来人在击打假人的时候拳的着力点，以及他是不是真实能测到这个力的大小。"

实验组对假人击打的实验分析认为，目前的测试对象只是假人表面的作用力，要看一个力量对人体的总体杀伤力，还要看它对人体更深层的作用力，而当时的实验条件却很难达到这一点。

虽然不能测试假人身体内部所受到的打击力，但是李祥晨却还有另一个参照指标。

当打击者的直拳接触到假人时，三维加速度仪器启动，当拳手离开时仪器的峰值迅速下降，这个时间叫作击打时间。

滤波后的作用时间显示，张志俊 2.27 秒，张鹏 2.33 秒，这两个练习太极拳的人，超过所有人几乎一倍。

李祥晨："当我把拳抽开、回撤以后，这个时候的内脏在受到击打以后，会产生被击打或震荡效应，震荡时间越长，受损肯定越强。"

通常搏击中最高的速度和最大的力量相加后，会造成破坏性的杀伤力。然而，实验数据显示太极拳不但打击力最小，而且速度也是最慢，但是却可以造成整个内脏的震动反应。

仅仅是作用时间长，就是太极拳巨大爆发力的原因么？太极拳的爆发力究竟强在哪里？在场的人都忍不住想要感受一下，而这次感受，却令他们终生难以忘怀。

尽管张志俊只使了五分力，姚宇说他似乎感受到拳头从自己的胸膛穿透。也许只有亲身体验的人才能真正体会这种感觉。但我们从这些画面里，也能感觉到这一拳的威力。

为了搞清姚宇的深切体会，李祥晨也决定亲自体会一下。

李祥晨："感觉很难形容。但是能感觉出来它的不同，就是觉得内脏也在疼。"

往制作的模拟人体中灌硅胶

在场的人都亲身体验了太极拳的爆发力，尽管张志俊已经控制力度以免伤到对方，但从他们痛苦的表情我们可以看出，这种体验并不好受。用李祥晨教授当时的话说，感觉五脏六腑都乱套了。

李祥晨认为这种爆发力和穿透力除了来源于力的作用时间长，还隐藏着其他的奥秘。于是，他进一步对张志俊等人的出拳做了肌电测试，在这一轮的测试中，他得到了意外的惊喜。

各肌肉块最大电压值的方差越大，说明同步性越差，张国良参与击打动作的各肌肉肌电电压方差为 2 362 μV，而张志俊的方差仅仅为 368 μV。

李祥晨："在这个实验中，7 个选手中张志俊老师的方差是最低的，他应该是最高的那个人呀！"

击打动作链中各肌肉同步性高的发力方式，既能保护击打者核心区的稳定，提高击打者自身关节的安全；另一方面，这种同步调动整个身体肌肉同时发挥作用的方式，比仅仅一个拳头发力的打法，能够产生更大的动能。

也就是说，肌肉电压的方差越小，说明各个部分的肌肉用力越均衡，力量越同步，这样每一拳发力的动能就越大。

实验结果表明，很多块肌肉在同一瞬间均衡发力，再加上较长的作用时间，就产生了太极拳较强的爆发力和穿透力。但张志俊毫无保留地说出了另一个技巧，也是太极拳穿透力形成的关键。

张志俊："一般人或者练过一些拳术的人，就像子弹或者炮弹打到坦克上一样，是没有用的，但穿甲弹打到坦克上就会产生作用。因为它可以螺旋进入，

张志俊给徒弟们做示范

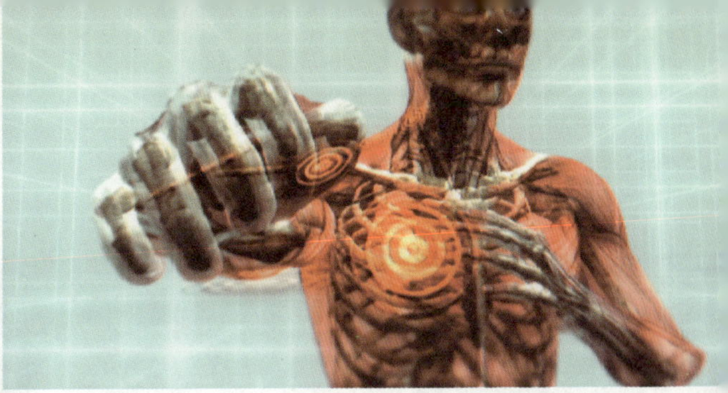

太极拳发出的是一种螺旋力，因此具备很强的穿透力

测试中，张志俊的击打力最小，但是他的力量在模拟人体上的作用时间却最长

直中求弧。太极拳的爆发力就像穿甲弹一样，尽管很小，但是能影响到人的内脏。”

张志俊的力量并不大，就像一颗子弹，在步枪的枪管里都有膛线，膛线是帮助子弹进行旋转的，旋转之后能够保证让子弹飞行得更直更远，力量更大。张志俊的拳是转着圈地打上去，就好像这个力量把人给打穿了。可想而知，他这种旋转打出去的劲道有多么大。

张志俊：“有人说直线最快，有人说弧线最快，我认为螺旋中求直是最快的，像子弹一样。”

之前，张志俊提出了“稍节领劲”，用以化解对手的力量或破坏对手的平衡，而真正和爆发力有关的奥妙则是另外四个字——“两头卷曲”。

张志俊：“两头卷曲恰巧是使这种爆发力变得更大、更脆、更快，它可以连续打击。”

在“稍节领劲”破坏对手平衡的瞬间“两头卷曲”，这个瞬间才是太极拳真正的发力点。而打击者也就是在这一刻将周身的力量爆发出来，这股瞬间凝聚的爆发力，以螺旋的方式快速穿透对手的身体。

“稍节领劲、两头卷曲”，张志俊花了 16 年的时间所得出的 8 个字，可以说是对传统太极拳练习方法的打破，也可以说是对固有太极拳理论的发展。他

表演中（一）

表演中（二）

并不期待所有人的认同，更热衷于更多的探讨和深入。

张志俊：“我好多朋友问我，为什么对太极拳这么痴迷。我当时就跟他说，假定我研究了10年、20年的太极拳以后，历史证明我是错的，我说没关系，在这里可以立个错字碑。就说有一个狂妄的小子叫张志俊，研究了几十年，提出了‘稍节领劲、两头卷曲’，他失败了，告诉后人不要从这个路上走过去。我觉得这也是个成就，对我也是个安慰。因此，我当时觉得无论对与错，都是值得去做的。”

张志俊把自己生命中最宝贵的时间用来探索太极拳，他做的一切都是为了把太极拳的实战功能变得有效、变得简单。他的实用技巧吸引了众多的太极拳爱好者前来学习与切磋，并激发了更多人探索与追寻太极拳的魅力。

（张丽颖）

千手观音“整容”记

著名的千手观音是大足石刻中的典型作品之一。

现在，它已经成为世界级的文化遗产了。然而，由于它是依山开凿出来的造像，800 多年的风刀霜剑对它的摧残已经非常严重，观世音菩萨 1 000 只手中的手指部分都已严重风化。

那么，我们有没有什么好的办法来保护住这一文化遗产呢？

大足石刻千手观音位于重庆市大足县境内的宝顶山大佛湾，开凿于南宋中晚期，是世界文化遗产大足石刻的代表作品之一。由于历经 800 多年风雨，大足千手观音岩体风化、金箔脱落、彩绘变色起翘、手指断裂。随着时间的流逝，它的损坏在不断地加剧。

1979 年，0.25 吨块体自然脱落；

1985 年，一只 50 千克的手自然脱落；

2008 年 5 月 12 日，四川地区发生强烈地震……

保安：“当地震发生时，我看见旁边办公室的房屋整个都垮塌下来，赶紧跑到观音堂。当时我震撼了，我看见千手观音的手全部都在发抖，像是在跟谁招手似的。”

宝鼎山千手观音手部特写

工作人员在扫描千手观音

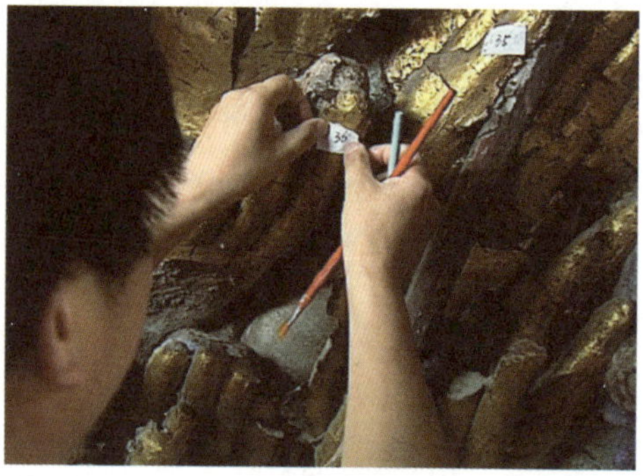

工作人员在数千手观音到底有多少只手

黎方银（大足石刻艺术博物馆馆长）："我当时的第一反应就是觉得完了，大足石刻中的很多文物可能保不住了，千手观音更可能毁坏了。"

但是出乎所有人的预料，千手观音在地震中幸免于难。人们在感到欣慰的同时，也感到担忧：在文物界，通常将1 000年视为一尊石刻文物能否继续存留的分水岭，如今已八百多岁的大足千手观音犹如快速进入到衰老期的重症病人，虽然扛住了地震，但它还能维持多久？如何科学地保护千手观音，尽可能延长它的生命，对现任馆长黎方银来说，是最大的压力和挑战。

黎方银："如果它毁在我们这一代人手里，我觉得对不起自己的良心。"

陈明光："历史选择了让我们这一代人来保护它，就绝不能让千手观音损毁或消失在我们这一代人手中。"

陈明光是大足石刻艺术博物馆原副馆长。在他的记忆里，大足千手观音曾经金碧辉煌，见过它的人没有不为之震惊的。

陈明光："20世纪70年代末期，当时的千手观音还保存得非常完好，金碧辉煌，十分壮观。"

游客："我觉得太令人惊叹了，简直不可思议，想不出古人是怎么把它雕刻出来的，使用了什么材料，用了什么技术，而且还要把金箔贴上去，这实在太令人惊叹了。"

大足千手观音像高7.7米，宽12.5米，雕刻在15至30米高的崖壁上，达

88 平方米，因为相传在崖壁上刻有手 1 007 只，每只手掌中还有一只眼睛，手执各种法器，因此又名“千手千眼观音”。令人无法相信的是，它竟是由一整块坚硬的山石刻成的。

游客：“看到它那么多只手，摆着不同的造型，感到十分震撼。”

新加坡佛教人士：“这一雕刻艺术实在太美了，没有想象到它能够雕到这么高，身上的手感觉在飞舞。”

大足县宝顶山的千手观音虽然地处偏僻，但每逢农历 2 月 19 日传说中观音菩萨生日的这一天，宝顶山总会有众多百姓前来朝拜。

陈明光：“在老百姓心目中，千手观音非常值得尊重，是因为它有 1 000 只手，有 1 000 只眼睛，老百姓认为它法力无边、智慧无穷。”

保安：“我们这儿的人特别相信它，认为它是有求必应。”

然而，就是这座人们心目中智慧无穷的千手观音，在经历了 800 多年的风雨后已是伤痕累累，“病魔”缠身，一场规模浩大的“整容”行动已经势在必行。

此时，千手观音石像残损已经非常严重了。对于石制文物的保护是非常困难的，因为大气是我们没有办法去控制的一个自然环境因素。这个不同于以前出土的彩色兵马俑，在那样一个环境当中，它毕竟是一个小个体，可以采取恒

河北的木雕千手观音

温恒湿，以及往表面打胶的方法来保住它原本的颜色。而这座千手观音像实际上就是大自然中的一块石头，与一般岩体被风化，由大石块变成小石块，最后变成沙粒的过程一样，我们是很难阻止这个过程的，只能想办法延缓它的风化。

这已经非常艰难了，更何况要让这座佛教观世音菩萨的造像能够再次焕发出以往的庄严法相。所以，这一次必须要采取一些与以往不同的方法。但是，石像整体面积这么大，到底该怎么去做呢？

国家文物局将“千手观音”修复工程定为全国石质文物保护一号工程，并组织国内外十多家科研单位的顶级文物保护专家集体“会诊”。如此大面积的不可移动石质文物，它的修复难度可想而知。那么，到底是哪些因素导致千手观音遭遇如此复杂的伤害？对千手观音的“整容”修复我们有没有把握呢？

陈卉丽：“当时大家真的没有信心，因为当初我们觉得病害太复杂，以前我们从来没介入过像这样集石质、贴金、彩绘于一体的文物。”

詹长法（中国文化遗产研究院研究员）：“说实话，当时一点把握也没有。它是一个非常复杂的问题，它是不可移动的文物，它就是一座山，对于一座山应该怎么进行诊治，过去还没有可借鉴的经验。”

詹长法有着近三十年文物保护经验，曾经推动了中国和意大利政府间的文物保护合作项目，因为突出的文物保护成就而被授予意大利骑士勋章，此次由他担任大足千手观音修复工作的负责人。

面对身处崖壁之上的千手观音，如何才能找到“病症”所在，制订出科学的修复方案呢？詹教授认为眼前

“千手观音”修复工程

受损前的千手观音

第一步先要弄清大足千手观音到底有多少只手？可能有人疑问，千手观音的手只是个不确定的数字而已，并没有实际意义，为什么一定要知道它的数量呢？

詹长法：“因为我们的这个方案是根据每一只手来制订的。”

陈卉丽：“因为每一只手的“病害”不同，所以每只手的修复方案也是不一样的。”

詹长法：“数清这个手的数量，对我们认知有很大的关系。如果我们连手都数不清楚，那还怎么保护千手观音？”

河北隆兴寺的一尊铜铸千手观音，河北普宁寺中的木雕千手观音，以及许多文物古建中的千手观音，一般只有十几只或几十只手。在民间，只要在 10 只手以上就可称之为“千手观音”，“千”只是象征性地表示手多而已。许多常见的千手观音都特意将手整齐排列，意在让人信服足有千手，但是像大足宝顶山的千手观音，手的组合并不是整齐排列的，规模之大，手眼数量之多，让人眼花缭乱。那么，大足千手观音 1 007 只手的说法又是从何而来呢?

据说，几百年来，人们一直想解开这个谜。但是数来数去，由于千手观音的手在排列上并没有一定规律，分布得纷繁复杂，所以一直都没有数清。于是，千手观音手的数量竟成了一个难题。

游客：“肯定数不清。我觉得千手观音那个手太多了，并且每只手的姿势都不一样，感觉眼睛都看花了，给人眼花缭乱的感觉。”

陈光明：“从来没有哪一个人真正数清楚过这个千手观音手的数量。”

受损前的千手观音面部特写

而事实上，大足千手观音有 1 007 只手的说法源自一个传说。据说宝顶山有一个小和尚，他日夜守护着千手观音，一天，他下定决心，一定要破解这个祖祖辈辈传下来的难题。正好，当时要给观音像贴金箔。小和尚为了数清千手观音的手，每给观音的一只手贴上金箔，他就往篮子里扔一个竹签。整尊观音的金箔足足贴了一年零三个月，大大的篮子也装得满满的。小和尚一数，竹签不多不少，正好 1 007 个。

一个不知名的小和尚，用最传统的方法为我们解决了一个流传了几百年的难题，大足宝顶山千手观音也成为中国佛教艺术中名副其实的千手观音。那么，一直沿用至今有 1 007 只手的说法准确吗?

詹长法：“面对千手观音手的数量问题，我当初在做这个调查的时候也曾困惑过，也面临着这道算术题，真的是 1 007 只手吗?”

8 月初，考古发掘中常用的探方勘测方法被引入。通过将考古探方从平面形式变成立面化的形式，将近景摄影照片转化为矢量线图，并分为 9 行 11 列，逐一调查手臂数量等相关数据，大足千手观音手臂数量这个千古之谜最终定格。

詹长法：“通过我们现在的科学调查，我可以负责任地说，我们千手观音手的数量是 830 只手，而不是过去所说的 1 007 只手，我们给每一只手都做了一个 ID 号。这个 ID 号就相当于每一只手的一个身份证，每一只手都不同，绝对不会弄错。”

宝顶山的大佛湾是一个 U 形山湾，在长约 500 米的崖面上有着近千尊石刻雕像，千手观音就凿刻在这个崖面上。因为它的造型是不规则的，也不是同处一个平面，常规测绘技术手段所获取的平面图件是无法完整、真实地反映千手观音的形态及保存现状的。那么，如何把这个立体的崖壁石刻影像留存下来呢？

受损前的千手观音手部特写

黎方银：“当时大家觉得是束手无策，对于怎么才能够达到这种目的一时找不出办法。”

三维激光扫描技术为这一难题的突破带来了新的契机。它不仅可以从不同角度全方位展现石窟的面貌，还能对石窟中造像的每个细节的现状进行真实记录。

人类肉眼的分辨距离大约在一到两三个毫米，用这个仪器可以观察到某些肉眼看不到的部位。它还可以直观地看到扫描的手部信息，以及这些金箔脱壳、起落、风化的状况。

通过每秒发出几十万个点的激光进行扫描，激光反射回来并得到千手观音表面的三维数据，然后传输到电脑中形成三维图像，准确地记录了千手观音的每一处细节，并精确到 50 微米，这一手段，被誉为千手观音的“身份档案”。

陈光明：“将工作做到这样细致，保存的历史信息又恢复了现状，在过去是不敢想象的。”

小和尚在给宝鼎山千手观音的手贴金箔

在历时 4 个月的勘查研究中，中国文化遗产研究院、中国地质大学、北京大学、清华大学等多个单位，近 30 余名专家，采用了包括三维激光扫描、红外热成像探测、三维视频显微镜等 15 种达到世界先进水平的无损检测设备，发现大足千手观音病害包括岩石粉化、金箔开裂、彩绘褪色等多达 34 种病害，病害面积大于 200 平方米，在国内尚无修复成功先例，存在着很多世界级的难题。面对如此复杂的病害，如何治疗，困难重重。同时，病害随着时间的流逝，也在急剧加重，其危急程度已经到了“先救命、再治病”的危急关头。

修复后的千手观音发现霉菌

黎方银：“如果我们不及时抢救的话，可能在不久的将来，千手观音就将不复存在了。”

一时间，大足千手观音成为诸多媒体关注的焦点，并一度成为网络上人们的搜索词，引来社会各界的关注，而如何延长“千手观音”残年寿命成了项目组的新课题。

“千手观音”究竟应该如何修复，这一问题经媒体报道后，热心的读者和观众纷纷出谋划策，提出建议。有的人提出限制门票出售、限制参观人流。这种做法是有先例的，大家所熟知的敦煌莫高窟就是采用这样的办法来管理的。因为人呼出的二氧化碳，以及照相机的闪光灯等，对这里的壁画、石制造像都是有影响的。

还有人建议，不如索性弄一个大玻璃罩子，把“千手观音”像整个罩起来，玻璃罩内恒温恒湿。这种办法在国际上也有先例，比如对于一些名画的保护就

千手观音局部特写

常常采用这种办法。巴黎罗浮宫内著名的“蒙娜丽莎的微笑”、法国的国宝就是采用这样的方法来保护的。还有我们国内的白鹤梁，也是采用了一个压力容器，把石刻保护在水下。

不过，对这个办法，专家们提出了相反的意见。专家们说，鉴于“千手观音”像本身岩体的特殊情况和周围复杂的环境，想要给它做一个罩子，像蒙娜丽莎或者白鹤梁那样保护起来，从技术条件上讲，现在很难做到。

那么，到底应该用什么办法来进行保护呢？有的外国专家提出，不要轻易动石像，而是先对石像进行一次全面的检测，摸清情况后再想办法。可是，对石像进行全面检测需几年时间，在这几年时间里，石像的情况会继续恶化。石像现在已经出现了比较严重的脱落现象，如观世音菩萨的手指头，用手轻轻一捏，已经根本不是石头，而是一把沙子了。所以，石像的修复刻不容缓，完全没有等待的时间了，如果这期间再发生一次地震，就很可能会导致它的整体崩塌。

那么，面对伤痕累累的千手观音，我们到底应该采取什么样的措施？人们又希望把它修复成什么样子呢？

游客："希望不要留下修补过的痕迹，一定要想办法把它修补得原汁原味就行了。"

上百年裸露在崖壁上的千手观音，如今已犹如得了重症的老人，我们如何才能让它延年益寿？如何才能达到游客所希望的原汁原味，还原历史原貌的修复效果呢？

詹长法："当初说到修复这个石像，又要雕刻，又要彩绘，还要贴金。其实光是贴金这一项我们就没办法。用什么贴？完全没有办法。"

这个拥有830只手的千手观音，占崖壁面积约88平方米，金箔的展开面积达到了210平方米左右，由于表面凹凸不平，金箔又很薄，要使金箔与石刻完全接触，除了需要娴熟的贴金技艺，贴金材料的熬制，所加成分比例及火候同样非常关键。否则，不但达不到效果，金箔的浪费也是相当惊人的。然而，费尽心思完成贴金工艺后，人们才发现问题还不仅仅如此……

千手观音修复后的对比图（一）

千手观音修复后的对比图（二）

黎方银："修复以后的石像就成了一尊完完全全的、崭新的石像，但是这既不符合文物保护的原则，而且在我们的情感上也很难通过。"

按照文物修复应遵循"最小干预"和"尽可能保持原貌"的原则来看，目前的贴金效果是让大家无法接受的。

游客1："不能再增加现代的色素上去，应该保持最原始的。"

游客2："希望不要修复成很现代、很新的样子。"

在专家们看来，新贴一尊千手观音不是一件难事，问题就在于，新贴的不是历史。修复是为了让千手观音“延年益寿”，而不是“返老还童”。那如何才能做到既能医治好千手观音让它延年益寿，又能恢复它的历史原貌呢？专家们商讨决定相异于历史上的贴金技艺，此次选用旧金箔回贴的方法。但是重新贴金的面积可能占到总面积的50%，近100平方米。

回贴使用的多半是第二第三层的金箔

现在，新的问题又出现了：旧金箔从哪来？

陈卉丽：“在揭取旧金箔时，我们发现一般都是4层，最多的达到8层。这就说明，历朝历代对千手观音都曾经进行过修复。”

一次意外的发现让修复工作有了新的转机。据史料记载，千手观音历经4次修复，距今最近的一次是在清朝，距今已有300多年，但现代的“整容手术”还属首次。专家决定揭取原金箔，但很多人质疑，旧金箔历经数百年，很多都已开裂卷曲脱落，非常脆弱了，它还能经得起再一次的折腾吗？

观世音菩萨造像上脱落的金箔表层上沾满尘土，已经很难再加以利用，但是去掉表层之后，其他的几层金箔还有利用的价值。而利用现代工艺制作的新金箔，看起来虽然很漂亮，但是缺乏历史的厚重感，贴在石像上看起来总有些不伦不类。

专家们还发现，用旧金箔拼贴的效果，就像是马赛克一样，有一条一条明显的分界线，所以在拼贴的时候，就必须让两层金箔之间有1毫米左右互相重叠的地方，这样一来，就消除了马赛克现象，看起来就很像当年的样子了。不过，就算是采用这种方法，还是有些问题。

采取“旧金新贴”的形式，也就是尽可能地把千手观音身上揭下来的金箔进行分层清洗，处理之后再重新回贴，而回贴使用的多为第二、第三层的金箔。正当大家为旧金箔回贴实验的成功而高兴时，一件谁也没想到的事发生了。

詹长法：“我们用金箔将石像的手完整地贴上之后，无意中推了一下，发现这个手指头还在动。当时就觉得很奇怪，都已经完整地贴上金箔了，怎么手

工作人员在给千手观音拍摄X线

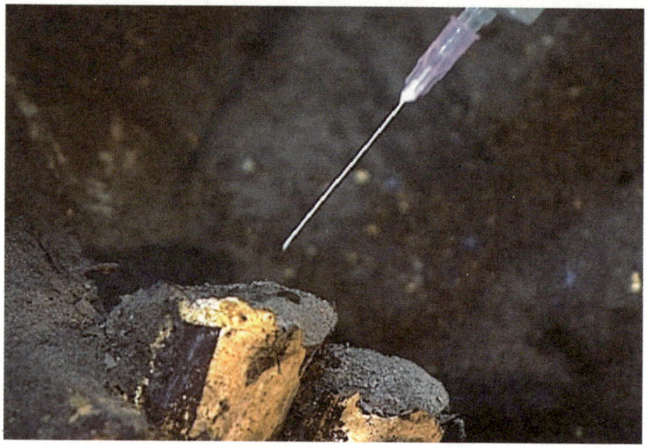

工作人员加固千手观音岩体

还会动？”

专家发现，外面的金箔好像一个箍子一样，把风化的岩石箍在里面了，从一些断裂的地方看到，岩石已经风化成颗粒状了。发生这个现象的症结究竟何在？在千手观音的830只手臂中，还有多少只手存在这种现象？许多手外表看似完好，我们又如何能发现它内部有问题呢？

詹长法：“当时我们采取了针扎的方式来进行探测，如果针能扎进去，那就说明这里岩体风化得比较严重。”

石刻最大的天敌就是风化，千手观音风化现象极为严重，即便是那些看上去仍然金光闪闪的手，其内部也已经脆弱不堪。仅用针去探明830只手指内部的风化情况，已远远不能满足抢救性修复工作的需求。那么，有没有一种高科技的手段能探测出石刻内部的损伤？这让詹长法想起一起X线探伤技术运用于考古调查的案例。

工作人员在重新为千手观音贴金

2003年的3月，在内蒙古的吐尔基山中，出土了一座千年古墓，墓中精美的凤棺里，安葬着一位年轻的契丹女人。调查人员借用医院的X线机对墓葬女尸进行了X线探伤，发现死者的体内隐藏着大量的随葬品，这对进一步清理及确定墓主人的身份、年龄都起到了不可替代的有效作用。

詹长法想，这种方法是否能移用于千手观音的修复工作中呢？

詹长法："当我提出这个方法的时候，大家都直摇头。最后，我们也是抱着试一试的想法来进行探测的，毕竟利用X线机对不可移动文物进行精细的探测，在国内绝无仅有，甚至在国际上也是极其罕见的。"

千手观音是深处崖壁之上的石刻，是不可移动的文物，给石头拍摄X线，也就是对石头内部进行多方位断层扫描，这是从来没有尝试过的。这样做行得通吗？X线对石刻千手观音适用吗？通过X线片我们又能看到什么呢？

专家说，首先，通过X线片可以帮助我们对石像风化的部位及面积、体积进行一个大致的了解；其次，可以发现石像内部的断裂。因为大部分石像的断裂发生在内部，从外表是看不见的。

随着修复工作的不断深入，我们发现其中的问题越来越多，X线检测数据让所有人大吃一惊：目前"千手观音"的830只手中，残手达到283只，占总数的34%，而受损手指达到400多只。

对此，我们到底该采取什么样的方法来进行修复呢？

詹长法：“如果只是简单的修复，不需要花费太多时间。但是这种方法只能治表，不能治本。”

在詹教授眼里，修复千手观音的当务之急就是如何在不损坏表面金箔的前提下，对里面的岩体进行加固，同时对外表进行旧金箔的回贴。正当工作人员进行探测的时候，一张特殊的 X 线片引发了众人的好奇。

在利用工业探伤设备，也就是X线对这尊大佛进行检验的时候，专家们发现，古人也曾经对这尊观世音菩萨雕像进行过修复，只不过古人当时采用的方法比较传统，也就是用铁棍、铁丝，以及篾条、竹棍等先编成一个胎，在外面裹上麻，再在麻的上面糊上泥，然后连接在断裂处来进行加固。这是中国古代木工非常熟悉的一个工序，叫作榫卯结构。

大家都知道，在佛教里石像的每一个手势代表着不同的意义，如果不了解古人的意图，随意改造，就破坏了整个造像的艺术形象。那该怎么办呢？这时候有人提出了以形补形的方法。也就是在我们能够找到形象依据的前提之下，按照这个依据去修补。可是，在我们找不到形象依据的情况下，又该怎么办呢？那就只好把它按原样保留下来，这样一来，这个问题就得到了解决。不过，让人们感觉到头疼的，还是这些手指有很多地方已经严重粉化。

千手观音不是在恒温条件下的博物馆文物，更不能随意移动，它与天然岩壁相依存，所以修复工程必须考虑环境条件和岩体本身。在专家眼里，岩体加固才是修复工作的核心，而材料的选择则至关重要。

詹长法：“做文物保护，或者做工程，说到底最后比拼的就是材料。”

来自敦煌研究院的段修业研究员，在大足花了两三年的时间，先后试验了六七种材料，最终选定了一种叫作纤维素的材料来加固风化的千手观音岩体。

段修业：“用这种材料基本可以恢复到当初雕刻的强度。并且这种材料具有可逆性，也就是说，如果哪个地方处理不好，还可以重新再处理。”

修复时先用注射药液的方法来加固风化的千手观音岩体；清洁打磨后，再用黏合剂回贴金箔。这种曾经成功运用于修复敦煌壁画的黏合剂牛胶能不能作为千手观音金箔加固回贴的材料呢？

牛胶局部实验呈现出非常好的效果。然而让大家疑惑的是，仅仅在几个月后，却出现了意想不到的情况。

詹长法：“我们发现石像上有一些白色的东西冒出来，就像人身上长了毒疮一样，并且这个毒疮是会扩散的，由于它的扩散，引起周边酸性物质一并升高。”

一时间，千手观音流泪了、长斑了的说法流传于坊间，这到底是什么原因？

陈卉丽：“当初我们觉得很纳闷，就不知道什么原因。为什么牛胶在北方用得非常之好，没有这种现象，可是在千手观音身上就出现这种现象呢？”

在热红外成像技术的探测下，专家们发现岩体大量渗水是产生白斑现象的症结所在。

杜晓帆（联合国教科文组织驻华代表处）：“水对于很多地方是很需求的，但是对于大足石刻来说，水对它是种祸害。”

重庆地区高温高湿，环境中干湿交替和酸雨作用是“千手观音”严重病害的主要成因。根据专家统计，“千手观音”目前一共有岩石粉化、金箔开裂、彩绘褪色等 34 种病害，这些病害都与凝结水有直接和间接的关系。

陈卉丽：“我们这才明白，牛胶在潮湿的环境下容易滋生霉菌。”

白色的细绒毛长满了修复后的部位，原本用于贴金的黏合剂，最终成为滋养霉菌的温床。那么，在潮湿高温地区该选用什么样的材料才适用呢？

中国文化遗产研究院组织专业技术人员，针对川渝地区大型彩绘贴金石刻的 6 处遗址进行了详尽的调研。调研中发现由植物熬制而成的大漆是普遍使用的金箔回贴材料，但是让我们奇怪的是，所发现的作为黏合剂的大漆都被调成红色。这原因何在呢？它们能不能适用于高温高湿的大足呢？

金箔的展开面积达到210平方米左右

崖壁上受损的千手观音

通过干湿交替、酸雨腐蚀等人工模拟环境实验，验证了大漆的可行性。红色是因为在大漆中添加了银珠，具有一定的防腐作用，更起到衬托金箔颜色的作用，使最终呈现出沉稳而又庄重的修复效果。这个发现的确让人有意料之外的惊喜。

文物保护工作者选取“千手观音”不同区域病害特征典型的部位，进行修复试验：风化砂岩渗透加固后强度得到增强；缺失部位进行补型后形状完整；彩绘加固后恢复原状；旧金箔清洗与回贴后恢复了历史韵味。这个过程并非是为“千手观音”换上新衣，而是为它换上清洗过的干净衣服，游客看到的仍是数百年前那件原汁原味的衣服。

黎方银：“有一位专家曾说，没想到千手观音还可以这样来修复，更没有想到，中国的文物保护可以运用这么多的高科技手段来进行。”

外国专家：“实际上以这样一种方式保存文物，可以让全世界共享，这对人类来说非常好。”

对整个830只手的修复工作预计将在近年结束。到那个时候，我们再去大足石刻游览的时候，就可以看到原汁原味，保留着原有历史样态的千手观世音菩萨的雕像了。

与此同时，当地也准备建立一个数字虚拟馆。用数字虚拟的方法做出一个石窟，里面有这尊千手观世音菩萨的造像，在那里可以欣赏到更加精美的、更具原生态的千手观音形象。无论是现实的修复，还是数字虚拟，我们现在所采用的一切方法，都是想要留住这段历史，留住这份弥足珍贵的文化遗产。

（汤菲）

小村暗道

一个仅有200多户人家的小村庄，在它的下边竟然隐藏着错综复杂的地下迷宫。到底是什么人修建了这些地道，它的目的又是什么？

在网络浏览中，人们偶然发现了一则报道：在山西省介休市一个名为张壁的小村子，有一个叫郑广根的人，在这个小村子的地下发现了一个极其庞大的地道网络，规模竟然相当于一座城池。这个事情是真的吗？一个小村子的地下为什么会有这么大规模的地道呢？这些地道又是做什么用的呢？

工作人员来到介休市，之后搭上了一辆途经张壁村的顺路车。让人非常意外的是，作为本地人，司机师傅竟然也不知道张壁村有地道的事情，这让工作人员的心里蒙上了一层阴影。难道网上的那些消息是假的吗？

到达目的地张壁村后，村子的规模更加剧了我们的疑问。这个村子虽然看上去古色古香，但是整个村只有一条主街道，长度也就是200米左右，这么小的一个村子下面，真的会有传说中规模相当于一座城池的地道吗？

然而，这个疑问随即就烟消云散了。稍经询问，人们就找到了网上多次提到的地道发现者郑广根。

童年的郑广根第一次进入暗道

地下暗道

老郑说张壁村里确实有地道，而且规模和网上说得差不多。他给工作人员讲起了他和地道的故事。

在郑广根的记忆中，这些洞口几乎贯穿了他的童年岁月。它们似乎无处不在，有时候出现在村子里，有时候又出现在村外的崖壁上。

然而，这些随处可见的洞口似乎又离他很远。父母亲告诉他，洞口里边住着野兽，小孩子进去就会被吃掉。虽然如此，好奇心还是让他一直想进去看看。于是，在一年春节，他约了一群小伙伴，从一个在寺庙里的地道口爬了进去。

郑广根（张壁村村民）：“当时，我们在庙殿里拾了些蜡烛，带着这些蜡烛把火点上就下地道了。大家都像蛇爬似地在里边走，结果在通过一个风口的时候，一下子把这些蜡烛吹灭了，只能往后退，没想到就退偏了，大家找不到回去的路，直到下午才有人来找我们，把我们几个小孩拖了出来。”

这次经历给他留下了可怕的印象，之后他就再也没敢下去了。

后来郑广根离开村子去了市里的纺织厂工作。不过，张壁村的那些洞口却在他的心中留下了一个巨大的谜团。

然而，郑广根很快就失望地发现，由于已经过去了很多年，村子里的地道口基本上都已经被填埋了。但幸运的是，村外崖壁上的那些洞口依旧还是当年的样子。

童年留下的黑暗、可怕的印象依然留在他的脑海中，为了保证长时间的照明，他借来了矿工用的头灯，之后选择了一个比较容易攀爬的洞口，重新开始了自己的探秘之旅。他艰难地爬进已经坍塌的洞口之后，眼前豁然开朗，变成了恰好可以一个人直立行走的通道。郑广根壮着胆子一直走了下去，很快他就发现通道有很多分叉。在洞壁上还有着明显的人工挖掘痕迹，显然，这样的结构绝对不是天然形成的。郑广根走了半个多小时，但是眼前的地道依然延伸向更远的地方，这让他非常诧异。在地面上的村子里走一圈也就最多20分钟，然而，这个地道却似乎没有尽头。慢慢地，他的身体感觉到了一些异样，他觉得有些胸闷，一开始并没有太在意，可是这种感觉却越来越强烈，在呼吸开始有点艰难的时候，他终于意识到，自己忽略了一个重大的问题。

由于空气不流通，地道深处严重缺氧。意识到危险的郑广根赶忙掉头往入口跑去，最终有惊无险。

恐惧渐渐平息之后，一个疑问浮上了郑广根的心头，这个地道究竟是做什么用的呢？他马上想到了抗日战争时期著名的地道战，这个地道会不会跟地道战有关系呢？

郑广根："有人从外地给我拿来了很多资料，在抗日的时候，我们的地道有些段落可以从悬崖峭壁爬进去，当时抗日政府的官员也曾经在地道里生活过。"

看来，张壁村的地道确实很有可能是地道战时期挖掘的。但是，当他提出这个想法后，村里的很多老人立刻表示了不同意见。这些老人年纪都在八九十岁以上，按照他们的记忆，那些地道在抗日战争的时候确实被利用过，但是，地道本身却早就已经有了。那么，地道挖掘的年代究竟会早到什么时候呢？

郑广根决定从历史记载中寻找相关的线索。他找到了研究介休市地方志的专家侯清柏，听完郑广根介绍的地道情况后，侯清柏也非常惊讶，对于张壁村的地道他之前完全没有印象。是他对地方志的研究不够仔细吗？他马上翻查了各个版本的地方志，但很快发现，确实没有一处涉及张壁村地道的记载。

地方志中没有关于张壁地道的记载

侯清柏（介休市地方志专家）："《介休县志》现在存世的县志有5

张壁村外山崖上的神秘洞口

套，在这5套里，除了行政区划里提到了张壁以外，其他资料基本上没有关于张壁的记载。”

这个结果让郑广根非常失望，地道内部由于缺氧无法深入，地方志中又没有相关的记载。自己下了这么大的决心，可现在却找不到任何答案，难道他对地道秘密的探索只能就此止步了吗？

就在郑广根几乎就要放弃的时候，转机却意外出现了。在一座老宅院的外墙上，他看到了一个砖雕的非常考究的“福”字，字的左半部像一个龙形，右上部是一个仙鹤的图案，显然，它当年的主人非富即贵。

他马上着手对村子里的老宅院进行了考察，结果发现了一个重要的秘密。那就是，当年一些大户人家的住宅内部曾经有过地道。

按照郑广根的指点，工作人员找到了这位82岁的老人。老人打开了堂屋两个柜子当中的一个，里边竟然是一个暗门，穿过去之后才发现，这个看似普通的柜子里面竟然藏了两个房间，而老人更指着一个地方说，这里原来还有地道的入口。

郑广根随即想到了一个新的线索，那就是晋商。晋商主要就发源于山西的晋中盆地，介休一带就出过不少晋商。张壁村下面的那些地道，会不会和这些明清时期的山西商人有关系呢？历史上的晋商曾经积累了大量的财富，必然会非常注意安全防御，修筑地道自然说得过去。同时，挖掘这样庞大的地下工程所需要的投入肯定非常之大，但对于那些曾经富可敌国的晋商来说，他们的财力也完全可以支持。

那么，张壁村是否也出过大的晋商呢？想到这里，郑广根马上想起了一个奇怪的现象，张壁村仅有 200 多户人家，但村子里的庙宇竟然有 20 多处。

更让人惊讶的是，从建筑上来看，这些庙宇大多数都非常精美，显然需要花费大量的财力。其中一座庙宇大殿顶上华丽的琉璃装饰，让考古专家都叹为观止。

柴泽俊（考古专家）：“一堂琉璃都是孔雀蓝，现在孔雀蓝琉璃已经基本绝迹了，烧不出这个颜色来了，烧出来的颜色不是偏深就是偏浅，没有那么光亮鲜丽。”

这块琉璃碑上，记载它烧制于万历三十三年，显然，这和晋商崛起的年代相吻合。

但是，到目前为止，这仅仅是一个推测，要想证明张壁村确实出过大的晋商，这些庙宇就是这些晋商修建的，还缺少关键的证据。

就在这个时候，清华大学建筑学院的陈志华教授来到了张壁。在他的眼中，张壁村正是中国乡土建筑的典型代表。通过长达几个月的考察研究，陈志华得出了一个重要的结论。

陈志华：“张壁村可以作为某种类型的代表，而且很完整，有些问题它表现得很充分。比如穷富对比，半个村子是穷的，半个村子是富的，富的那边走车，穷的这边走毛驴，车是走不进去的。”

那么，村子里的那些富人会是当年的晋商吗？陈志华随后就找到了这个问题的答案。在考察过程中，他找到了一块当年村子里捐资修缮关帝庙的功德碑，上面刻的内容让他非常惊讶。碑的上部是大量参与捐款的商号的名称，这些商号的经营地甚至远在维扬，也就是现在的扬州一带。可见，这个现在仅有 200 多户人家的

张壁村的寺庙达20多座

小村子不仅出过晋商，而且人数众多。

陈志华：“从这个村子的硬件建设来看，相比邻近的村子要富一些。”

这个结论让郑广根异常欣喜，他觉得很可能就是这些商人修建了村子下面的地道。但当他把这个好消息告诉地方志专家侯清柏的时候，却被大大地泼了一盆冷水。

侯清柏：“晋商在介休有好几个大家，像北辛武的冀，我们本家的侯，甚至张原村的范，在外面有很多大家。张壁没有出过有很大影响的财主，所以看起来它不可能是财主晋商大家搞的设施。”

既然那么多著名的大晋商都没有在自己村子挖过地道，张壁村的那些小晋商们挖的可能性自然小了很多。线索再次中断了，郑广根决定再下一次地道，看是否能有新的发现。而对于缺氧的问题，他也找到了一个万全之策，那就是制作一个火把。

火把不仅可以照明，另一方面也可以用来观察地道里氧气的变化，防止出现危险。这让郑广根安心不少，因此这次下去后，走得就比以前深入了很多。渐渐地，他意识到地道的挖掘有过缜密的设计：洞壁上有一些小坑，像是用来放置油灯的。而每隔一段，就不时有一些房间出现，可能是休息或者存放物资的地方。

而地道的长度更是远远超出了他的预料，虽然很多地方已经坍塌，无法走进去深入考察，但仅仅是没有坍塌的部分，就已经走了足足一个多小时。

郑广根忽然发现，自己仿佛进入了一个迷宫，由于走得过于深入，已经找不到来时的路线，而地道又不断地出现许多新的分叉，有好几次，他都感觉面前的景象似曾相识，他在地道里迷路了。为火把准备的油料已经快用完了，越来越强的恐惧感占据了他的心头，难道自己永远都走不出去了吗？

忽然，他感觉到了一股风从脸上拂过，有风就说明前方很可能就是出口，他赶忙冲了过去。然而，站在洞口的一刹那，郑广根愣住了：他的前方就是十几米深的悬崖，这是什么地方呢？

郑广根进入暗道考察

郑广根在暗道中考察

后来经过多次辨认，郑广根终于认出了当时的那个洞口。洞口在村外的崖壁上，但是和他进去的那个入口在高度上相差了20多米，这让他一下子震惊了！这些洞口竟然都是相通的。村子的地下究竟还隐藏着多少秘密呢？

这个发现让郑广根吃惊不已，他没想到小时候看到的这些洞口不是随便挖出来的，跟整个张壁村里所有的建筑物完全是连通的，而且最高处和最低处的落差居然有几十米。感觉上这不是一个村子而是一个军事要塞。到底是什么人在这里花费了如此大的人力，来进行这么大的一个工程呢？

郑广根由此展开了长达二十多年的研究。

他最初以为，这很可能和抗日战争时期的地道战有关联，但据村里的老人回忆，地道的年代要远远早于抗战时期。

之后，郑广根又推测是明清时期张壁村在外经商的富人，也就是那些晋商，出于防御的目的修建了这些地道。但是，耗费巨资挖掘如此庞大的地下迷宫，如果仅仅是用来日常防御显然有点大材小用。

那么，到底是什么人挖掘了这些地道呢？这些线索中断之后，郑广根决定再次深入地道，寻找新的证据。

就在这次考察中，他意外发现了一个现象，在一些段落，地道罕见地出现了分层，最多处达到上下3层，各层之间可以通过天井和缓坡连通。张壁地道竟然是一座立体的地道！

这让郑广根感到非常惊讶，张壁村的民居基本都是平房，而在房子的下面居然有3层地道。村子的地下到底还隐藏着多少不为人知的秘密呢？

在数次往返地道的过程中，郑广根注意到了一个奇怪的现象，张壁这么小的一个村子竟然建有一圈围墙。在山西的一些古村落中，出于防御的目的，这种土坯围墙也经常发现，被称为堡墙。但是，像张壁村这样高大厚实的堡墙却非常罕见，修筑这种规格的堡墙，目的是为了什么呢？

郑广根："我发现堡墙的厚度、高度是和地道互相关联的，这些结构从百姓居住的空间的安全系数来说，是不需要的。"

虽然已经残破不全，但是残留的堡墙的高度仍然达到数十米，可见当年耗费了大量的人力物力。这个发现给专家提供了新的思路，他们推测，地上的堡墙和地下的地道很可能是同时修建的。

注意到堡墙之后，郑广根又注意到了一个被他忽略了的细节：张壁村的南边竟然建有两座堡门，从而围出了一个几百平方米的小空间，这是做什么用的呢？

这其实是一种典型的防御工事，名为瓮城。然而，在中国古代建筑中，这种瓮城一般只在重要的城池才会修筑，为什么在张壁这个小村子也会有呢？

柴泽俊："可以在瓮城的外墙上和敌人交锋，一旦失败就可以退到瓮城以内，还可以再抵御一下。"

顺着这个思路，郑广根再次发现，张壁村的内部格局也非常有特点，主街道的两侧是通往村民住宅的小巷子。在每个巷子口上都建有可以关闭的巷门把守，而在这第一道巷门之后很可能还会有第二道甚至第三道小巷门。

村子中留存下来的老房子也很有特点，给人的感觉都很封闭，建有高高的围墙。显然，整个村庄的设计非常有利于防守。但是，让郑广根疑惑的是，当年村子的设计者们如此严防死守，到底是出于什么考虑呢？

宋冬生（考古专家）："当敌人攻破堡门和瓮城后，就进入第二套体系，就是巷门；当攻破巷门以后，有由巷子和小巷子组成次巷门；当攻破次巷门以后，就进入院门；当攻破院门以后，院子里有地道口。"

当郑广根站到村外远眺村子的时候，他更加惊讶地发现，张壁村外的3个方向都是悬崖峭壁，只有一侧和外界相通，再加上高大的城墙和内部的设计，整体上就是一个易守难攻的堡垒。他逐渐意识到，张壁村地上地下的建筑很可能和军事有关。当年这里到底发生过什么呢?

侯清柏："古代在介休发生了很多次战争。介休在过去是军事战略要地。张壁古堡有可能在那时候作为抵御外患的一个军事基地。"

2006年，张壁村的地上建筑和地下地道一起被列为全国重点文物保护单位。相关部门决定，对地道进行大规模清理。由于没有相关的记载，要考证张壁村过去发生的事情非常艰难，因此大家都期待着能在这次清理中发现一些新的线索。

柴泽俊："我在20世纪70年代勘查的时候见到半个黑碗，一看上面的瓷是宋瓷，可惜就剩下半个了，说明宋代这个古堡就已经很完整了，人们就生活

错综复杂的地下暗道

郑广根在暗道中迷失方向

在这个环境中。”

然而，让研究者们有些失望的是，他们期待的新线索一直没有出现。不过，随着清理工作的进展，很多地道和出入口被相继打通，原来困扰他们的缺氧问题已经不再存在，而且还装上了电灯，这为他们进行更深入的考察提供了条件。

更多的人开始加入张壁地道的研究队伍，其中就有一位来自附近大型煤矿的地下巷道专家孙全林，他最感兴趣的就是张壁地道当年的设计和施工。在他看来，地下施工涉及很多关键的难点，特别是在遥远的古代，这种地下施工充满了未知和风险。

孙全林认为，挖掘地道本身难度不大，因为在黄土高原上，山崖上挖出窑洞居住的方法被普遍使用。黄土本身的特性和拱形的结构保证了它不易坍塌。但是，当时挖掘的时候是如何定向的呢？

这个问题让他有些困惑，直到发现了地道顶部一些裸露的石块，他才觉得自己找到了问题的答案。

在地道口所处的山崖上，孙全林曾经发现过一条带状的鹅卵石地层，而几乎所有的地道口都开在这个地层之下，正是这个地层为当年的挖掘者充当了参照物。

有了鹅卵石地层作为参照，再加上罗盘等传统测量工具，挖掘地道的难度大大降低。但是，这仅仅解决了初步的问题，地下施工还有一个关键的问题，那就是通风。经过清理后，地道内良好的通风条件让孙全林觉得非常奇怪，仅仅凭借现在已经清理出的几个出入口，这么大面积的地道是如何实现通风的呢？

据当地村民介绍，地道内有一口和地面连通的水井，这个说法引起了他的注意。仔细观察后，他发现这其实正是整个通风系统中最关键的通风井。

在清理过程中，一些非常隐蔽的地道口也被逐渐找到。清理工作初步完成之后，所有人都震惊了，仅仅是清理出来的地道长度就达到了 1 500 米以上，还有很多坍塌的部分出于安全原因没敢进行彻底清理。那么，张壁村的地道到底有多长呢？

郑广根：“离我们这古堡 5 华里远的龙凤镇龙凤村里有一个老人，叫纪增祥，他说在：文革，为了躲避武斗，他们曾经在村里钻进了地道。当时带他们进去的向导就是个老年人，他亲口对他们讲过，说那个地道口就是张壁古堡地道的一个口。”

张壁村规模如此庞大的地道是何时修建的呢？一个发现引起了郑广根的注意。在整修堡墙的过程中，工人们意外发现了一尊塑像，但是它的形象却和常见的各种塑像差别很大，这到底是谁的塑像呢？郑广根觉得，这很可能就是解开一系列谜团的关键线索。因为塑像所在的位置，竟然是村子北门附近的堡墙内部。

郑广根：“长期把它封闭在堡里，我们猜想，如果它坐的位置能够保护它，它可能就是镇堡之神了。因此，推断它应该与古堡的成型有关。”

他们赶忙把塑像的照片拿给文物专家专家柴泽俊进行鉴定。他们觉得，张壁的堡墙和地道很可能是同时修筑的，如果搞清了堡墙的年代，地道的年代自然也就水落石出了。

柴泽俊：“塑像的身材比较短，衣饰比较厚，穿的衣服不是薄纱的。如果是唐宋时期的东西，它应该是薄纱的；如果是元代的东西，元代塑像的身材比较长，面部两腮下部比较丰满。而这个像整个比较圆润，面形也比较短，身材也比较短，是典型的明代作品。”

虽然塑像的年代有了结论，但是专家觉得，这尊塑像也有可能是历代维修堡墙的时候才安放进去的，因此它的年代并不能作为断代的证据。线索再次中断了。

郑广根忽然想到了位于全村制高点上的可汗庙，他小时候曾经从那里爬进过地道。可汗庙里供奉着 3 尊塑像，让他印象最深刻的就是左侧的一个黑脸塑像，那个形象曾经让童年的郑广根非常害怕。

后来村里的老人告诉他，那个黑脸塑像就是贴在大门上的两个门神当中的一个，手持钢鞭的一代名将尉迟恭。想起童年的这段故事后，郑广根非常疑惑，尉迟恭在别处都是贴在门上的门神，为何在张壁村却把他供奉在了庙里呢？是他和这个村子有什么特殊的联系吗？

郑广根：“县志记载，刘武周拿下介休之后，曾经把介休的管理权交给尉迟敬德，《介休县志》里还有记载说‘城南有敬德垒’。”

隋朝末年，群雄并起，刘武周就是其中的一位反王，突厥曾经封他为定阳可汗。尉迟恭最初就是刘武周手下的大将，后来才归降了李唐王朝。由此推断，可汗庙里正中供着的很可能就是刘武周，而右侧的就是他的另一员大将宋金刚。

这个重大发现让研究者们非常兴奋，张壁的历史被拉到了群雄纷争的隋唐时期。翻阅了大量的历史资料后，他们发现，当年刘武周手下的尉迟恭和宋金刚这两员大将，曾经在介休与李世民有过一段旷日持久的大决战。虽然历史记载中没有提及张壁这个小村子，但是当时的主战场就在离此 5 公里左右的雀鼠谷，因此这场战争很可能与张壁发生过关系。

之后的情况散见于各种文字之中，有一种说法就是，尉迟恭一方兵败后开始逃窜，李世民派人追击了一段距离后，发现对方大队人马都神秘消失了，因此就有人认为，他们是钻进地道逃走了。张壁地道就是尉迟恭等人提前给自己挖掘的一条退路。当然，到目前为止，这仅仅是一个推测，还有众多的疑点。

而目前张壁地面上的绝大多数老建筑，都建成于明清时期，在那个晋商历史中最辉煌的时代，他们很可能也对地道进行过某种形式的利用，甚至是小规模的扩建。如今立体 3 层，绵延好几千米，宛如迷宫般的张壁地道也很可能是历代不断扩建的结果。至于它最初挖掘的年代，已经很难考证。

综合种种的证据来看，张壁村的地下大型建筑体系毫无疑问是跟军事有着密不可分的关系。也只有军事，才会促使人们肯花费如此大的人力物力，来修建这样一座地下军事要塞的。修建它的人到底是不是尉迟恭呢？恐怕还得留待后人继续考证。

（任超）

复原历史的人

曾经，各大网站文化新闻版都刊出过这样一条新闻：唐朝公主李倕借助颅面 3D 复原技术再现真容，根据描述，复原后的公主形神兼备。当时，唐朝公主容貌重生的报道铺天盖地。

新闻之所以受到如此关注，大半由于主人公是一位妙龄公主，而她生活的朝代，又刚好是古代女性地位最高的唐朝。公主名李倕，是唐玄宗李隆基的孙女。唐朝国力在开元年间达到鼎盛，出现了一个史无前例的盛世，史称开元盛世，而李倕就生活在这个令人艳羡的年代。然而，这位享尽荣华的公主命却不长，去世时只有 25 岁。

周明全（北京师范大学信息科学与技术学院院长）：“我不是一个艺术家，也不是一个刑侦专家，也不是解剖学家，只是一个计算机工作者，利用程序来完成。”

2000 年，老山汉墓女主人颅骨出土。为了弄清这位贵族女子的血统身世，考古部门借助公安侦破中广泛运用的雕塑法对这枚颅骨进行了复原。这要求复原者既要掌握雕塑技术又懂解剖原理，换句话说，复原面貌是一件专业技术性很强的工作。

周明全是中国最早进行计算机研究的学者，当大多数中国人还不知道计算机为何物的时候，他已

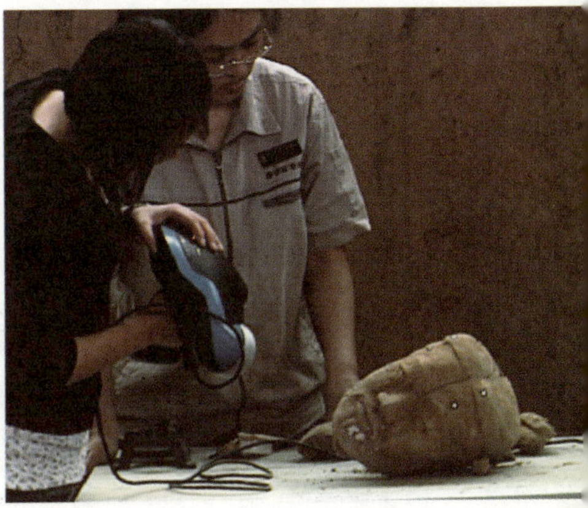

西北大学的计算机专家在扫描残缺的兵马俑

经开始计算机应用研究。

周明全："我从20世纪70年代就开始搞计算机了，现在算起来已经有近四十年的时间了。"

然而在他的办公室，人们首先看到的并不是实验设备，而是各种色泽温润的瓷片，或者是纹理清晰的汉瓦当。很显然，这位研究计算机的教授对文物情有独钟。那么，周明全是如何跟考古结缘的呢？

周明全："我的老家在临潼秦始皇兵马俑旁边，从小耳濡目染，父辈们经常给我讲一些关于临潼附近文物的故事，像后羿射日、女娲补天、鸿门宴等，这些故事都给我留下了很大的影响。"

在文博界，素有"地下文物看陕西"的说法。陕西古称秦地，是中华文明的发祥地，而省会西安更是以13朝都城而闻名于世。在这里生活的人们与历史及文物之间，似乎有一种天然的亲密感。

1974年3月，西安临潼西杨村村民抗旱打井，意外发现日后举世瞩目的秦始皇陵兵马俑坑，从此拉开了秦俑发掘修复的漫长过程。时至今日，这一工作仍在继续。从法国留学回来的周明全，首次目睹了秦俑修复的全过程。

周明全："当时，秦始皇兵马俑博物馆请我去开会，开完会以后张仲一馆长就请我去参观，当时我看到了复原文物的过程。"

20世纪90年代之前，实际发掘出土的兵马俑在3 000个以上，但展出的只是其中的三分之一。这是因为出土的兵马俑大部分都有破损，有的已经四分五裂看不出原样，有的甚至是几个兵马俑的碎片掺杂在一起，因此拼对工作异常艰难。

周明全喜欢考古，图为他在整理碎瓷片

周明全："复原的过程确实很复杂。"

按照工作人员的说法，要复原一个损坏程度中等的兵马俑，起码要5

个人用半个月时间才能完成，而破损兵马俑数量巨大。照这个效率，恐怕要上百年才能完工。周明全决定，尝试用计算机可视化图形技术来复原兵马俑。

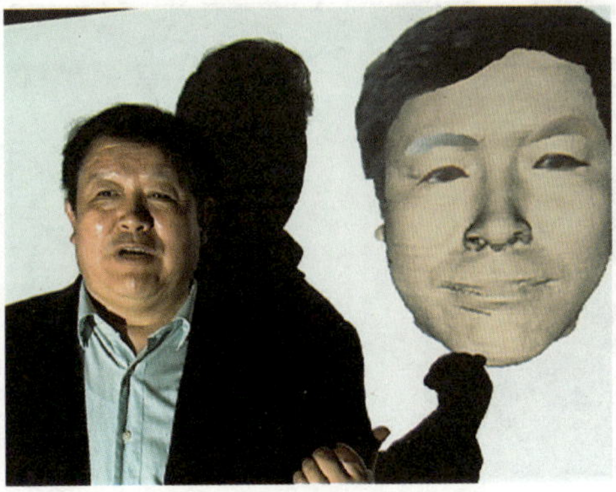
周明全与自己的计算机复原像站在一起

周明全："我就想使用计算机把每一个碎片的边沿轮廓线输入计算机，让计算机自动拼合。"

但是，周明全在文物复原方面毕竟是外行，对于能不能把计算机可视化图形技术用在兵马俑修复当中，他没有把握。于是，他想到了同在西北大学工作的考古专家王建新。王建新在兵马俑的研究方面颇有建树，然而，王建新了解周明全的想法后，却有不同看法。

王建新："用计算机模拟复原文物，十几年前我在国外的时候就听说过，一些考古学家和科学家们想把这个事情搞起来，但是我没听说他们成功。"

王建新的疑虑并没有打消周明全的念头，他从兵马俑的残片中，选择了几十块进行扫描，得到了这些碎片的扫描图像，再利用计算机分析图像上兵马俑残片的断裂面特征点，然后把这些点连成曲线，进行相互匹配。

就这样，周明全居然成功拼出一个由 8 块碎片构成的将军头。

利用计算机的优势，以前 5 个人用半个月才能做完的工作，现在只需要几十分钟就能完成，这次成功给了周明全灵感。从此，他开始进行利用虚拟技术修复和保护文物的研究。

之后，周明全从西北大学调往北京师范大学信息科学与技术学院工作。不久，周明全接到家乡打来的电话，陕西省考古研究院的文物复原专家杨军昌想请周明全做一件棘手的事情。

时间回到 2001 年，陕西省考古研究院在西安东郊一座大学新校区基建工地上，发现了一处大型墓葬群，共清理出汉、唐、宋、元、明、清墓葬 182 座，其中绝大多数是唐朝墓葬。

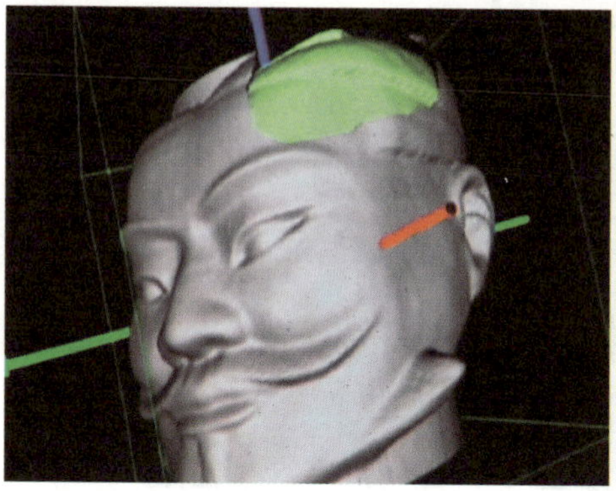

通过计算机复原兵马俑的将军头

西安兵马俑博物馆的馆藏残缺俑头

杨军昌："最大的一个墓葬，是李倕墓。在进一步考古发掘的时候，在李倕的身上和头部发现了一些很小的饰件。"

考古人员经过仔细清理发现，这些小饰件是墓主人头冠的部件，它们几乎用上了唐朝所有的金属材料和装饰物。

周明全："号称是史上唯一的一个最辉煌的公主皇冠被发现了。"

杨军昌："在中亚一带，这样完整的头饰也是不多见的。"

紧接着，考古人员又发现一枚头骨。这枚头骨和金冠同时出现，引起众人对墓主人容貌的猜想。1 200 年前的唐朝公主，真容是什么样子呢？

由于颅骨和头冠出土时都非常脆弱，因此考古人员用石膏连泥带文物一起固定后，带回实验室清理。这时候杨军昌发现了问题：包裹着石膏的颅骨怎么复原呢？

周明全："计算机考古的一个好处就是方便，拿 CT 扫描，连土都不用取掉，因为 CT 机只取颅骨，连颅骨肌肉都能分清楚，那么土和骨头肯定也能分清楚。"

不仅如此，颅骨出土时没有下颌骨，这会不会影响到复原的准确度？

1895 年，人们为音乐家巴赫迁墓，却发现巴赫的遗骸混在许多白骨中，无法辨认，于是选出一个可能性最大的颅骨交给解剖学教授黑斯鉴定。黑斯用实验测出欧洲人种男性面部 15 个点的软组织厚度，并把数据和颅骨交给雕塑家塞芬尔，请他用这些数据在颅骨上塑像。而这时黑斯并没有告诉塞芬尔颅骨属于谁，结果，塞芬尔得到一尊与巴赫非常相似的塑像，这是世界上首次尝试用科学方法复原颅骨生前面貌。

但是，塞芬尔根据颅骨复原巴赫容貌时，距离巴赫去世的时间并不长，李倕则生活在距今 1 200 年前，这么长的历史周期，头骨与面容的关系难道不会变化吗？

对公主李倕面貌的复原，其实是以现代人的颅骨数据为基础，推导出各种年龄段、各地区人群的颅骨和面貌间关系，从而形成一个庞大的数据库，再把公主颅骨数据与相应年龄地区的样本数据比对，并进行匹配计算得来。所以，数据库中样本的多少，直接关系到复原的相似程度。

由于公主李倕的死亡年龄是25岁，因此复原必须采用25岁人群的颅骨数据。但是在建数据库时，这个年龄段的颅骨数据积累并不多。

25 岁左右，到哪去找这个年龄段的数据呢？这个问题不仅困扰着实验室的同学们，也困扰着周明全。找不到合适的数据，周明全决定把事情先放一放。这天，正是晚餐时间，学校里人头攒动，周明全不得不费力地穿过食堂里穿梭来往的学生们。此刻，周明全突然意识到，研究生的年龄都是 25 岁上下，这不正是公主李倕死亡时的年龄吗？

周明全所在的信息与技术学院有硕士和博士生上百人，他们不仅都在同一个实验室工作，而且年龄相仿，为什么不发动自己的研究生做志愿者采集头骨 CT 数据呢？想到这里，周明全赶紧返回实验室。

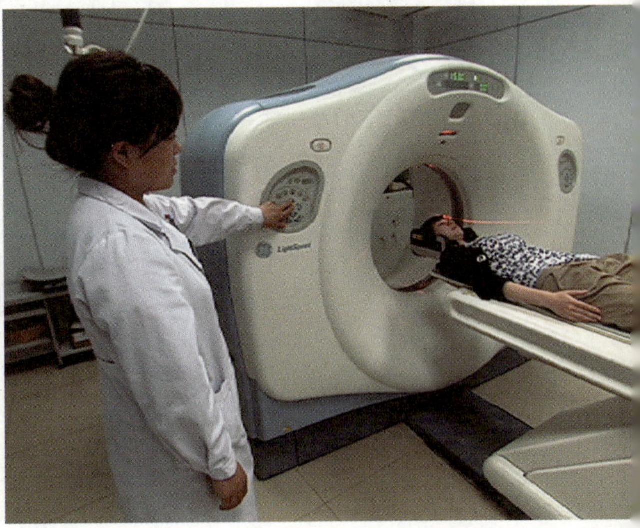

北京师范大学的志愿者在医院进行头骨扫描

找到了志愿者，周明全又很快联系到一家医院。在这里，通过 CT 和 3D 扫描，志愿者的数据很快采集完成。下一步，就可以根据数据库比对，进行面貌复原了。而在给志愿者做扫描的同时，周明全给自己也做了头骨的 CT 扫描。这时候，周明全并不急于进行公主的颅骨复原，他要先做一个试验。

他复原了一个自己，并请几位同事来评判。然而，大家议论半天得出的结论却让周明全感到失望。

周明全："同事们看完以后都说不太像。"

其实，周明全自己也觉得复原图与实际面貌有差距。这是怎么回事？周明全和同事们反复讨论和比对，却并没有发现任何疏漏。难道是程序设计有问题吗？

周明全："后来我知道是什么问题。因为我们用的同学都是二十多岁的年轻人，所以复原出来的是二十多岁的我。我回家翻出一张我 20 岁时的照片。第二天，我把这张照片和复原像同时出示给同事们，这一次，得到了大家的一致

周明全与同事参观西北大学的一家博物馆

肯定。”

经过一系列的前期准备，公主的容貌复原正式开始了。

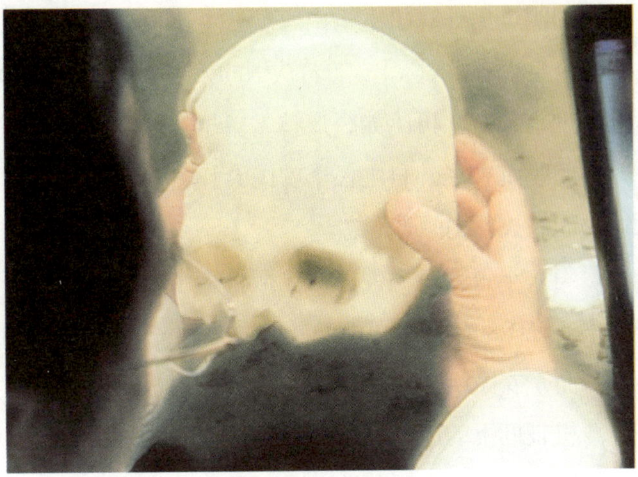

医院的大夫为患者讲解计算机复原头骨的原理

由于公主颅骨出土时下颌骨缺损，所以实验室的团队首先根据遗留牙齿的结构和骨间关系，通过数据库比对，找到符合条件的下颌骨。

紧接着，他们利用25岁女性颅面关系数据库，计算出李倕面部软组织分布数据，并通过软件生长出软组织和面皮。随着工作人员的一步步操作，李倕的三维面貌渐渐浮现出来。

周明全：“一看就是公主，她绝不是一个村姑，也不是小家碧玉。”

随后，工作人员又从五官数据库为公主找到了相匹配的五官。

最后，复原小组把采集来的头冠饰件重新组合，在电脑中虚拟出一顶金珠玉翠的公主头冠。在复原团队的努力下，一位头戴金冠、神情高贵的公主出现在计算机屏幕上。

但这时周明全并没有急于向外界公布消息。

周明全：“我们要对自己的工作做一个评价，像还是不像。”

因为有过此前复制自己的教训，为稳妥起见，周明全找来唐朝壁画和图片跟复原图比对。唐朝，女子的自主意识达到了空前的高度，那种从内而外散发出的自信、活力和闲适，是唐朝女子所独有的神态。此外，唐朝的审美观念也与众不同，唐人崇尚的乃是丰腴之美。

周明全：“陕西人评价一个女娃娃长得好时，经常这样形容：脸若银盘，面若明月。这个评价标准，实际上是沿袭了唐朝的评价标准。”

周明全用计算机重构出唐朝公主李倕的三维容貌，使人们在千年之后还能一睹公主真容。实际上，随着认识的发展，颅面复原技术有越来越多的应用前景，比如刑事侦查，再比如医疗技术。早在8年前，周明全就与中国人民解放军第三〇四医院神经外科主任李安民合作，尝试使用计算机颅面复原技术，为颅骨缺损的病人重构颅骨形态。

病人小张因车祸失去右侧颞骨。由于没有颅骨保护，他的脑组织暴露在表皮下，轻微的碰撞就可能危及生命，唯一的办法就是修补颅骨。

而李安民所采用的技术，正是周明全研发的计算机辅助下的颅骨复原术。计算机辅助下的颅骨成型技术，这个陌生的名词让小张感到害怕。于是，李安民打算让他亲眼看看自己的颅骨。

对于小张来说，一个大活人能看到自己的颅骨长什么样，恐怕是毕生难忘的经历。

通过计算机直观的演示，小张明白了手术原理。经过计算机辅助下的颅骨修复手术，小张的头部形状将恢复到出事前的样子，他可以不必生活在外貌残缺的阴影之下，而这也是周明全最想看到的一幕。周明全获得国家科技进步二等奖。但他对颅骨复原技术的研究仍然继续，并将投入更广泛的应用。

（潘婷婷）

会发光的土

深夜，土地闪现神秘亮光，无端猜测令村民惶恐不安。究竟是什么原因导致土壤发光呢？

张根生是河南省扶沟县屯民庄的一个村民。每天，他都坚持做一项特殊的工作，那就是义务修整村口边的小路。

每当夜幕降临，张根生就开始干活了。一天，他像往常一样正在修整一块公路边的小路，可是，就在他翻动土地的时候，看见了一个奇怪的现象。

张根生赶紧凑近仔细观察，他看见土里闪闪地冒着亮光，而且越翻动土壤就越多，就像散落的星星。没过一会儿，亮点慢慢地消失了。起初，张根生还以为是天黑自己眼睛花了，可是，当他反复翻土的时候，地上又出现了一片光斑。

发光的土

张根生："那些光斑一瞬间自动浮出，消失了之后三五分钟又开始浮动。"

突然出现的亮光让张根生非常好奇。究竟是什么东西发出的怪光呢？这个怪异的现象让张根生百思不得其解。

第二天，心存疑惑的张根生又来到这个发光的地方，可是无论怎么翻动，跟其他路面相比，却并没有什么异常情况。

随后，接连着好多天，张根生在夜晚修路的时候，都看到了这种发光的现象。这看似平常的土地一到晚上，就会出现星星点点的亮光，忽明忽暗，断断续续。

不仅如此，此后，张根生在村里其他地方修路的时候，同样发现了这种现象。这让张根生更加疑惑了，土地里频繁出现亮光，究竟意味着什么呢？

村里有土地能发光，这件怪事很快就在村里传开了。很多人都好奇地来到这里，想亲眼见见发光土的奇特之处。随后，村里出现亮光的事也被传得神乎其神。有人说是有文物或有金属，有的说是鬼火，小孩子被吓得不敢出门。

究竟是什么原因让土壤莫名其妙发出亮光呢？

村民："我们都看见了，明晃晃的，跟圆豆一样大，像火星一样一闪一闪的。不闪了，一扒拉土就又亮了，下着雨或者地湿时候也会发亮。"

提起土壤发光的现象，附近的村民都知道。可是，究竟是为什么会发光呢？村民们都非常好奇。因为发光地点的周围都是坟地，而且亮光在夜晚闪现时断断续续，持续时间非常短，所以，村民开始怀疑土壤发光跟鬼火有关。

张根生立刻向扶沟县博物馆反映了情况，地下会不会有什么宝贝或者是文物之类的东西呢？李运宽和同事带着考古专用的洛阳铲，在发光地点挖了起来。

张根生："钻探了以后，没有发现文物、古墓葬，或者古文化遗址等。"

勘探结果显示，在地下并没有出现文物或者宝藏。那么，平常的土地怎么可能无缘无故地发出离奇的怪光呢？因为原因不明，很多人开始把一些无法解释的现象，和土壤发光联系到一起。

张根生："有些发光带的植物全都死掉了，说明这些发光体对人的身体有一定的伤害，我们一直很担心。"

究竟什么原因导致土壤发光？会不会真的对人的身体有什么伤害？

土壤里的亮点一般在十几秒后就逐渐变淡，很快地消失掉。翻动土壤，又会有新的亮光发出，像夜光表盘里的数字那样，发出绿中带蓝的光泽，很像是磷发出的光亮。

为什么会出现这种奇特的亮光呢？工作人员将发光土壤带到郑州，找到了河南省农业大学土壤专业的老师，请他们帮忙分析土壤发光的原因。听了工作人员的描述，专家首先否定了磷发光的可能性。

专家用洛阳铲挖掘发光土壤

刘老师（河南省农业大学土壤专业老师）：“因为磷在自然界燃点比较低，它只能在夜晚发光，而且磷的发光现象和漂浮不定的现象是不同的。我们就把磷的原因进行了排除，另外一个就是土壤矿物的因素。”

丁莉（河南省农业大学土壤专业老师）：“这些土会发光，首先让人想到一些矿物，像磷质的或者是一些萤石类的东西。”

丁老师介绍说，很多矿物，比如方解石、云母等在一定光线下，通过光的反射和折射，经常会出现发光的现象。可是，随后丁老师又否定了这个说法。

方解石和云母在太阳光下通过光照反射、折射之类的会发光，但是在夜晚的话，这些矿物一般来说不会发光。

因为土壤里的光亮是绿色的，很有可能是荧光。丁老师把采集的土样放在荧光检测仪中，进行观察。

丁莉：“我们后来就想到会不会是含磷的矿物磷灰石和萤石矿物这两种物质的结合。萤石一般是以氟化钙为主。磷灰石和萤石矿物原来都曾经出现过夜间发光的现象，并且分为灵光性和荧光性。”

萤石，也就是氟化钙矿物，吸收光线之后，在夜晚就会放出荧光。那么，土壤里会不会有细小的萤石矿物存在呢？可奇怪的是，在荧光仪下，丁老师却并没有看见发光现象，这是为什么呢？

专家到现场，了解当地土壤的情况。专家发现，当地的土壤非常潮湿，而且氟的含量非常高。

专家：“当地土壤中的碳酸盐、碳酸钙和地下水氟离子含量都比较高，而且土壤是沙质潮土，由于水分的运动，氟离子聚集在土表，氟离子与钙离子结合可能形成氟化钙的晶核。它可能就具有一种发光的特性。”

晚上7点，专家们再一次来到了发光的地点。

在草丛里，不断有光亮出现，路面上、壕沟里很多地方都出现了发光的现象。

专家：“不是连续地发亮，有时候就亮一阵子，然后突然熄灭，用手捂着再放开的时候，又会发亮。”

在亮光处用手摸几下，发光的面积会越变越大，可是几秒钟过后就慢慢变暗直到消失。

只有对土壤进行猛烈搅动，亮光才会再一次出现。这是怎么回事呢？

很快，专家发现土壤中的一些小颗粒在放光。这是什么？会不会就是那些细小的萤石矿物呢？

专家赶紧对亮光进行采集。

专家：“采回去做一下岩性的分析，看里边都含有哪些矿物。特别对一些微量的元素做一下矿物的全分析，侧重点是对含磷矿物，比如磷灰石矿物、氟化钙矿物和萤石矿物作些具体的分析。”

专家用显微镜查看发光土壤

发光土壤

回到郑州后，丁老师立刻把采集的土壤样品放到高倍放大镜下，仔细查找，希望能找到萤石等发光矿物。

在高倍放大镜下，丁莉并没有观察到有发光矿物的存在。那么，土壤化学成分的分析检测结果又是如何呢？

科长：“通过我们的检测，在土壤样品里没有检测出氟化钙矿物，因此可以说氟化钙发光的这种可能性基本可以排除。”

那么，究竟是什么在发光？土壤中还有什么物质可以发出光芒呢？经过对现场的了解，专家有了一个大胆的猜测。

专家：“我们在地上跺下脚，就可以看到发光物体，这符合动物的行为。给它振动一下，它就发光，因此发光是动物本身能够控制的，而不是分泌到体外的，一旦这个东西分泌到体外就不属于它自身能够控制的系统了。但是，我们又看不到这个生物，这很可能是土壤中的微小生物。”

专家了解当地土壤情况

专家查看当地土壤情况

很多生物都存在发光的现象，最典型的生物发光现象就是萤火虫。在萤火虫的尾部有很多发光细胞，荧光就是通过这些发光器发出的。这是一种冷光源，起到招呼同伴、引诱猎物的作用。

尤其是一些海洋生物，为了保护自己或者吸引异性，它们会经常不断地发出明亮的荧光。

而且，在一些发光生物的体内，还有很多发光细菌等微生物存在。那么，扶沟的发光土壤里会不会也含有某种发光生物呢？

郑州大学生物工程系的吴健教授对发光微生物有着多年的研究，吴教授发现土壤样品里面有很多植物腐败的残渣，存在微生物的条件是具备的。但究竟有没有发光的微生物存在呢？

吴教授对土样里的细菌成分进行了培养，结果，没有找到任何发光细菌。

这就排除了发光细菌的可能。

此后，吴健还多次去现场采集土样，并对土样进行检测分离。

土壤里到底有什么发光生物呢？

吴健：“我发现在能找到亮点的地方周围一定能找到一条蚯蚓，而且那里的土样被人摸到就会发亮，这就是蚯蚓身上分泌出来的黏液发生的反应。”

吴健在发光土中找出了多条非常细小的蚯蚓。那么，蚯蚓为什么会发出荧光呢？

吴健：“这是因为蚯蚓分泌的黏液在酶的催化作用下，会产生一种荧光素而发光，但是时间很短、很快，半分钟左右就消失了。”

专家记者查看发光土壤

发光的蚯蚓

当蚯蚓身上分泌出黏液后，黏液就跟土壤混在一起，因为蚯蚓的不断运动，黏液所接触到的地方就会发出微弱的蓝光。很快，黏液到处都是，就会形成无数个光斑，非常像是土壤在发光。因此，才会造成一种土壤发光的错觉。

当翻动土壤的时候，蚯蚓在土壤中受到刺激就会缩成一团，同时分泌出带荧光的物质。与空气接触后，就会发出荧光。刺激不断，分泌的荧光物质就会不断产生，发光的点会越来越多，而分泌物氧化以后就会消失。为此，出现的光亮会不停地变化，一会儿亮一会儿暗。

可是，让人难以理解的是，蚯蚓在冬天是不可能存活的，为什么在冬天也会发光呢？

王代长（农大教授）：“蚯蚓分泌的一些荧光素或荧光素酶，在能量的作用下就可以发出荧光，蚯蚓死后，分泌物在土壤中依然大量存在。即使到冬天，这些分泌物也不会消失，被人扰动后，在荧光素酶的作用下，它依然可以发出荧光。”

（李慧）

魔鬼路段

罗富高速者桑路段，被称为“魔鬼路段”。一辆危险化学品货车又在这里翻车，33.6 吨的粗酚流入了者桑河，而就在下游 26 千米处，是存储着上百万人饮用水的百色水利枢纽。危急时刻，人们真的来得及净化污水吗？

6 月 7 日凌晨 5 时许，罗富高速者桑路段一辆装载危险化学品的重型罐式货车在晨光中驶来。广播里说，今天晴转大雨。经历了 12 个小时的颠簸，年轻的副驾驶和押运员已经昏昏睡去。大货车七拐八绕，终于开到了山顶，前方视野良好，司机揪着的心放宽许多。

远处的天边出现了鱼肚白，车在不知不觉中加速，司机下意识地把脚踩向刹车，车一蹿一蹿地在减速，熟睡中的两位也突然惊醒。

不远处出现了避险车道，车速太快，此时如果强打方向，车辆就会侧翻，司机犹豫一下，死死地握紧了方向盘，大货车呼啸着冲进了隧道。

前方出现了左向弯道，此时踩着刹车的脚已然无用，悲剧发生了。

事故现场

木材厂老板：“翻下来就‘哐’的一声，动静好大。味道扩散到整个厂区，很难闻。当时，我们坐在下面的食堂，闻到味道后大家就跑出来打电话报警了。”

在车水马龙的罗富高速下方是者桑河，据说以前水流清澈见底，它是沿河上万人赖以生存的河流，更是百色水利枢纽的水源河。

车祸现场十分惨烈，驾驶室 3 人当场死亡，巨大的罐体破裂，危险化学品顺着高速公路的排水沟流入者桑河。

浓浓的刺鼻的气味在空气中弥漫着。交警在事故现场设置了警戒线，并对道路进行了封锁。出事车辆已经分成了 3 个部分，油罐已经滚落在高速公路的路坎下面。在槽车罐体滚落的地方，草和树木由于受液体的浸泡已经枯死。而渗漏的液体，又顺着高速公路的排水沟流入者桑河中，河水变成了红色，并出现许多泡沫。

事故现场变形的车头

衡昆高速从云南到广西连续下行十几公里的路段，由于事故频发，被人称为魔鬼路段。

泄漏的危险化学品到底是什么呢？消防官兵试图通过焚烧和气味来判断，但没有结果。应急预案已经启动，在去往者桑河沿线视察的车上，王毅的电话一直没断过。

王毅（云南省富宁县县长）：“你们先采取措施，撒些石灰。动作要快！”

者桑河在静静地流淌。事故逐级上报，党中央和国务院高度重视，而污染源到底是什么成了眼下最紧要的问题。

王毅：“驾驶室 3 个人都死掉了，在他们身上也找不到出事的细节证明。我们想方设法在他们身上找出一些东西来，但当时死者的皮肤已经全部烧烂了。”

散落在地上的车牌成了唯一的线索。经过多方查询，肇事车辆的情况终于核实了。是从云南开远市去往江西萍乡市，核定载重 20 吨，实际装载了 33.6 吨危险化学品，泄漏的是危险化学品——粗酚。

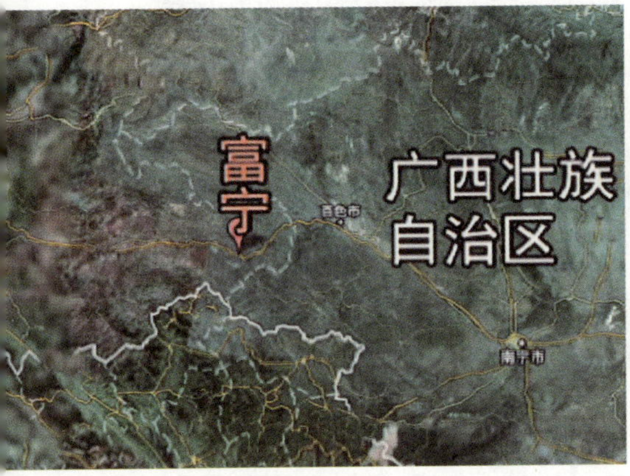

富宁县的地理位置

泄漏的粗酚已导致树木枯萎发黑

粗酚是一种化工原料，多用于合成纤维、农业等方面，它主要含有苯酚、甲酚之类的物质，并且可以溶于水。这种物质一旦沾染到人的皮肤表面积达到 25%，10 分钟左右就可能导致死亡。当时出事的地方就是者桑河，如此大量的粗酚全部流入水源，后果不堪设想。

北京化工大学设有专门的环境科学与工程技术中心，对于水污染控制也有专门的研究人员。胡翔副教授主要从事污水处理工程、环境污染模拟等方面的教学与科研工作。

胡翔："天然水体中间酚的浓度到一定程度以后，它可能对自然界中的生物产生一定影响。一般来讲，水中间苯酚的浓度大概 0.1 ~ 0.2 mg/L 的时候，鱼就会发臭，这种鱼就不能再食用了。对人类来讲，能够忍耐的最大致死浓度大概是每千克（千克）体重 530 毫克。比如，50 千克（千克）体重，每 1 千克（千克）对应是 530 毫克，乘以 50，大概 26.5 克，就会死亡。"

不多一会儿，者桑河沿线的村庄，大喇叭开始广播。

富宁县者桑乡村主任："广播一通知，大家心里面就都慌了，担心会不会马上中毒。"

上千名民兵和村民闻讯赶来，选择河面开阔地带设置石灰坝，拉来了自家的稻草投入水中。抢险指挥部迅速调运 100 多吨石灰粉、30 吨活性炭、2 吨漂白粉，设置了 8 道石灰截污坝和 1 道活性炭截污坝。为了提高拦截效率，现场还调来了大型工程机械。那么，到底多少小时之后污水会到达百色水利枢纽呢？

当地百姓往河道中倾倒生石灰

当地百姓组织抢险物资

陆有能（云南省富宁县水务局水勘队副队长）："污染点离百色水库有 26 千米，当时测的流速是 0.7 米 / 秒，根据这个流速，我们测算下来也就 10 个小时，在没有拦堵措施情况下就达到库区了。必须在这个时段内进行拦堵，一旦流到库区后果不堪设想。"

应急事件丝毫没有打破富宁县城安逸的氛围，而几十千米外的人们争分夺秒地设置一个个截污坝。10 个小时像一把利剑悬在了人们头顶，一分一秒，水流无情。而此时天公却不作美，大雨又不期而至。

王毅：“我们想不到它会造成这么大的危害，需要投入这么大的物力，而当时我们仅仅有一点点活性炭，大量的物资是从省内省外调来的。知道哪里有信息，哪里有货物，半夜把人家叫醒要来活性炭。有些人听说后很支持，有的趁此机会把价格抬高。但我们也想不了那么多了，价钱对于下游的老百姓生命财产安全来讲，是小事了，所以不管它抬高多少钱我们都把它买过来了。”

为了在 10 个小时内把污水控制在富宁县境内，指挥部迫不得已采用分流策略，尽可能多地调集抽水机，选择空旷地段将被污染的河水抽到缓坡地带，利用土地吸附。截污工作基本成功后，为了加大吸附降解污染的力度，决定在原来设置的9道拦河截污坝的基础上，在10日早上10点之前，再新建3道活性炭坝，这个任务给全体抢险人员带来了严峻的考验。虽然时间紧任务重，但是抢险人员克服了重重困难，昼夜奋战在 3 道活性炭坝的筑坝工地上。仅这一天，富宁县已累计出动 3 215 人次，投入石灰 301.5 吨、活性炭 135 吨、转移污染物 350 吨。

富宁县政府组织围截污染物向下游扩散

要建活性炭坝，就需要先用水泥预制管道搭建支架。这时，挖掘机、吊车派上了用场，没多长时间，者桑河上架起了水泥拱桥，只等活性炭到位了。云桂两地采取应急措施，100 余吨活性炭迅速从昆明、南宁、北海等地调运而来。在这关键时刻，解放军文山壮族苗族自治州某部出动了 140 余名官兵，参与到筑坝工作中来。在场的工作人员心中都有一个疑问，难道活性炭坝真会比石灰坝还要好吗？它真的能吸附粗酚，将污水彻底净化么？

苯酚是粗酚的主要成分，在常温下是无色晶体，温度高于 65℃时，能跟水以任意比例互溶。苯酚浓度 100 mg/L，水样体积 250 毫升，加入粉末活性炭 400 毫克，常温下震荡反应 30 分钟，苯酚的去除率可达 90% 以上，如果增加活性炭投入量和反应时间，苯酚的去除率可接近 100%。利用活性炭吸附苯酚，是净化污水的最佳方法之一。

12 道石灰坝、活性炭坝矗立在者桑河中，将 26 千米的河道分割成一段段的。

此时，不远处的百色水利枢纽一切正常，风平浪静。来自云南和广西的环境监测人员在沿线建立了 8 个监测点，24 小时不间断采样监测着污染水流。

哪道坝的水过滤以后达到了什么水平，是否该换活性炭了，这些实时的监测数据是最好的决策依据。吸附降解工作按部就班地开展着，采集的样品也从棕红色渐渐转变为绿色。

农恩良（云南省富宁县环境保护局环境监测站站长）：“到第三道坝就开始有变清的迹象了，随着时间的推移，它有稀释的作用，水就慢慢地好转了。经过几道坝吸附以后，也去除了相当一部分的污染物。”

这神奇的活性炭诞生于 1900 年，成名于 20 世纪的第一次世界大战，它被大量用于制造防毒面具。活性炭强大的吸附性能源于其独特的内部构造，活性炭内部有发达的孔隙构造，每克活性炭的比表面积可达到 500 ～ 1 700 平方米，也就相当于 1 ～ 4 个篮球场那么大。正是这种独特的内部构造，使得活性炭具有了优异的吸附能力。

第四道堤坝

除了吸附降解，工作人员还在污染源头将渗透出来的残留粗酚用瓢舀出装罐，运往指定地点进行科学处置。泄漏事故发生后，抢险指挥部决定在 15 千米外建立临时取水点，集中对周边村寨群众送水，保证人民群众正常的生活用水。在云南与广西交界处的出境段面，始终没有检测出粗酚污染物。

抢建堤坝

在各项指标连续多日达标后，者桑河沿线的供水禁令终于解除，这标志着这一事件已经得到了妥善处置，

消防车保障当地居民饮水

频繁参与救援的消防车辆

百色水利枢纽没有受到丝毫影响。谈到这次应急救援，王毅感慨颇多。

王毅：“那时候我们动员人来帮忙，没有谈什么报酬，只是说污染物要下来了，一定要把它堵住。接着，民兵应急分队来了，部队官兵来了，好多老百姓也都匆匆赶来帮忙，让我很感动。”

这起重大的危险品泄漏事件是怎样发生的呢？

车辆严重超载，核定载重 22 吨，实际载重 33.6 吨；连续下坡，制动失灵，车辆严重超速，事故发生时的车速不低于 146 千米 / 小时；车辆失控，转弯不及，车头撞到护栏，罐体泄漏，车体分解，车头和车体惯性侧翻滑向前方，罐体在撞到车头后转向，甩到高速公路下方的木材厂。

往来于事故频发路段的大型货车

在云南省富宁高速公路交巡警大队，人们看到一个图表，密密麻麻的数据柱高耸着。

李洪文（云南省富宁高速公路交巡警大队副

大队长）：“这些数据有些是表示简易程序处理的事故，有些表示一般程序处理的事故和死亡人数。”

这次隐患整改，最重要的措施是在事发地点前，新建了 3 号避险车道。

罗富高速位于云南省文山州，是进出云南东部的主干线，通车 1 233 天中，共发生 889 起道路交通事故，高速公路封闭率为 34%，死亡 121 人，经济损失 5.47 亿元；其中出云南的者桑段有一段 12 千米的长下坡，被许多媒体称为“魔鬼路段”：在这个范围内，发生交通事故 629 起，死亡 105 人，经济损失竟高达 4.58 亿元。这一连串触目惊心的数字背后满是血和泪。

监控录像中的事故瞬间（一

人们发现，肇事车基本上都是大货车。人们不禁要问，是什么原因导致了如此多的悲剧发生呢？

李洪文：“刹车失灵是事故频发的最直接原因。而刹车失灵的原因是刹车片发热后，摩擦系数下降，进而引发制动功能丧失。为了预防此类事故，许多大货车都自己加装了刹车喷淋系统，对刹车片进行强制降温。公路沿途设置了几个休息加水站，刹车喷淋系统真的能预防事故发生吗？”

广西籍司机：“重要，这个加水站没有水我们都不敢跑。如果车跑得快，刹车鼓没有淋水的话，不加水一定会发热，一发热就刹不住车。”

安徽籍司机：“主要是那个下坡太陡。因为这是山区的路，没有其他办法，路只能修成这样。”

监控录像中的事故瞬间（二）

但有专家指出：“喷淋制动的效果虽然明显，但也容易造成安全隐患，特别在北方，冬季不能采用，

否则会造成滑溜事故。而者桑路段隧道中湿滑的罪魁祸首就是喷淋制动，它间接引发了多起交通事故。”

行驶在传说的“魔鬼路段”上，沿途会看到很多独特的提示牌，甚至还有事故车头。

关于长下坡及长下坡坡度的提示牌很多，难道这连续的长下坡就是事故频发的幕后黑手吗？

谢登聪（云南省富宁高速公路交巡警大队民警）：“从最高到最低可能落差有四五百米。在隧道里面出事故的情况也集中在最下边。如果驾驶员不注意的话，一开始他觉得坡度不是很陡，所以开得比较快，然后慢慢地他就刹不住车了，所以到坡底经常会发生事故。”

交通部公路科学研究院曾做了个罗富高速安全性评价报告。报告显示，这个地方的纵坡比达到了6%，即往下走100米，海拔就会下降6米。这种情况是非常容易出事故的，但当初为什么会如此设计呢？

周荣贵（交通部公路科学研究院研究员）：“公路技术标准和路面设计规范对最大纵坡坡度的规定是，对于高速公路，从120千米/小时到60千米/小时这个范围区间，最大纵坡从3%到6%。但是对于云贵川地区，规范实际上还开了一个口子，就是在辅助说明里：对于复杂地区，经过技术经济论证，最大纵坡还可以放宽1%，也就是说，对于60千米/小时的高速，最大纵坡可以放到7%。”

但是罗富高速公路，还是按照最大纵坡6%来控制的，所以它从纵断面设计角度，是完全符合我

动画模拟的罐体倾覆瞬间

们现行的公路工程技术标准和路面设计规范的相关规定的。

罗富高速安全性评价报告中称：由于地形条件限制，局部路段的指标采用了规范的低限值，连续长下坡平均纵坡为 4.517%，平行指标大于规范规定的一般值要求。如果道路不是刹车失灵的幕后黑手，那还会有其他原因吗？

粗酚泄漏事件中，肇事车辆核定载重 22 吨，实际载重 33.6 吨，事故发生时车速不低于 146 千米 / 小时。不难看出，车辆超载超速成为了事故频发的重要因素。

当地高速交警改建增建的避险车道

李洪文：“我们的民警都有一个体会，下雨和雾天是不会发生事故的，因为在恶劣的天气，司机都提高了警惕，放缓了车速，会把车自动调成低档。”

要想降低者桑路段的事故率，限速应该是最有效的方法之一。经过长安大学专家的论证，建议把大车的速度控制在 40 千米 / 小时以下。为此，在者桑路段，相继安装了几十条强制减速带，这在我国高速公路历史上尚属首次，罗富高速也是唯一一条安装强制减速带的高速公路。

就在这连续下坡的 12 千米路段，连临时停车都大有学问，这么危险的路段对于新手司机来说，仿佛就是噩梦。

李洪文：“有许多外省车、过境车驾驶员不熟悉云南特殊的地理环境，也不熟悉山区的道路特点，所以就没有严格地按照安全操作规范来操作。实际上，在交通部门规定的驾驶员安全操作规范有相应的规定，上坡用几挡，下坡用几挡来控制车速。由于道路的先天条件不好，再加上驾驶员安全意识不强，超速超载没有按规范操作，所以，就造成这12千米的路段事故急剧高发。”

在多重管控措施的高压下，“魔鬼路段”的事故率有所降低，但是富宁高速交巡警大队仍然是整个云南最忙碌的交警部门之一。在大队部里，我们看到了他们搭建的短信平台，从县领导到驾驶员都能第一时间接收他们的短信提示。

魏凡成（云南省富宁高速公路交巡警大队民警）：“短信平台的发送频率很高，每次发生交通事故，我们都对外发布路况信息，便于驾驶员有选择地出行，也提示后面的驾驶员谨防追尾。平时也做一些宣传工作。”

李洪文：“我们派一些民警，派一辆警车，随着车尾，在离车尾500米到1 000米冒着生命危险逆行，打开警灯警笛，提示后继驶来的车辆减速慢行、停下来，预防追尾事故发生，我们就是这样做预警工作的。”

衡昆高速者桑段附近的事故车辆停放场

下游被污染的河道

323国道的老路由于道路的弯度小，转弯的角度不够，所以无法让半挂大货车通行。当者桑段发生事故封路后，下行的大货车无法选择分流，只能停在高速公路上原地等待，等候路政和交警部门选择合适时机，封闭者桑上行路段，让下行的大货车借道通行。堵车的情形在当地已经见怪不怪。对于事故频发，尤其是危险化学品车辆事故频发，富宁县百姓别无选择，默默担负起了抢险的重任。

云南省富宁县者桑乡村民："罗富高速对整个云南来说有很大好处，但是对我们这些乡下人就没有多大的好处了。三五天翻一次车，我们要去抢险，忙都忙不过来。这个事情不是哪一个人固定的责任，是整个村的责任。"

王毅："其他县的村民或领导都表扬我们，在处理环境突发事件上有经验。但是，我们这个经验是用巨额的经费、人力换来的，我们不希望拥有这样的经验。我们本身就是一个国家重点帮扶县，没有更多的财力来做这些工作。但是发生这样的事故了，大家都一定要想方设法把它堵住，哪怕再怎么花钱都要堵。从内心来讲，我们不愿花这样的钱，不愿有这样的经验。

魏凡成："我们打心眼里说，什么东西都不想，我们最希望的就是能减少事故发生。但由于事故受到地形条件的限制，肇事频率是比较高的。"

那么，针对罗富高速者桑路段事故频发的情况，有没有科学的解决之道呢？

周荣贵："如果规范驾驶行为，严格执法，让驾驶员按照规定的速度去行驶；同时在车辆上强制加装车辆缓速器，这种持续辅助制动装置会改变传统的依靠主制动器刹车来控制车辆速度，长下坡这种不利的驾驶行为能够从根本上得到遏制。"

车辆缓速器相当于给发动机安装个小马达，当车辆在长下坡时，缓速器启动，主动控制速度，而不用通过踩刹车来被动控制车速。缓速器在发达国家早已被广泛使用。欧洲有关法规规定，8人以上客车、载重10吨以上的卡车必须安装缓速器。在我国，缓速器已经在高级运营客车上强制安装，大大降低了事故的发生率。

（彭韬　张宁）

揭开“蒙眼看物”真相

蒙上眼睛还能看东西，一听就是假的，应该没有人会信这些吧？还真不是，因为这个培训收费很高，如果都不信，谁会交这笔钱呢？可是人们为什么相信呢？真有这样神奇的事吗？看看《走近科学》记者的调查。

在佛山一间标着“心灵视觉文化传播有限公司”的培训教室，我们见到了最先被媒体报道过的蒙眼神童孟繁（化名），她是培训公司投资人刘春嫦的女儿。

记者：“几年级了？”

孟繁：“四年级。”

记者：“学这个多长时间？”

孟繁：“一天半。”

仅仅学了一天半，孟繁能变成什么样的透视神童呢？

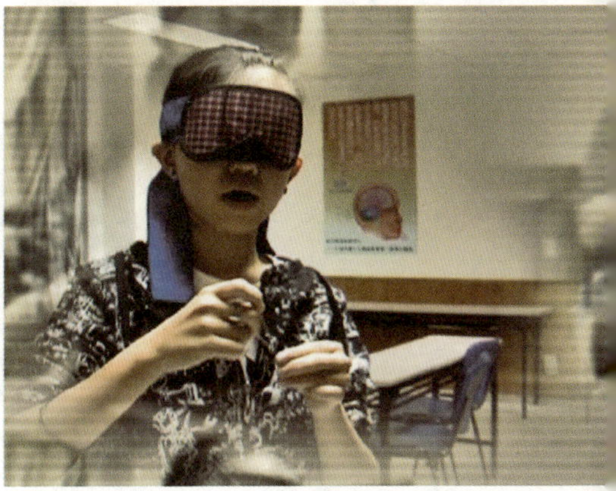

“透视神童”（一）

人能看清物体，是外界信号进入我们的眼睛，通过视神经传达给我们的大脑，我们才产生视觉感受。蒙眼看物让我们觉得有悖常理，这一切有没有可能是作弊偷看呢？我们检查了蒙布，蒙好眼后还让孟繁抬头检查。奇怪的是，从眼角下面

"透视神童"（二）

"透视神童"可以看到的强光

的确看不到有明显的缝隙。

记者："是用眼睛看的吗？"

孟繁："不是。"

记者："是用哪看的？"

孟繁："用脑电波。"

记者："你的脑电波在哪？"

孟繁："在这。（指着耳朵前边）"

脑电波是人的大脑在思维时产生的生物电流。这种电流非常微弱，只在神经元间传递，怎么能用它看到东西呢？在我们拍摄小学员蒙眼看物之前，培训机构的人就要求我们必须先了解有关的科学原理。因为课程的创办人——马来西亚的韩贵全老师出国讲课去了，只能由公司董事长、也就是孟繁的爸爸莫砺山简单告诉我们一些基本原理。

莫砺山（佛山市心灵视觉文化传播有限公司董事长）："其实所谓人的第三只眼，也就是我们说的盲视力教育。人本来也有这个能力，只是没有使用它，没有引导出来。"

人类有第三只眼？第三只眼能被引导出来？既然通过培训能开发这一神奇的盲视力，能不能把我们记者也培训成具有盲视力的人呢？

莫砺山："我们不培养 13 岁以上的小孩，因为很多脑科专家、神经科专家讲到了这一点：13 岁以上的小孩的松果体到了这个年龄就慢慢钙化，钙化的时候，这种脑电波发出的能力就没有了。"

为证实 13 岁以下的孩子都能培训出这种能力，他们又增加了培训的小学员。这些小学员培训后也能蒙眼看物吗？

记者："你是用哪里看的，是眼睛吗？"

伟豪："不是，是闻的。"

小学员们不断给我们展示各种各样的蒙眼看物本领。我们仔细观察小学员们的动作，其中一些奇怪的现象让我们产生了怀疑。我们曾对其中一个小学员进行了一项测试，这个测试说明了什么呢？

小学员读牌时，我们紧贴孩子手拿的扑克牌，用手电打一束光到蒙眼的地方，孩子说太亮看不到牌了。大人说，光太亮了，就看不到。

人的眼睛有个独特的功能，遇到强光时，会收缩瞳孔控制进光量，这时只能看到亮度高的，看不见亮度低的。小学员在强光前看不到牌，正说明他很可能还是用眼睛看的。当我们就此提出怀疑时，培训方提出了一个有力的反证。这个反证是什么呢？

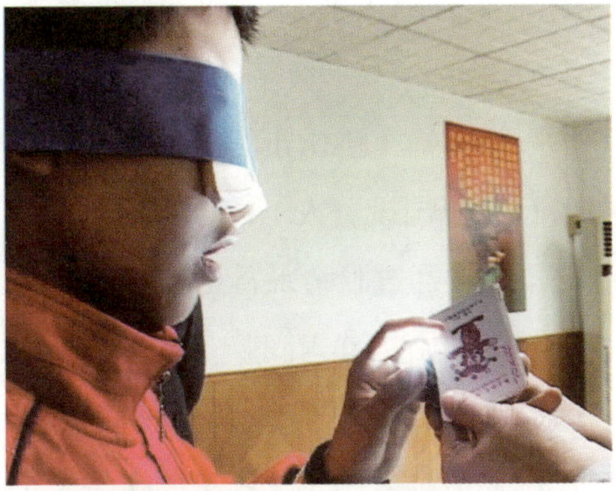

记者用手电筒测试"透视神童"

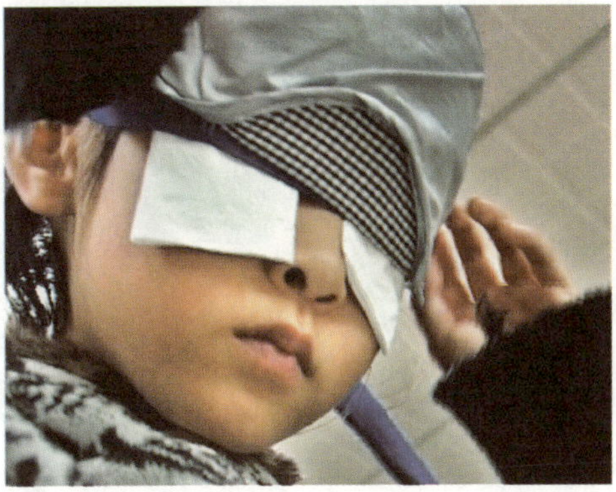

被蒙住眼睛的小孩

在我们之前，据说《佛山日报》的记者带着几位魔术师曾去揭秘，当时也提出了偷看的质疑，但是据说培训方当时让同来的魔术师做了一下体验，体验后魔术师也无话可说了。这个体验是怎么进行的呢？

杨锐光（佛山市心灵视觉文化传播有限公司总经理）："我们韩老师把布绑在他眼睛上，问他能不能走，他一点都不敢动，说完全看不到。"

蒙住眼睛真的一点看不见？真的连一点都不敢动了？报社请来的魔术师真的进行过这个试验吗？

沈晓峰（魔术师）："的确有这件事情，当时他走过来跟我说，'我把你蒙住了，你能看到我吗？你能追到我吗？’布绑得很紧很紧，我根本连眼睛都睁不开，什么都看不到。”

绑一下试试，能不能从缝隙里看见呢？感觉确实看不见，因为根本不敢睁眼。为什么呢？一旦睁眼，紧贴眼睛的蒙布海绵接触到眼睛，我们的眼皮有保护眼睛的生理反应，平时有灰尘呀、小虫子什么的飞到眼前，我们的眼皮马上就会闭合起来，碰到海绵时也一样，马上就会闭上眼睛，眼睛闭上当然什么都看不见。既然用这样的东西蒙住眼睛，眼睛看不见，那蒙眼看物究竟是怎么看的呢？

就在人们找不到答案时，培训方又找到一个无法偷看的证据：网络上出现一段视频，一位拍客用红外摄像机拍摄，小学员在完全黑暗的环境里，依然能用脑波看到扑克牌。这一证据似乎推翻了我们之前有关偷看的所有怀疑。

如果不是偷看，小学员是怎么猜对眼前的东西的呢？培训方说，这是一种国际上新提出的科学理论，叫作盲视力。

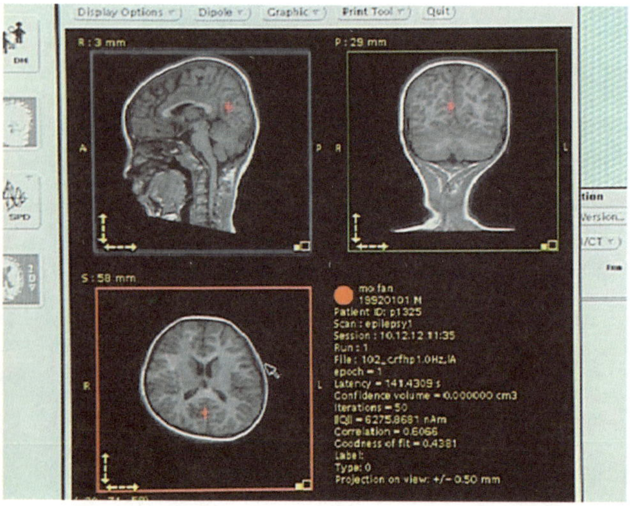

“透视神童”脑磁图检测结果

刘春嫦（佛山市心灵视觉文化传播有限公司投资人）：“盲视力意思是不需要通过眼睛来看见一个东西。”

莫砺山：“当间脑一旦被启动之后，它就会发生脑波，就像扫描一样，我们发传真、照相可以拿到文件、相片，但扫描也可以拿到相片。原理就在这里，因此开发了这个。”

如果脑波能像扫描一样感受外界，那么物体离大脑越近，感受就应该越清楚。可事实如何呢？记者测试时，把两样东西故意从眼罩缝隙能看到的较远地方，举到靠近小学员的头顶位置，在这个过程中记者耍了个花招，迅速把其中一样放到自己身上，只把一件东西放到小学员头顶，这时候小学员的脑波却没能扫描到头顶上的东西。

为什么离大脑近的反而扫描不清楚呢？培训方用这张图明确告诉人们，这组方向明确的脑电波就是能看见东西的脑波。人类大脑内真有这样一个定向发射的脑电波吗?

黄勤（广东三九脑科医院首席专家）：“脑电波没有方向，它是几百万个神经元堆在那里，杂乱无章，不可能定向发射，全世界科学家都没有发现这个现象。”

专家坚决否认有这样的脑电波存在，《佛山日报》记者当初就是根据权威专家的论断，认定脑波看物根本不可能。但《盲视力培训是伪科学骗局》一文发表后，却出现了让人意想不到的怪现象。

李锋（《佛山日报》记者）：“我们做完那个报道说是骗局之后，很有趣的现象就是，我们热线接到几个咨询电话，都问这个地方在哪儿，想给小孩报名。过了两天，我叫我同事去看，那里照样一切正常，刚好看到两个女士带小孩过来报名。”

《走近科学》记者也看到，之后仍有家长送学生来培训。人们为什么愿意相信这个所谓的新科学？他们受了什么影响呢？我们在现场调查时，盲视力课程创办人韩贵全打来电话，对他的电话采访是不是可以让我们更了解真相呢?

韩贵全（盲视力记忆读书法课程创始办人）：“你到网上看《科学美国人》，里面有外国的专家、科学、医学家做了这样的测试，小镇的盲人可以穿过摆满障碍的地方，他们也发现这东西是存在于人类头脑里的。他们就说，我们人类除了眼睛能看到之外，头脑也是能看得到的。”

头脑也能看到物体？在网络上搜索，有关盲视力研究的文章还真不少（有人称“盲视力”一词获选汉语2008年年度新词语），这真的是一种科学新发现吗?

周曙（中科院心理所脑行为研究中心学术委员会委员）：“这个现象是20世纪60年代发现的，就叫盲视，是利用了残余的视觉功能。但是，这个病人仍然不能识别物体的颜色形状只能感受空间位置，感受它大致在哪个地方，准确性高于随机水平，但达不到常人水平，我们承认有这个现象。”

脑科专家告诉我们，人能看到外界物体，是通过眼睛和大脑共同作用的结果，眼睛负责收集外界信息，大脑接受并处理信息后才能对外界有视觉感受。眼睛

记者亲自揭开谜底

和大脑两方面中，无论哪方面出现损伤，都可能成为盲人。

黄勤："大脑枕叶受了损伤以后也看不到，皮层受损也看不到，叫皮层盲。"

专家解释："所谓盲视力所研究的盲人，不是眼睛受损伤，而是大脑皮层损伤造成的盲人，他们的眼睛是好的。所以，盲视力的科学研究和蒙眼看物毫无相关之处，培训机构在这里偷换了概念。专家并且表示，现在有先进的脑磁图检测设备，完全可以检测出是不是用眼睛看到的东西。培训方会不会同意接受一次检测呢？"

杨锐光："我们很多学生的家长搞不懂你们那些仪器有没有辐射，不一定肯去。"

脑磁图检测是一个什么样的仪器设备，到底会不会产生辐射？如果接受脑磁图检测，对小学员会有什么伤害吗？

冯毅刚（广东三九脑科医院医师）："没有主动的发射，这是一个探测器，人的头产生的信号，它就吸收进去了。"

记者："对人有伤害吗？"

冯毅刚："没有。"

当一切借口都被否定后，培训方终于答应带小学员来三九脑科医院检测。孟繁在测试之后，脑磁图会告诉我们什么呢？

冯毅刚："刚才给了一个视觉刺激后，脑磁图可以给定出一个枕叶的反应，这是一个正常的反应，没有别的波，也没有别的位置。"

出现在大脑枕叶的反应说明了什么呢？黄勤教授告诉我们，人的视觉中枢就在枕叶。大脑不同位置的电磁反应能说明不同感官的兴奋。比较一下孟繁的脑磁图，出现反应的地方正好就是视觉中枢。

冯毅刚："就是这个枕叶的位置，兴奋点的位置，能看见这个绿点吗？有一个十字，刚才黄教授讲的这个位置就是这里。"

人的大脑在活动时，会产生电磁波，脑磁图设备是将人脑出现的脑磁波收集放大、记录下来。被测试者如果是用不同感官接受了屏幕上出现的信号，脑磁反应会在大脑的不同区域出现。孟繁的脑磁波在哪个区域出现反应了呢？就出现在这个视觉中枢的地方，没有什么别的区域出现脑磁反应，这说明孟繁还是用眼睛偷看到东西的。但是有人会问了，理论上和试验结果都表明了蒙眼看物是假的，可是现实中他们到底是怎么做到偷看的呢？前边不是已经说了，魔术师被同样的道具蒙上过眼睛后看不到物体，那小学员是怎么偷看的呢？再说了，网络上红外摄像机拍的那段视频完全是在黑暗中，人睁着眼都看不到，他们怎么能偷看呢？

曾经到培训教室去揭秘未果的魔术师，后来又找到我们，他说经过跟同行反复研究，知道了蒙眼看物的秘密所在。当再次用同样的办法蒙上眼睛时，他的确看到了面前的牌。这是怎么回事呢？

绑的时候把眼睛闭紧，把空间撑开，绑完松开后，这时候你就会发现，空间就出来了。

依靠脸部肌肉变化的 3 个步骤：皱眉、放松肌肉睁开眼、眉骨上扬，蒙眼后再睁开眼，眉骨部分的肌肉会把蒙布往上挪移，既留出空间让眼睛能睁开，从眼角下边缝隙往外看，又能在抬头给别人看时闭上眼睛把缝隙掩盖。

在培训教室，记者用魔术师提供的技巧，把小学员的特殊能力都表演了一遍。不过这时，培训方又用另一个小学员的表现提出新的反问。这个叫

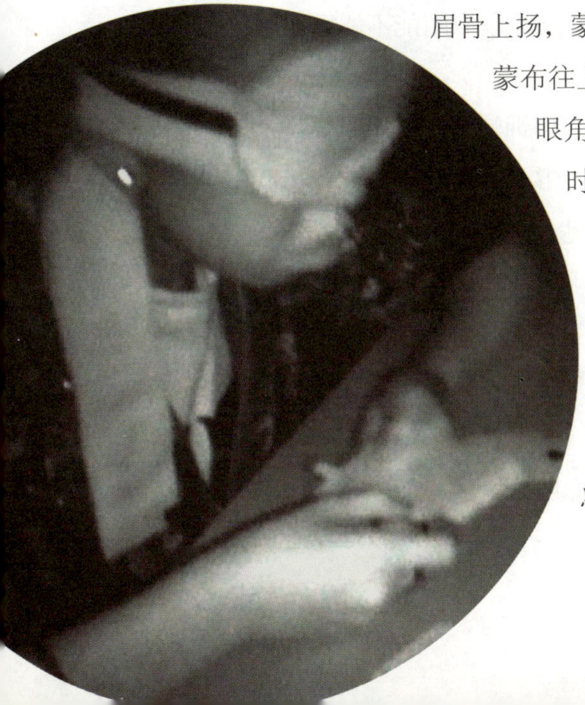

黑夜里也能"感应到"

蒙眼前先闭眼

伟豪的小学员在蒙眼读牌时，说只要把牌夹在手心里就能用脑波看到，他当时的确表现了这样的本领。

这能说明他不是偷看吗？我们从另一个角度的拍摄能告诉我们真相。

一切迹象都说明，偷看就是蒙眼视物的作弊手段，但还有一个谜团是需要解开的，那就是网络上那段用红外拍摄的视频。红外摄像机利用物体的不可见光，可以在完全无光的环境中拍摄，小学员在夜间拉上窗帘后的黑暗无光中，又如何能看到呢？

记者联系到网络视频的拍摄者，他说他当时特地带红外功能摄像机去揭秘的，自己也对这个现象无法解释。

记者："当时房间里是全黑的吗？"

张云襄（拍客）："对，是全黑暗的。拉上窗帘后房间里没有光透进来，红外线摄影能拍到黑暗的东西。"

记者请他在没有光线的宾馆卫生间里重现一下当时拍摄的情形，这时记者有了新的发现。虽然红外拍摄不需要光线，但拍客拍摄时，摄像机的显示屏是打开的。在显示屏发出的微弱光线下，记者蒙住眼睛能不能看到呢？记者也分出了扑克的花色，说明偷看完全可能。

所有谜团都解开了，这个所谓盲视力培训就是个惯用的骗局：他们打着高科技的幌子，利用人们对国外新兴科研不够了解的特点，用骗局制造一些成功的典型，让人们容易上当愿意掏钱。不过，这时候我们还有一个心里最不愿意碰触的疑问，难道那些孩子都在说谎吗？

三九脑科医院心理科主任："在孩子成长过程当中，也就是儿童期在自我意识、判断力没有完全形成之前，在不断地暗示下，或者不断地不良教育情况下，他也会把一个事物从白地看出黑的。"

孩子们是无辜的，他们并不知道怎样用脑电波去看，当他们努力从缝隙里看到时，那些教师就夸张地鼓励他们，说他们有了别人没有的能力，有了脑电波。小孩子分辨能力低，就会信以为真，这恐怕才是培训班必须招收 13 岁以下儿童的真正用意。

三九脑科医院心理科主任：“将来有一天，孩子知道这是一场骗局时，会对孩子产生巨大的心理阴影。”

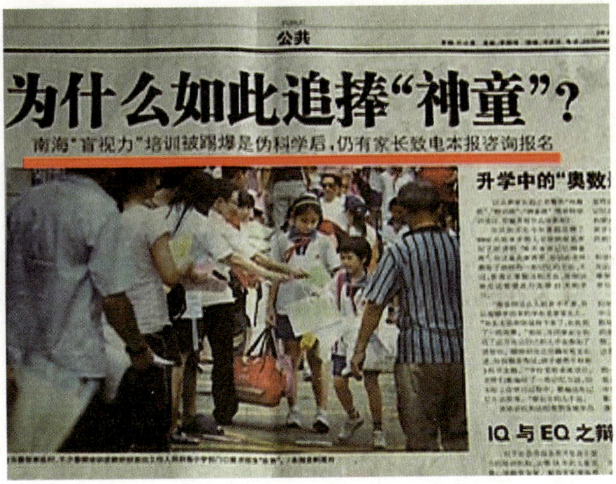
公共

为什么如此追捧“神童”？

南海“盲视力”培训被踢爆是伪科学后，仍有家长致电本报咨询报名

升学中的“奥数

IQ 与 EQ 之辩

揭穿报纸报道

为什么我们要这么兴师动众地和这些骗子周旋呢？主要是为了不能让孩子再受骗了。这些人是在打着科学的幌子骗钱，他们不仅在当地培训，还遍及四川和广东其他很多地方；不仅培训一个孩子收费几千元钱，而且拉进来一个加盟商收费是几十万。他们告诉我们，现在有很多人正在跟他们谈合作和加盟项目。如果我们不这样明明白白地揭穿他们，不知有多少孩子和家长还会受骗。希望大家擦亮双眼，社会上像这样的骗局恐怕还有不少。

（李苏）

解密“吸星大法”

以前武侠小说《笑傲江湖》里面任我行会个吸星大法，但是里面的吸星大法是用特技做的，我说的是真人版的吸星大法。

这个小伙子名叫魏威，少林寺俗家弟子，自幼习武，师从少林寺第31代武僧，练就刀枪棍棒一身武艺，并自称创立当代武林绝学——魏威版的“吸星大法”。

吸星大法我们在武侠电影里看过，真人版的还真没见过。他的一个表演是利用手掌心吸起十几罐饮料。要知道，十几罐饮料加在一块有十几千克重呢，他是怎么把它吸起来的呢？相信很多读者看完后的第一反应都是，这哥们不会给自己手上抹了502胶水吧。

一天在河南嵩山少林寺，魏威将挑战利用双手掌心的吸力拉动一辆汽车。

双手吸起1 500多千克重的汽车

在这辆车的行驶本上，我们看到它的总重量是1 550千克。此刻，魏威正在准备着，他将用几根铁丝将汽车和两个易拉罐连接起来，然后通过掌心吸住易拉罐最终拉动汽车。他能成功吗？

只见魏威半蹲在地上，两只手依次吸住两只易拉罐，深吸一口气，开始用力。

魏威一口气将这辆车拉出了近三十米，才慢慢地停了下来。

很难想象一个人竟然能用手掌心所谓的“吸

力”拉动这辆重达1 550千克的汽车。这里头究竟有什么玄机？魏威是天生神功，还是他的手掌生来与众不同呢？

记者：“我能看看你的手吗？”

魏威的手心里没有任何异物，他的手摸上去也没有任何明显的异常。那么，会不会是这两个易拉罐里有什么奥妙呢？

我们仔细地观察了这两个易拉罐，在它们的边缘上分别有两个小孔用来穿起铁丝，除此之外，它们就是两罐市面上很常见的瓶装饮料，保存完好，也没有开封过。

我们曾经在武侠小说和电影中看到过关于吸星大法的描述和演绎，那是一种很神奇的武功。掌握这门绝技的人不仅可以掌吸物体，还可以吸走他人的内力。然而，世间真的有这样的功夫吗？

李印东（北京体育大学武术学院教授）：“小说中的所谓吸星大法，包括一些轻功等，确实能给读者以很好的幻想，但实际中，这些应该说是不存在的。”

李印东从事武术教学及理论研究工作多年。他认为，现实生活中是没有“吸星大法”这种功夫的。那么，魏威究竟是怎么把这个易拉罐给吸起来，又把这么重的汽车给拉动的呢？

为了感受一下魏威这套“吸星大法”的奥妙，记者决定亲身体验一下其中的玄机。

魏威：“这样，把手放松。”

记者：“真疼。”

魏威：“五指绷紧，用胳膊全部绷紧，用力。”

记者：“不行。但你很轻松，一下就把它吸起来了。”

魏威：“这个就是长期训练的结果。”

记者尝试吸起铁罐

游客纷纷进行尝试

虽然记者几番尝试，并有魏威在旁认真指导，结果却是怎么也无法把易拉罐吸起来，更别说用它拉动汽车了。

记者：“已经完全压了一圈，可是还是不行。”

魏威：“你看我的手大，刚开始直接就可以盖住了，你的盖都盖不住。”

必须手掌够大，这会是成功的诀窍吗？

魏威的双手掌心吸物表演引来了不少人的围观，大家都纷纷感叹这“吸星大法”简直太不可思议了。我们从其中选择了几位手掌比较大的朋友，让他们也来试试。他们的表现又会怎么样呢？多人尝试失败……

终于有一个人成功地将易拉罐吸了起来，然而正当他准备把手抬起来去拉动车子，易拉罐却突然从他手心里松脱了。此后无论他再怎么努力，也没能再把易拉罐吸起来。

观众：“感觉手挺疼的，不行不行，手都红了，吸不起来了。”

记者：“看看你的手，都已经压成这样了。刚才还是挺轻松的。”

观众：“看来咱们传统武术的功力还是很深，我们一时半会儿学不了。”

看来，光有手掌大，还不一定能完成掌心吸物。

一瓶饮料的重量是 360 克，而这辆汽车却重达 1 550 千克，魏威究竟用什么方法“吸”动它们的呢？魏威再次表演起他的“吸星大法”拉车绝技。这一次，他主动提出让记者和几位围观的群众上车以增加车身重量。

车上坐了 4 个人，如果按人均体重 60 千克计算，4 个人的体重加全车重量接近 1 800 千克。这一次，魏威还能顺利地用双手掌心拉动这辆车吗?

少林小子掌吸汽车，其中到底藏着什么玄机?挑战逐渐升级，他能否再创奇迹?

魏威靠掌心的吸力拉动小汽车，这是挺绝的。但是专家说了，没有这样的绝世武功存在，那么这中间到底是什么诀窍呢? 17 世纪，德国人格里克在马德堡做了一个实验，他将密合在一起的两个半球中的空气抽走，形成真空，然后用 8 匹马分成两个马队，向着相反的方向拉这两个半球，奇怪的现象发生了。8 匹马累得气喘吁吁，但两个半球仍是原封不动。直到最后增加到 16 匹马一起拉，这两个半球才分开成原来的两半。这就是著名的马德堡半球实验，这实验证明了大气压强的存在。魏威所谓的“吸星大法”也就是运用了这个原理。

在这我们也可以做一个演示。手头是两个生活中很常见的吸盘挂钩，把它们相对着一挤压，挤出里头的空气。这时候两个吸盘之间是吸得非常紧的，如果要试图把它们俩拉开，几乎已经是不可能的了。

让我们仔细观察一下魏威的动作，他首先把手盖住易拉罐的瓶口，手掌心用力挤压，将瓶口与掌心间的空气挤压出来，再逐渐将掌心上抬，形成一个类似真空的空隙，这样就能把易拉罐吸起来了。

并且魏威的“吸星大法”每次施展都是借助这样的易拉罐来实现。

李印东：这个器皿一定是圆形的口，而且口上面一定是非常平整的一个底，这个口要有一定的深度，就像吸盘一样，它必须往里凹进去才能做出来。

掌心吸物实际上必须做到手掌心与被吸物体之间的完全闭合，不然就会形成漏气而造成失败。然而在最初很长一段时间里，魏威都找不到一种合适的器具。他把家里能找到的圆形瓶口、带有凹槽的东西都翻了出来，杯子、碗碟、罐头瓶等，结果却都失败了。

在经过很多次失败之后，魏威才最终找到了这种易拉罐。

然而，这项练习的难度超出了他的想象。

挑战1 800多千克第一次失败，做准备再次挑战

1 800多千克再次挑战成功

再次挑战1 800多千克

魏威：“刚开始就跟平常人一样，平时一个杯子一吸，吸个几秒钟掉了，就想着怎么样能让它不掉。自己就这样长期琢磨。每天走道，两个手都吸着碗走，走在大街上，别人还说这哥们怎么拿的。”

经过长久的练习，易拉罐终于能够稳稳当当地吸在魏威的掌心里了。

魏威：“一个易拉罐在我手上放着，吸 20 分钟不掉没问题。”

然而此时，魏威面对的是 1 550 千克的汽车及 4 个成年人的体重，总重量在 1 800 千克左右，他能成功地拉动这 1 800 千克的物体吗？

随着魏威开始发力，车慢慢开始动了起来。然而，就在此时，意外发生了。

易拉罐突然从他掌心里脱落了。是此时小汽车的重量已经超过了掌心所受压强的极限了吗？还是哪里出了问题？

李印东：“手在用力地时候，很可能产生抖动，它就会漏气。漏气是表演失败很重要的一个原因，这是其一。第二个，他有可能一开始排气没有完全排空，压强不足以托起物体，也会掉下来。”

休息片刻之后，魏威决定再次挑战 1 800 千克的小汽车。开始表演前，记

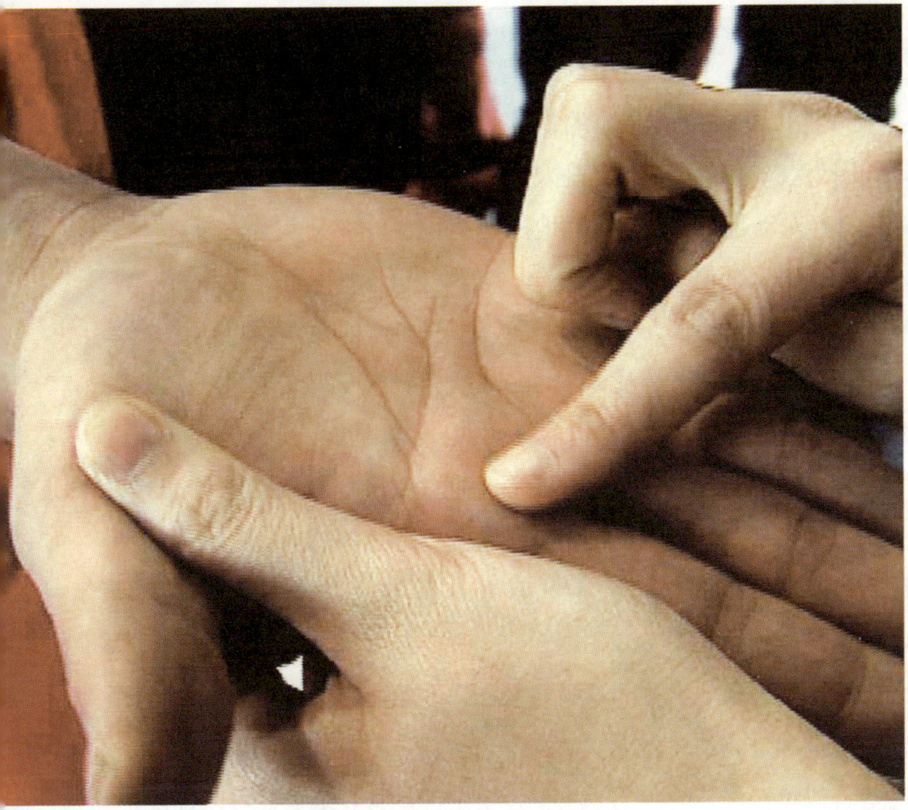

手掌柔软可以比较容易地挤出空气

者发现魏威往自己的手上涂抹了一点什么。

记者："你擦的是什么？"

魏威："就是咱们平时喝的矿泉水。"

魏威为什么要在这时候往手上擦少量的水呢？这些水又会起到什么样的作用呢？

李印东："玻璃上，包括一个碟子在内，如果底下沾一圈水，有时候会沾得很紧，盘子不容易拔出来，所以水在这儿起的是密闭的作用。"

手掌与易拉罐瓶口接触的时候，因为掌纹等原因会留下细小的缝隙，这时候，少量的水分能形成一个水膜，充分地填充这个缝隙。

挑战再次开始。已经经过两次挑战的魏威，体力消耗已经很大了，这一次，他能成功吗？

李印东：“拉车的过程，启动是最难的，一旦车动了起来以后，轻轻给它力量，汽车就能转动，因为汽车的摩擦力并不是太大。”

魏威开始发力，车动起来了。他成功地拉动了重达 1 800 千克的汽车。

看到魏威拉车很神奇，但实际上细想想，它其实也不是不可能完成的。咱们生活中会有这样的体会，去推动一个 200 千克柜子的时候，并不会特别费劲，特别是当它下头还有轮子的时候，比举起 200 千克重物容易得多了。但是，我们也想知道魏威掌心的吸力能够有多大。

到目前为止，我们知道了这里头的原理，就是把空气挤出来，形成一个真空，利用大气压强的原理。那是不是我们每个人也都能练成这样的功夫呢？我们决定找一帮真正的武林高手来试试。

这里是北京体育大学武术学院。

魏威今天将在这里表演他自称的“吸星大法”。然而，今天的观众却与平日有些不同，他们全都是北京体育大学武术学院的正经科班生。这里可以说是卧虎藏龙，这些看似年轻俊美的少男少女们，个个都是身怀绝技，可以说都是练家子。因此，魏威今天不敢马虎，准备拿出自己的看家本领。当这位少林小子遇到武林科班生的时候，又会有什么样的惊人之举呢？

这是一块特制的铁块，它的重量是 12 千克。12 千克的重量，普通人单手将它举起已经有些吃力，而魏威准备用单手掌心将它吸起来，他能成功吗？

李印东：“吸一个类似于啤酒、可口可乐这样的易拉罐，应该说是没问题，但稍微加点儿重量就很难。魏威能够吸的接近 12 千克的力量，这个应该说还是需要下一定的功夫。”

同学们纷纷上前尝试用掌心吸起铁块。然而，这些练武术的同学都是第一次接触掌心吸物，几次感觉掌心已经吸住铁块了，但一用力，铁块就又立即松脱了。

看来，虽然大家都知道要利用大气压强的原理，然而，真正做到却仍然不容易。

我们再次仔细观察魏威的手掌，因为多年习武，他的手掌比一般人要厚实，另外由于经常挤压练习，他的手掌比一般人要柔软，可以很容易地挤出掌心与瓶口间的空气。

此时，一直在旁观看的李教授也终于忍不住上前，要亲自体验一下。李教授挑战的是 7 千克的铁块。

刚开始，李教授对于这个新功夫还明显有些不太适应，然而，不一会儿，李教授竟然成功地吸起了这块 7 千克重的铁块。

李印东："我做的时候是用技巧，就是用大拇指掌根比较圆的地方，把里边的空气挤压干净，通过移动到中间来完成的。"

这种方法虽然与魏威的手法不太一样，但都能有效地挤压掉掌心与瓶口间的空气，巧妙地运用大气压强来实现掌心吸物。

接下来，魏威决定再露一手，他要表演他的压轴好戏吸桌子。

这是一张经过改装的桌子，两个易拉罐通过几个孔被固定在桌子上。它的总重量达到了 15 千克。一会，魏威将要用双手把它吸起来，在空中 360 度地旋转。这将是一个非常困难的表演。

魏威："当桌子甩起来，360 度旋转的时候，往外甩的力量很大，等于说又加了一倍的力量。当时，胳膊上的臂力和手上的力量一定要控制好，稍微有那么一点控制不好，桌子就会掉下来。"

桌子旋转很容易让手掌心与瓶口间出现空隙，因此，这其实是一个风险很高的表演。

15 千克相当于一个 6 岁儿童的正常体重。然而，魏威却可以把这样重量的桌子吸起来在空中 360 度旋转。那么，魏威依靠手掌心与瓶口间的压强作用，所能吸起的物体重量的极限又是多少呢？我们决定来做一个测试。

桌子本身的重量是 15 千克，我们给它加上两块 1.5 千克重的杠铃片，此时桌子的总重量已经达到了 18 千克。魏威很轻松地就把它吸起来了。

接下来我们再次增加重量。现在桌子的总重量已经达到 24 千克。

魏威表示还可以增加重量。我们在桌子上加上 4 块 1.5 千克的杠铃片和一块 5 千克的铁块，此时桌子的总重量是 26 千克。

也许是受到现场热烈气氛的鼓舞，魏威决定挑战自己的极限。29 千克也成功了。

实际上，魏威掌心吸物最多能吸起的物体的重量是有极限的，他不能超过易拉罐表面积所能承受的压强。通过计算可以得出不超过 70 千克。70 千克，这两个易拉罐的表面积所承受的大气压所能拉动的最重物体。虽然我们说“吸星大法”本身是不存在的，但是武侠小说中所描绘的那种神奇景象是很让人憧憬的。魏威自称的这套“吸星大法”表演确实很吸引人，但其实只是巧妙地利用了大气压强原理，再加上他的特别努力练习，付出了比常人多得多的辛勤和汗水，才换来了精彩的表演，赢得了那一份热烈的掌声。所以我们说，很多神奇表演的背后，其实都蕴藏着很多科学道理，运用好了，就会给我们的生活带来很多的乐趣。

（李璇）

沸井之谜

据说，在江苏省丹阳市境内，有六口古井。这些井日夜沸腾，终年不息。更加神奇的是，这几口井互相之间的距离都在 1 米左右，别看挨得这么近，但是井水的颜色还不一样，大体上分为三清三浊。而井水的味道喝起来更是完全不同，有的像雪碧味，有的像啤酒味。为什么会有这么奇怪的现象呢？

这些井从外表上看也有不太一样的地方，我们见到的井往往都有一个井栏，但是这些井全排列在一起，井栏上的石头都磨出长年累月打水时绳子拽出来的痕迹了。

六口沸井的事情是真的吗？井水为什么会沸腾呢？我们决定去一探究竟。沸井距离丹阳市区大约 20 千米，位于延陵镇的九里村内。

我们到达的时候，这几口古井正被慕名而来的游客重重包围了起来。乍看上去，这几口古井并没有太多特别之处。不过探头一看，井水果然呈现出一种类似沸腾的状态。一位工作人员舀出井水让游客们逐一品尝，听他介绍，这几口沸井中的水喝起来味道完全不同。真的有这么神奇吗？

位于江苏丹阳的沸井

游客："这口井的井水有一点微微的苦味，入口的时候带一点铁矿石的味道。"

游客："有的像汽水味，有的像雪碧味，还有的像啤酒味，很像很像，这事真奇了。"

仔细观察，这几口古井沸腾的剧烈程度略有不同，井水的颜色更是有的清澈有的浑浊。那么，井水沸腾的原因究竟是什么呢？我们首先想到，这是不是温泉呢？

任翀："明确的记载就说江苏有四大温泉，包括南京附近的汤山温泉、韦岗温泉，还有东海温泉，除此之外就是丹阳有温泉。其他三个温泉都是已经开发的，现在已经作为一种温泉旅游资源在使用。而只有丹阳的温泉没有开发，关键原因是没有探明它的具体位置。"

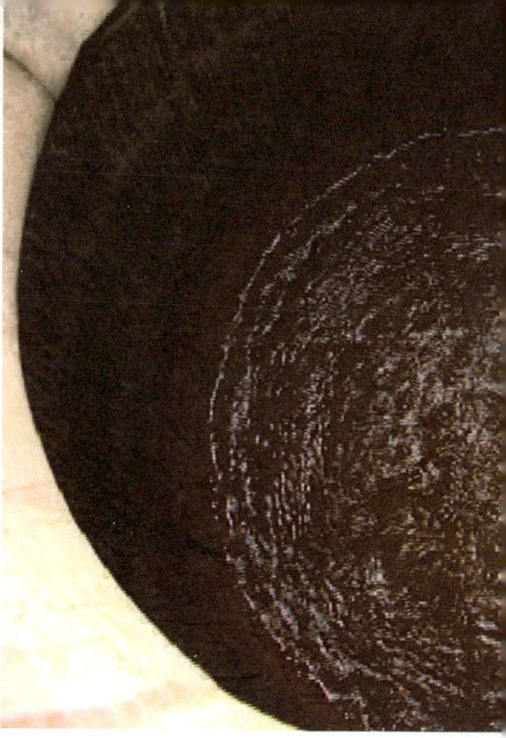

沸腾的井水

那么，这里会不会就是一直没有找到的丹阳古温泉呢？温泉最显著的特点就是它的水温，所以只要测量一下井水的温度就能得出结论。我们找来专业人员，分别对六口井进行了测量，发现井水的温度都在19℃左右，与我们印象中的温泉相差甚远。

倪俊："首先温泉泉水的温度要比地表水温度高，具有开发价值的应该是在40℃以上，当然，它有它的流量，要达到开发利用的价值。如果温度太低，那就不具备使用价值了。"

不过，还有一种可能就是没有开发价值的低温温泉，这种温泉的水温可能只有十几摄氏度。由于我们去的时候是夏季，所以看着就不太明显，如果是在冬季，就比较容易辨认。

任翀："我不同季节都去测过，但是它的温度基本上是跟自然状态的环境温度是一致的。也就是说，它仅仅是地下水的一种现象，可能并不是地下温泉。如果是温泉的话，在冬季的时候热温就会比较明显。"

温泉的猜测被否决了，那么井水翻腾的原因到底是什么呢？这种奇怪的现象又是从什么时候开始的呢？

在沸井的旁边，就是祭奠春秋时期著名贤者季子的季子庙。按照当地村民

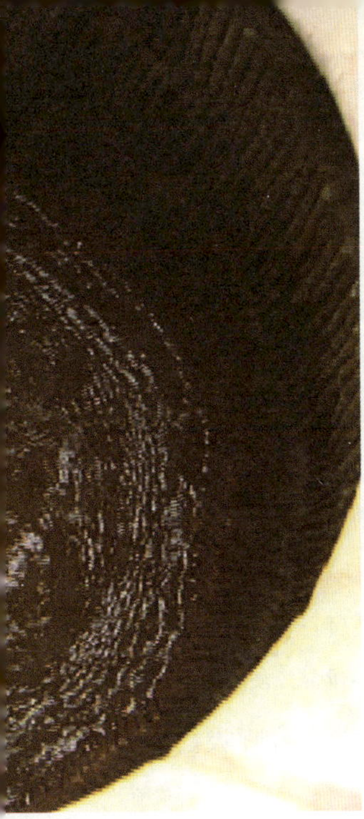

的说法，有季子庙的时候就有了这几口古井。而季子庙的始建年代非常久远，已经难以考证。

民俗专家："季子叫季札，是春秋时期吴王寿梦的第四个儿子，因为他很有才能，他的父亲寿梦就想把王位传承给他。父亲的决定也得到了季札三位哥哥的认同。但季札认为继承王位不是他应守的节义，所以他一让再让，三让，最后就出逃到延陵这个地方耕种。"

如果沸井的年代确实跟季子庙的年代一样久远，那么在相关的文献中会不会有所记载呢？我们来到了丹阳市图书馆，查阅后发现，早在《南齐书》中就已经有"过季子庙，观沸井"的记载了。由此可以确认，沸井的年代不会晚于南北朝时期。

但是，另外一个发现却让我们疑惑不已。虽然在很多文献资料中都提到过沸井，但其中关于沸井数量的描述却并不一致，这又是什么原因呢？

任骈："当地曾经有过百口井的记录，我们中国的《舆地志》当中就说，九里有沸井百余口。这也是让我一直很纳闷。"

在沸井的旁边有一个池塘，名为沸塘。据说这里曾经是古运河的河道，我们发现，在沸塘中也有多处不停冒泡的地方，和沸井中井水翻腾的样子确实有几分相似，会不会沸井百口的说法与此有关呢？

任骈："我曾经到当地去数过，包括这六口沸井在内，池塘加起来，曾经数到过九十九处。而且这个沸井塘的沸腾的位置，是终年不变的。"

既然如此，村子里应该还有别的水井，那里的井水是不是也同样翻腾不止呢？然而，我们探访后发现，这些水井完全没有类似的迹象。

如果说起开凿年代，季子庙里的这口水井同样历史久远。但是，这口水井同样非常平静，而且水质清澈无比。看来，这种奇异的现象只发生在那六口井身上。既然沸井存在已经有上千年之久，那关

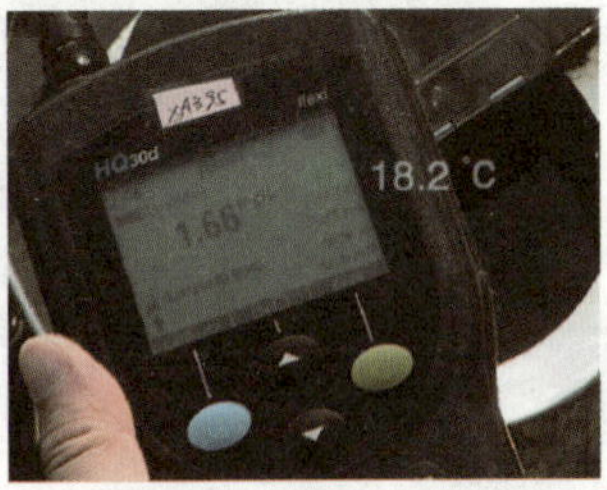

井水的温度仅为18.2℃，并未真正沸腾

于井水形似沸腾的原因，历史上就没有什么说法吗？

民俗专家："沸井就是因庙扬名，因为季子庙，大批的香客到这儿来祭拜。宋代有诗人评价沸井说'天为佳贤表凄切'。就是表示季札的精神感动了上苍。"

季子的精神感动了上苍，所以有了沸井奇观，这自然是人们对于这位贤者的一种崇敬和附会。那么，祖祖辈辈居住在这里的村民们会不会有一些其他的说法呢？

我们在村子里进行了一次走访。然而，我们发现，大多数村民对此同样感到非常好奇，他们也不知道井水为什么会日夜翻腾。不过，一些年老的村民都提到，传说是因为季子庙在这里，所以井底有龙，那些水泡就是龙在呼吸。

这个说法自然毫无科学性，但这让我们忽然联想到，井底会不会有一些鱼之类的生物呢？冒出的那些气泡就是这些水下生物呼吸产生的。

村民陆三宝经营着一大片的鱼塘，跟鱼有关系的事情想必他非常清楚。然而当我们就此咨询的时候，他却立刻否定了这个猜测。

陆三宝（村民）："鱼冒泡是一两个泡，鱼不经常冒气，很多鱼聚集在一块也不会这样。除非潭里面的淤泥比较多，鱼从那个地方走的时候，就是淤泥上来一点点气，一条线走过去，就没有了。"

季子庙

而村委会主任提供了一个线索更直接证明了井底并没有什么生物。村子里早年曾经清理过一次井底的淤泥，在井下挖出了一些古钱币和首饰，应该是古人许愿祈福的时候特意扔进去的。

沸井附近的其他水井并不“沸腾”

村主任：“挖到井下面的时候，除了发现了钱币、金钗，没有什么别的发现，底下基本上都是没用的碎砖。”

那么，是不是这几口沸井的水质有什么特别之处呢？我们请来了丹阳市环境监测站的工作人员，分别提取了这六口沸井的水样。现场的简易检测并没有看出这沸井的水质有什么特异之处。工作人员决定，把这些水样带回实验室进行一次更系统的分析，检测出井水中各种元素的含量。

工作人员对沸井水样进行检测

大家都想知道，井水中会不会含有什么特别的成分吗？

检测的结果很快就出来了，工作人员发现，沸井井水中一些元素的含量确实与普通井水有较大差别。

王站长：“它们的总硬度以及钙镁离子的浓度都相当的高。本地的其他水井里面，总硬度也就是四五百。但是这六口水井里面的总硬度的浓度基本上都达到了一千六、一千七。”

然而，这仍然无法解释井水翻腾不息的原因。由于条件所限，环境监测站无法对气体进行分析。但是工作人员认为，井水翻腾的原因应该是因为下边有气体涌出，而且最有可能的就是天然气。

王站长：“在珥陵，离沸井这里大概有十几千米，发现了浅层天然气，是在鸭棚里面。有人养鸭子，所以要打一口深井。深井打通了，气就冒上来了。然后一点火，火苗一下窜到屋檐那么高，大家都吓死了。”

既然在附近十几千米的地方就发现过浅层天然气，那么井水翻腾的原因确实有可能与天然气有关，事实真的是这样吗？

对于井里冒出的气体是天然气的假设，负责看守季子庙的赵道长很不以为然，他说以他多年的观察绝对不会是天然气。为了让我们相信，他找了一个打火机，点着后放入井中。果然，在接近水面的地方，火苗就熄灭了。

见此情形，记者也学着尝试了一下，结果是相同的。

会不会天然气的浓度很低，而打火机的火苗也不够稳定呢？我们决定找一根可以长时间燃烧的蜡烛来做个试验。

和刚才一样，蜡烛的火苗也没能坚持太长的时间。

那么，在井水翻腾程度最轻微的那口井里，蜡烛也会熄灭吗？当把蜡烛放进那口井的时候，我们发现，蜡烛虽然一直有即将熄灭的迹象，但一直没有完全灭掉。

而在井水翻腾程度最厉害的那口井里，蜡烛刚过井口就瞬间熄灭了。

通过点燃蜡烛这一系列的实验，起码能够证明几点：第一点，井下确实是有气体涌出，否则的话，蜡烛也不会灭掉。第二点，蜡烛入到井里面的位置不是很深，在周围无风的情况下它能灭掉，还是证明下面有气体涌动出来。这些水看起来沸腾的现象，其实就是气体往外涌的现象，气体如果涌上来得比较大，水就跟滚开了一样。如果只是一两个气泡，说明它涌动的气体量程度并不是很大。第三点，起码也证明了井里面的气体不是像甲烷、天然气之类的可燃气体，否则的话，蜡烛应该是越着越旺才对。

在拍摄的间隙，一个偶然发现的现象引起了我们的注意。如果在杯中倒入的是普通的自来水，则基本没有气泡产生。但是，当把沸井的井水倒进杯子后，杯壁上竟然会出现类似碳酸饮料产生的气泡。

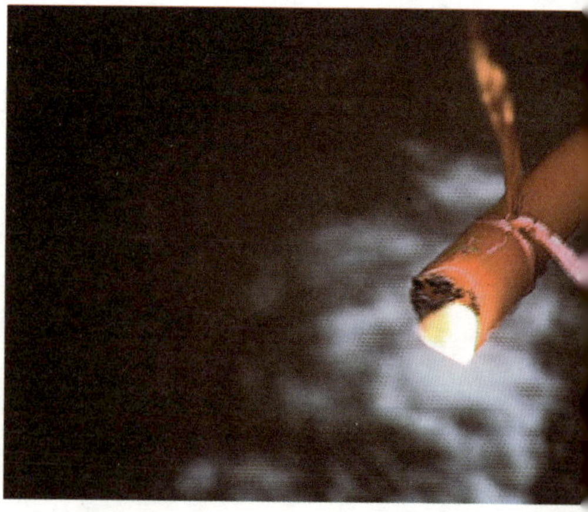

蜡烛在水面附近熄灭，证明涌出的并非天然

王站长："汽水是什么东西？实际上就是把二氧化碳压在了里面。这井水喝起来就有一股汽水味道。"

沸井里冒出的气体会是二氧化碳吗？如果真是这样，那么，它的雪碧、啤酒之类的口味就很好解释了。在地质专家看来，那里的地质条件确实有形成二氧化碳气体的基础。

倪俊："我们这块地区属于长江冲积层，因为它附近的湖泊资源比较多，另外江南一带的气候条件也比较适宜植被生长。所以说在沼泽的地表，远古的时候植被应该是相当茂盛的，后来因为地质构造运动，把这一层覆盖到地下之后，也就是有机物埋藏到地下之后，经过一系列的物理、化学以及生物的反应，就形成了二氧化碳气体。"

还有一个间接的证据就是，在距离沸井几十千米远的地方，就有一个很大的二氧化碳气体矿产资源。看来井水翻腾的原因很可能就是地下的二氧化碳气体涌出造成的。但是，为什么相邻很近的这几口井，颜色和口味还有不同呢？

任翀："即便是在丹阳范围，我发现的井水味道，滋味都是基本一致的。但这六口井产生了六种滋味，就让我觉得很纳闷，而且差异性又很大。"

根据常理推断，这六口井开凿的位置这么相近，应该是来自同一源头的，因此它的颜色和口味应该基本相同。难道，是这些井的深度有区别吗？我们找来了一根长竹竿，进行了一次实地测量。结果发现，六口沸井的深度基本为3.4~3.9米，并没有太大的差别。

如果这几口井是同一源头的，那么当其中一口井水位下降的时候，其他井的水位也应该一起下降，毕竟它们之间是连通的。然而，我们通过打水让一口井的水位下降之后，却发现其他几口井并没有什么明显的变化。

任翀："我曾经对其中一口井也做了抽水的处理，把井水基本上抽到底了，但是井水还在不停地翻滚。也就是说，地下水还在一直往上涌。我把这个沸塘水全部抽干之后，它的井水也是没有变化的，而且沸腾程度也是没有变化的。"

看来，这几口沸井很可能来自不同的源头。但是，在互相之间的距离只有1米左右的情况下，这几口井怎么会有不同的源头呢？通过查阅当地的地质资

专家推测沸井下为不同的竖直地层

料，我们发现，沸井所在的位置正处在几条大的断裂带交会的地方。而专家认为，沸井奇观的形成很可能与这种特殊的地质环境密切相关。

在很多地方，都有这种类似于书卷的地质景观，其实它就是层层叠叠的地层。这些地层的原始状态是水平的，但是经过亿万年来复杂的地质构造运动就形成了现在弯曲甚至竖直的状态。而专家推测，在这几口沸井的下面，很可能就是这样竖直状的地层。

倪俊："根据我个人的分析，它是这样的，在断层中间呈层状，也就说我们这里地下水是通过不同的地层之间传输。在传输过程中，互相应该没有太多的水的联系。这就是说每一口井是每一层的泉水。所以，在运输过程中，它携带的化学物质是与每一层地下的地层中的化学物质息息相关的。"

记者和专家一起探索，最终揭开了沸井的秘密。沸井沸腾的原因是由于地下有二氧化碳气体涌出。它的雪碧、啤酒之类的口味正是由于井水中含有二氧化碳气体的缘故。而几口沸井之间颜色和口味的区别是由于在井的地下存在着竖直状的地层结构，每口井的地下都是不同的地层，因此每口井的井水在传输的过程中互相之间没有联系，从不同地层中携带的物质也有所区别。

这个结论恐怕在很多朋友看来还是相当粗浅。的确如此。但是，毕竟这是一处文化旅游的风景名胜，如果把井直接刨了，看一看下面到底是怎么回事，也许是看明白了，到时候这井既不沸腾了，六个井的颜色也完全一致了，甚至有可能到时候井里没水了。再有呢，为什么说这是一个粗浅的结论呢？实际上，就像我们人类了解自身，了解大自然，了解地球一样，到目前为止，我们也只能说对我们生活的这个地球只有一个粗浅的了解，亿万年的沧海桑田，多少代的这种变化，不是凭目前人类短短百年的这些科学，就能够全部解释得了的，也许这些问题只能留待今后了。

（任超）

鬼脸蛛聚会真相

入夏以后，持续的高温让生活在城里的人们感到异常闷热，郑州市森林公园里每天都会有很多市民来纳凉。然而，谁也没有注意，有一种神秘蜘蛛正在树林里悄悄聚集，蜘蛛身上奇特的花纹让很多人不寒而栗。

老汉："它吐的丝，能挨着你胳膊上的汗毛，顺着这汗毛眼往里边吸血，人的伤口好像给谁挖了一道。"

这是什么种类的蜘蛛？为何突然在此大量聚集？它的出现又预示着什么呢？

据说，广西某地当地的虎纹捕鸟蛛曾经蜇死过一只水牛，后来查明可能水牛本身对它毒液的蛋白质有过敏反应。虎纹捕鸟蛛个头很大，而这种蜘蛛的个头其实不是很大。但说真的，不知道您有没有这种感觉，要是感觉到蜘蛛丝贴在自己身上，直起鸡皮疙瘩，担心蜘蛛会沿着丝爬到身上来。虽然我们也知道，一般像这种蜘蛛，对人没有什么大的危害，但就是心里特别难受。这种蜘蛛本身长得又特别吓人，有人就管它叫鬼脸蜘蛛，身上的花纹儿好像是鬼画符那样，冷不丁地突然看见这东西出现在自己眼前，确实是挺吓人的。

拍摄蜘蛛

这一天，郑州实验学校的段家琦和几个同学

蜘蛛聚集在一起

箭毒蛙

到森林公园里玩儿。突然，他们被几只蜘蛛吸引了。

等他们凑上前去仔细看时，却被眼前的景象吓了一跳。

学生:“这种花蜘蛛非常的多，在两棵树中间成群结队地出现，而且，它们的网非常复杂。”

学生：“将近2米多高很大一张斜下来的网，而且那个网上全是层层叠叠、密密麻麻的蜘蛛，估计这一溜有一千只以上的蜘蛛。”

原来，出现在他们面前的是一片足有两三米高的巨大蜘蛛网。蛛丝从地面直接挂在树梢，上面密密麻麻聚集了上千只颜色艳丽的蜘蛛，这让几名中学生非常吃惊。他们知道，世界上很多有毒的生物其外表都非常诱人，眼前这些蜘蛛身上艳丽的色彩，似乎也在警告人们它很危险。

牛教授：“这可以说是一种警戒色，比如说毛毛虫的花纹是警戒色，告诉大家我有毒，你别吃我。”

警戒色是生物进化中形成的一种自我保护方式，通过鲜艳的色彩和斑纹发出有毒的危险信号。生活在美洲的箭毒蛙是世界上最漂亮也是最毒的一种蛙，最小的身长虽然仅十多毫米，但一只这样的毒蛙却能毒死2万多只老鼠。那么，眼前这些花蜘蛛是不是也含有剧毒？大量聚集在这里会不会对人构成威胁呢？

带着种种疑问，段家琦他们小心地观察起来，渐渐看出了些眉目。原来，这些巨大的蜘蛛网是由无数个小网拼接起来的。蜘蛛在上面看似杂乱无章，实际上，它们都是待在自己的小网里。

学生："它们的网非常复杂，不单单是一层捕食网，是非常多的网罗列在一起，而且有的丝是有序的，有的丝是无序的，有的稠密有的稀疏。我们觉得它们和普通的蜘蛛不太一样。"

段家琦、张子涵和姜恩涵是学校科学小组的成员，他们觉得，这是一个非常值得研究的题材。然而，自然界中大多数蜘蛛都有毒，有些毒蜘蛛甚至对人也能构成威胁。他们担心，眼前这些从未见过的花蜘蛛也含有毒。万一在观察过程中不幸被蜘蛛咬伤中毒，那岂不是太危险了吗？而公园里其他市民们的反应也加剧了他们的担忧。

学生："对这种花花绿绿的蜘蛛，市民一般抱有非常恐慌的心态，认为这是不好的预兆。"

难道，公园里聚集巨大数量的花蜘蛛真的在预示着什么吗？从公园回来后，他们立刻从网络搜索起来。通过图片比对，很快一个极其古怪的名字出现了。

同学："我们去查阅资料，了解到这种蜘蛛因为身上有靓丽的颜色，叫棒络新妇，它属于棒络妇属。"

棒络新妇又叫横带络新妇，由于蜘蛛身上花纹图案很像一张脸，也有人叫它鬼脸蛛。过去人们只是在山里三三两两地见过这种蜘蛛，这样大面积成群出现的现象还从未见过。现在，棒络新妇蛛在公园里成群出现，是否算是异常现象呢？它色彩艳丽，奇特的花纹让很多人望而生畏；盛夏季节，在公园里大量聚集更让人迷惑。鬼脸蛛进城究竟意欲何为，几个中学生能否找到其中的答案？

为了弄清这个问题，三个人决定利用暑假对森林公园里的棒络新妇蛛进行调查。

这一天，段家琦他们请来了河南农业大学从事昆虫研究的牛瑶教授，想请他一起帮助他们解开这个谜题。

牛瑶（河南农业大学教授）："从理论上讲，每一种蜘蛛都是有毒的，因

蜘蛛蜕皮之一

为它是肉食性的，是捕食性的，要杀死它的猎获物。棒络新妇这种蜘蛛对人是无害的，因为它的口器、颚足，不足以咬透人的皮肤。”

蜘蛛的食物主要是昆虫和一些节肢动物，大多数蜘蛛都张网捕获猎物。一旦有昆虫落网，蜘蛛就先用螯肢对其注入毒液，待猎物体内被分解成汁液后慢慢吸食。棒络新妇蛛虽然也含有毒素，但是由于它的口器很小，无法咬伤人的皮肤，分泌的微量毒液也不足以伤人。

听牛教授说棒络新妇蛛不会伤人，他们的胆子一下大了起来。在教授的帮助下，选择了观察地点，可是，他们在清点棒络新妇数量的时候却遇到了难题。蜘蛛网上除了蜘蛛以外，还粘了很多树叶以及一些吃剩的昆虫碎屑。远远望去，这些杂物很容易和蜘蛛混淆在一起，难以分辨。

蜘蛛网是蜘蛛用来捕获猎物的，通常都会被清理得干干净净，可是，棒络新妇蛛的网上为什么这么脏呢？等段家琦他们仔细观察后发现，原来，蜘蛛和垃圾其实并不是在同一张网上。蜘蛛所在的捕食网非常干净，而那些垃圾全部都粘在另外一片网上。很显然，那些垃圾是蜘蛛有意保存在那里的。这又是为什么呢？

学生：“我们本来看到它在上面挂了很多东西，有类似于部队拿军功章的感觉。后来不能确定这片

蜘蛛捕食之一

网是不是为了展示它自己的战绩，因为它上面还挂了一些残渣剩饭，所以我们改名为垃圾网。”

对于蜘蛛来说，把网上的垃圾丢掉应该是最简单省力的方法，棒络新妇蛛为什么特意编织一张网来储存那些没用的垃圾？这看似不合常理的处理方法中，是否隐藏着某种玄机呢？

学生：“这片网上的残渣和棒络新妇蛛从远处看是非常相似的，这可能会起到一个迷惑自己天敌的作用，因为从远处看，这些网几乎是相同的，让天敌无法确认自己的目标。”

蜘蛛捕食之二

除了捕食网和垃圾网，同学们还注意到，在网周围还有很多非常凌乱的丝线。这些丝线对于整个蜘蛛网来说又起着什么作用呢？

学生：“一开始我们不知道这些线是做什么用的，但后来我们发现，只要你触碰到这些线，蜘蛛就会非常警惕地逃走，所以我们觉得这个线不光是网的基础结构，而且还是报警的一种网，所以我们命名它为保护网。”

这些发现，让同学们不由地赞叹蛛网设计的巧妙。这种复杂的蜘蛛网不但能够捕食，还利用树叶和食物残渣做伪装，迷惑鸟类等天敌捕食，对蜘蛛起着预警和保护作用，棒络新妇蛛在网上也就更加安全了。

它应当隐没于荒山野岭，却突然出现在城市公园里；一片杂乱无章的巨大蜘蛛网，竟然具有捕食、防御等多项功能，相貌奇特的鬼脸蜘蛛进城的真相究竟为何？

蜘蛛可以说是我们这个地球上最善于织网的一种生物了，

雄蛛慢慢接近雌蛛

雌蛛守护蛛卵直到自己死去

像棒络新妇蛛，它不仅仅能给自己建一张捕食网，还有隐蔽扔垃圾的功能。有些蜘蛛还能到水里去捕鱼，有些还能把自己的网做成一个流星锤一样，在空中挥舞，有东西一过来马上就能粘住。还有些蜘蛛，它们能给自己做一个地盖，挖一个陷阱，自己在里头，周围只要有虫子，马上扑过去，把虫子抓进来。所以说别看蜘蛛小，作为一种掠食动物，这个家伙确确实实是很厉害的。那么现在这几个同学在考虑什么问题呢？他们想，虽然说这复杂的功能是进化的结果，它在进化的过程当中，让自己具备了这种本领，但是这样一套套的方法，到底是基于什么原因而产生的呢？

据常来这里的居民说，每到夏季，公园里都会有很多蜘蛛网，但这种身上长着艳丽花纹的鬼脸蛛是这两年才多起来的。那些连成一片的巨大的蜘蛛网主要集中在公园这条水渠周围。

同学们注意到，这是公园里的一条专用排洪渠，在水渠附近滋生着大量的蚊蝇等一些昆虫。那些会飞的昆虫正是棒络新妇蛛最喜欢的食物。由于在水渠边更容易获得食物，棒络新妇蛛才在这里越聚越多，以至于把蜘蛛网逐渐连成了片，才出现了现在这种壮观的情景。

棒络新妇蛛的生命周期只有 1 年，春天的时候开始孵化，刚刚孵化出来的蜘蛛身体只有几个毫米，很难被人发现。七八月份，棒络新妇雌蛛已经长到十几毫米了；随着蜘蛛体型的增大，蜘蛛网的直径也在不断增大，以至于后来让见到的人感到惊讶。

入秋以后，棒络新妇雌性蜘蛛已经长到二十三四毫米，和雄性体型相差很大。有一天，段家琦他们注意到，一只棒络新妇雌蛛在捕食网上把自己挂了起来。它这是干什么呢？渐渐地，同学们终于看清楚了，原来这只蜘蛛正在蜕皮。

学生："蜕皮是倒挂在网上进行的，它的八条腿是挂到蜘蛛网深处，腹部有一根丝悬挂到蜘蛛网上，可能是依靠重力，自己一动一动就能蜕出来了。"

蜘蛛从孵化出来到成熟要蜕十几次皮，到了秋天最后一次蜕皮后，雌蛛就进入了繁殖期。刚刚蜕完皮外表还很柔软，它需要静静地休息一会儿。此时，一只体型很小的雄蛛已经注意到这只刚蜕完皮的雌蜘蛛，悄悄向它接近。雄蛛小心谨慎地爬到雌蛛的附近，用脚趾轻轻地拨弄着丝线。

蜘蛛蜕皮之二

蜘蛛交配之一

学生："它会用自己的触肢或脚轻轻地触动网或者是碰雌蜘蛛，看雌蜘蛛有什么反应，就像拨动丝弦，弹琴拨动心弦一样，可能弹奏一首爱情曲，然后来向雌蜘蛛求婚。"

雄蛛见雌蛛并没有拒绝自己，便壮着胆子小心地爬到雌蛛的身上，顺利地将输精器插进雌蛛的身体。他们听说，雄蜘蛛交配后通常会被雌蜘蛛吃掉，那这只雄蜘蛛的命运又会如何呢。同学们紧张地等待着。他们感到意外的是，蜘蛛交配后雄蛛不但没有被吃掉，反而从容走开了。

蜘蛛交配之二

牛教授："以前的文献也是这样，说棒络新妇这种蜘蛛交配后，雌蜘蛛要把雄蜘蛛吃掉。但是在同学们的观察里，发现并不完全是这样，有雄蜘蛛被吃掉的情况，也有雄蜘蛛吃雌蜘蛛的情况，但是大多数情况下大家是和平共处的，甚至是在这一家待上一段时间，会到别的一家再串门，这种情况也是一个新的发现。"

接下来的发现让他们大为吃惊。棒络新妇蛛并不是用情专一的生物。在接下来的 2 个月里，成熟的雌蜘蛛不断地更换雄蜘蛛与其交配。雄蜘蛛也在巨大的蜘蛛网上，不断寻找新的目标。很显然，连成一片的巨大的蜘蛛网为蜘蛛交配创造了非常便利的条件，也更便于成功地繁衍后代。到了十月初，雌棒络新妇蛛一个个腰肥体胖，终于开始产卵了。

同学们发现，蜘蛛产卵都是在晚上，这样可以避免其他动物的侵袭。产卵过程较长，需要 5 小时左右才能完成，等雌蜘蛛把 100 多粒卵全部产出来，这项工作才算完成。此时，疲惫的棒络新妇妈妈会守在自己的宝宝旁边一动不动。它不再去织网捕猎，也不去躲避寒冷的天气，就这样守着孩子们，直到几天后慢慢死亡。

通过调查，同学们终于得出了结论。郑州市森林公园里出现大量棒络新妇蛛聚集的现象，和公园特殊的微环境有着直接的关系。公园里相对简单的次生林生态系统中，物种较少，食物链和食物网还不够丰富，特别是缺少飞禽、螳蛉、胡蜂等蜘蛛的重要天敌生物，使棒络新妇蛛的繁衍失去了控制。在这里，有多少张捕食网，就有多少只雌蜘蛛。高度密集的蜘蛛网为蜘蛛最大限度地提供了求偶、交配的机会，为蜘蛛种群的不断繁衍创造了条件。

几个中学生靠着自己用了这么点时间，自己找资料，自己去观察，发现其实根本不是人们想象中的那么回事，根本不用对它畏惧，把这个问题解决了。这虽然是一个小得不能再小的事情，但是在中学生当中，能有这种自己独立去思考一个问题的想法就很不错。

（刘斯宏）

山上有座塔

双峰并立的奇特山体，无路径可寻的绝壁之巅，两座古塔究竟何人所建，又是怎样修建？攀岩大师亲临现场登顶一探，他的挑战能否成功，双塔谜团能否最终揭开？

这是晴朗无风的一个好天。在承德市的双塔山上，又一次试验开始了。随着“扑”的一声，当白色的绳索被弹射出去，所有的人都屏住了呼吸。这已经是绳索的第五次弹射了，如果再失败，也许就意味着这次众人期盼的计划就要被迫放弃。

在承德市市郊，有一处双峰并立的奇特山体，高30米，直径20米，以倚天拔地之势，巍然耸立。更奇的是在这山体直立的绝壁之上，竟各有人工修筑的古塔一座。双塔山的名字由此而来。

双峰并立的山体

多少年来人们望而称奇，望而兴叹，古人是用什么样的方法登顶建塔的？那些修建塔的材料又是如何运送上去的？选择这样一个即便在今天，也是极难施工的处所修建，又有什么特殊的原因？这一天，一个叫胡东岳的人来到了双塔山。

胡东岳，人称老胡，国内户外圈赫赫有名的人物。酷爱登山、攀岩、骑行，是以创意而疯狂的玩法闻名。这一次，神秘的双塔山再次点燃了他的激情，老胡决定通过攀岩，登顶一探。

对于双塔山，不只是老胡，长期以来，它一直吸引着无数人前去攀登。

胡东岳与双塔山

在这个城市生活了近30年的原承德文物研究所副所长田淑华，也对西郊的双塔山充满了好奇和关注。

清朝史料《承德府志》中这样一段文字，引起了她的注意：“东塔”（南峰）之巅有古庙，不详何人所建，已就倾圮（痞），旁有一小碑镌“王仙生”二字。

这个“王仙生”究竟作何解释？它和这个塔又有怎样的渊源？史料里再无只言片语的记载。不过这一有证可考的信息，无疑是和纪晓岚的《阅微草堂笔记》类似。如此推断，《笔记》里面提供了另一个重要信息“清人搭木梯登顶”是否也具有真实性与可行性呢？

胡东岳设想的登顶方法，显然和“构木为梯”无关。他原先设想，沿山体裂缝徒手攀岩，可是双塔山山体风化太厉害了。

胡东岳：“我攀上去后发现一个问题，风化太厉害，那些石头轻轻一抠就能掉下来。上山的时候没事，但是上去之后脚踩的时候发现石头在活动，再一看一大块石头都是活动的，我马上把它踹掉，因为石头在那里就是一个定时炸弹。”

实地考察后，和助手讨论了半天，胡东岳决定采用更为古老、安全也是比较适合古迹保护的方式——协助攀岩。即用绳索穿过山体，固定两端，人利用工具沿绳索一端向上攀登。

可是，如何才能把绳子挂上高30米的山体呢？户外弹弓、螺丝帽牵引鱼线发射，鱼线连接保护绳索，是胡东岳最初的想法。

即使已经站在一个相对的制高点，即使发射的是如此轻巧的渔线，面对矗

户外弹弓牵引鱼线

立巍峨的双塔山，弹弓弹射的强力显然还是不够。

在田淑华等承德文保工作者的心中，多少年来，双塔山似乎也总是遥不可及。和双塔山最早的实际接触，竟是源于一场天灾。

1976 年唐山大地震发生，巨大的震动波及了整个承德地区。强震在带来灾难的同时，也将双塔山上的一些古砖，震落于地。

田淑华：“山上有大条砖和小条砖。大条砖的尺寸大约是 35 厘米长，15 厘米宽，辽代的砖大而薄，质量很好，有沟纹的有素面的，有方砖有长砖。”

根据它背面的绳纹以及它的工艺、形制，当时的学者们初步断定，这些是典型的辽砖。这些典型的辽砖是不是就可以说明，双塔是辽人所建呢？他们又是如何修建，因何修建呢？田淑华追寻着这些问题，一次次地登上双塔山。两山之间，许多对称分布的岩石凹槽，引起了她的注意。

田淑华：“应该是构木为梯，也就是用木架子搭架子，来回搭横架子，就是用架子戳到山崖窝窝的地方。山峰的上下，有的是比较大的窝窝，有的小一点的窝窝可能经过人工挖凿。两峰之间搭架子、构木后，这两个峰人都可以上去还能往上运东西。”

田淑华构木为梯的猜测，还源于双塔山奇特的山体——双塔山虽为垂直崖壁，但两峰并立，且之间的距离不过几米，绝壁反成为极好的固定体，在此之间，人为错落地搭建木梯而上运送建筑材料，比起悬棺的单面凿壁要容易得多。

双塔山的两山间对称分布的岩石凹槽，无疑是这种猜测有力的证据。当然，在此之上，人们无法更细地分辨，这个痕迹究竟是当时修建者留下的，还是清朝人凿壁登山留下的。

而现实中，胡东岳的登顶计划，还在紧密地进行。弹弓失败是因为射程问题。经过来回地协调商量，他们从当地的消防部门借来了救援使用的一种先进设备——抛投器，最大射程可以达到 180 米。它是靠压缩空气，形成动力。抛投器的力量足以直接带动绳索飞过山顶，但是几次试射效果并不理想，发射的方向略有偏差，都无法保证绳索能稳当地落于山顶表面。

这一次，随着“扑”的一声，当白色的绳索终于结实地落在山顶，并向下垂落，所有人都松了一口气。在山另一头等候多时的胡东岳和他的助理石建成也放松了下来。

现在，是该进行下一步的时候了。

田淑华等人也并没有停止对双塔山研究的步伐。即便是能构木为梯，修塔之人为何选择这样一个即便在今天也不易施工的处所修建呢，它有什么特殊的含义吗？20 世纪 90 年代他们开始运用更为先进的高倍望远镜，拍摄放大古塔。

田淑华：“从我们拍下来的片子可以数出来从第一层到最顶层总共是 67 层砖。采取叠色的方式垒成，也就是大砖、小砖，长条形砖和方砖混合使用。”

从塔的形制和构造来看，他们已确定，双塔山确实是辽代建筑，而且是辽初年比较简易的塔建风格。年代一旦确定，疑团似乎变得豁然开朗。

田淑华：“辽代建塔之风是很盛的，特别辽圣宗、兴宗以后，皇帝都信佛，有记载说皇帝信佛自己就能在佛经中留名。当时的建塔之风达到疯狂的程度，‘殚尽其力不以为劳，竭尽其材不以为贵，是皆云汉而起不以为高’。”

辽国，北宋时期以契丹族为主建立的少数民族政权，是以彪悍善战而著称。他们有着崇拜高山、日月、天地的习俗。田淑华认为，在离日月接近的高地建塔，也许就是古老的自然崇拜和宗教崇拜这一契丹遗存的融合。

而此时，却有学者认为，事情也许不那么简单。古籍里记载的“王仙生”字样的小碑在高倍望远镜中并未曾找到，也许它早已坠落或毁坏。但双塔是辽塔的确认，让一些学者猜测，这几个字，也许就是随辽灭亡，早已成为死文字的契丹大字和小字。

在离双塔山不远的山边，我们可以看到这样一些散落在外的石羊石虎，专家告诉我们，这些是对死者表示尊重和纪念的石相生，在大型贵族辽墓附近能够看见。

双塔山之下，据老人相传曾经存在过一些石羊石虎。于是有学者大胆的推测，绝壁之上建塔，非一般人力、物力可为。双塔山的塔会不会也是某个辽国贵族墓塔呢。那个类似“王仙生”的碑文，会不会刻的就是墓主人的名字呢？

抛投器直接带动绳索飞过山顶

单塔村发现的辽代遗存

研究人员找到国内最为权威的契丹文字专家，结果发现这两个字既不是契丹大字，也不是契丹小字，就目前的研究成果，还无法断定它就是契丹文字。

契丹文字，虽暂无定论，但是对于墓葬的观点，田淑华有自己的看法。

田淑华：“契丹人的葬俗是很讲究的，早期契丹人的葬俗是树葬，人死了以后要先把尸体置于树上，3 年以后收其骨而分之，这叫早期的一种树葬。后来随着中原汉文化的传入，这个葬俗也逐渐发生了变化，改树葬为土葬。契丹的贵族和平民都没有进行塔葬的现象。”

如果不是贵族墓葬，往前推算 1 000 年的辽初，双塔山地处偏僻，辽人如此耗费人力财力建塔，是否还有其他原因呢？

现实中的胡东岳，绳索固定之后，正式的攀岩就要开始了。这个设备叫上升器，可以起到助力和防止下滑的作用。胡东岳要借助它，一直爬到山顶。

因为山体上大下小，在中途，胡东岳将会有大段的路程，是悬空向上攀爬。

在空中，胡东岳缓慢地向上攀爬。所有在场的人，都屏住了呼吸。时间已过去了半小时，这座以往可望而不可即的古塔，已离他越来越近了。

其实，在世纪之交，为进行旅游开发，当地曾经在双塔山边架起一座铁梯，准备供游客登顶，田淑华等人也因此提前上去考察。除了塔里供奉的石佛像，他们并没有找到其他更有价值的实物或者文字线索。

不过，在后来一次文物普查的民间走访中，田淑华有了意外的发现。在离双塔山不远处，她发现一处叫单塔村的村子。村子名字的由来，是因为那里曾有一座高高的单塔。

单塔和双塔？它们之间是否有什么联系呢？田淑华立刻奔赴单塔村，在村子的半山腰，她找到了一处塔基遗址。清理出的砖瓦残片，经鉴定，和双塔山竟同属于一个时代。

查阅清朝文献，田淑华查到了有关单塔这样的记述："有七层瓦塔，高达三丈，名曰单塔，遥遥与双塔相对。"田淑华发现，在两塔相对之间，群山环绕，道路错综复杂，于是她有了新的判断。

单塔的发现打开了人们的思路，觉得它有一个路标的作用。因为当时单塔的七层瓦塔是很高的。当时它与双塔遥遥相对，单塔子和双塔子的塔尖是遥遥相对的，是一个很美的景观，在客观上也起到了路标的作用。

田淑华推断，在辽初，战争频繁爆发，双塔山虽然地处偏僻，但是辽军经常要行军与此。当辽军行进在这山重水复之路，那举目可望的数个白塔形成形象鲜明的指路坐标，也给笃信佛教的辽人带来神灵的安慰。这也许就是修建双塔最初的目的。

经过 40 分钟的努力，胡东岳顺利登顶了。在山顶上，胡东岳进行了实地拍摄。这些画面，把山顶上的一切真实地展现在我们面前。塔前有一案台，一香炉，塔内中空，里面供奉着一尊佛像。这一切和清朝文人纪晓岚在《阅微草堂笔记》的描述，似曾相识。

胡东岳的登顶，更像是现代人以自己的方式对古老遗迹和历史谜团的一种靠近。但是他本身并不是文化学者，他的登顶，也并没有打破原有学者的研究。而只是作为普通人对双塔之谜的一个积极参与。

当神话与传说瞬间变为现实的时候，并不意味着双塔山之谜的破解。种种推测和探寻，还需要更多的发现加以佐证。但是，学者们的不断努力，终将会使双塔山之谜，逐渐揭去它神秘的面纱。

（陈子隽）

与狼共舞

1. 寻狼记

早春三月，哈尔滨动物园充满了春天的气息，这里的居民纷纷做好了成为爸爸妈妈的准备。然而，西北角的狼园里，却发生了一件不幸的事情。

研究人员安置的监控器，记录了事件的全过程。这一天，是3月21日的上午，一只叫娜娜的母狼在狼圈里顺利产下4只小狼崽后，在窝里安静的休息。下午3时左右，母狼忽然站起来，做出惊人举动——叼起一只小狼，从脖颈处，将其头活活咬掉。饲养员随即从监控室赶往繁殖区。然而，短短的几分钟，事情又起了新变化。母狼走向蜷缩在一旁的另一只小狼，在窝里转了几圈后，以最快的速度，把狼头也给咬掉，并毫不犹豫地将整个尸体吞下。

达赉湖国家级自然保护区

在哺乳动物当中，狼是出了名的模范父母。母狼这个极为反常乃至残忍的行为，因何发生呢？研究人员从时间、地点、环境因素，反复考察初步判断，母狼因为生育，单独住在狼圈里和公狼隔开。狼园有散放区，那里的群狼闻到饲养员给母狼单独投放的肉馅味道，于是前来骚扰。母狼生产消耗了巨大体力，在公狼不在的情况下，以为小狼崽就要不保，于是受到刺激，做出异常行为。而事实上，还有更深层次的原因。动物园饲养的狼会出现吞崽和为了争抢食物而咬死幼崽的行为，这种情况在野外是很少见的。也许是因为人类的圈养给动物们带来的行为上的改变。比如饲养员用身体接触了小崽，因为气味发生了改变，大狼可能就会放弃喂养小崽。因此，如果人类想真正地研究狼的习性、行为，在野外进行的研究，一定会比在动物园更真实有效。

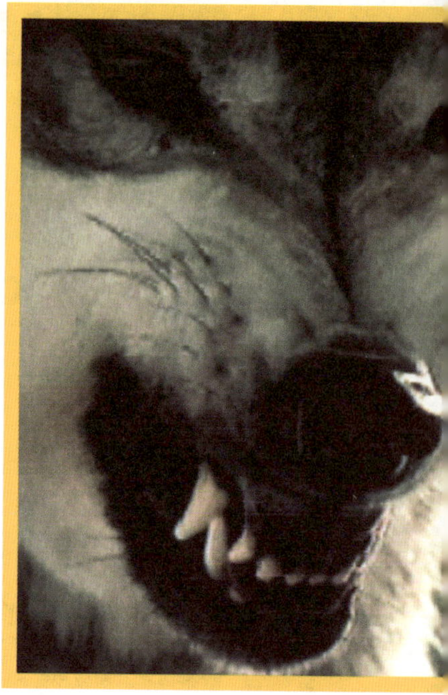

狼生性警觉多疑

从内蒙古自治区满洲里市驱车3小时就可以到达达赉湖国家级自然保护区。达赉湖位于呼伦贝尔草原的腹地，“达赉”在蒙语中是“海洋”的意思，作为我国第四大淡水湖，达赉湖一直是各种鸟类和兽类的天堂。位于达赉湖最南端的嘎拉达白辛管护站，被大片的苇塘包围，很多动物活动其间，其中也包括狼。一大早，窦华山和保护站的工作人员来到这里，他们想找到一些特别的东西。在野外，野生动物稍纵即逝，追踪足迹，常常是行动的第一步。狼的足印比较好辨认，足间距离通常是60~90厘米，脚趾有脚蹼，奔跑时张开，以保持身体平稳。比起沙狐、赤狐，狼的足印更接近圆扇形。窦华山刚来时，通过足迹发现这里共有6只狼，可是没过几天，数量就发生了变化。

窦华山：“其中一只狼和群体分开了，分开之后，我们就看到了它的足迹。突然草地上的草被压平了，如果是狼走过去，不可能把草全部压平。到了沙地上，我们才看清楚，旁边有狼的足迹，是一道平拖的痕迹，在后边还跟了一个人的脚印。当我们再跟踪这群狼的时候，发现就剩下5只了。这说明这只狼肯定是被人捕杀了。”

这个发现让窦华山很心痛。此时的他还是曲阜师范大学野生动物学院的研究生，来达赉湖半年多了，从狼的足印还有沿途的毛发、粪便，窦华山推测，在这1万多平方千米的保护区及周边，狼的数量太少了，最乐观的估计不超过

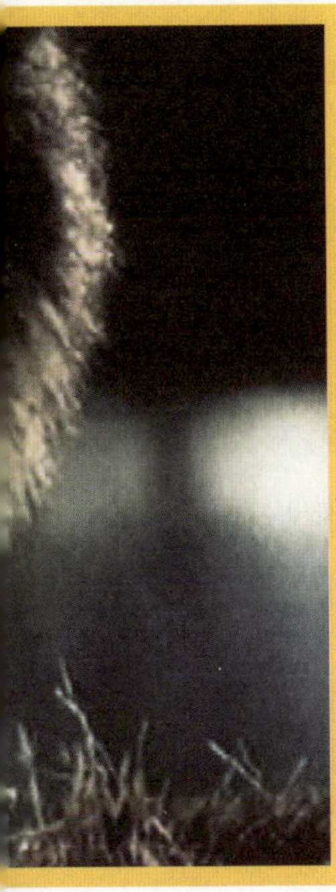

20只。

而事实上，作为狼的研究者，他只远远地见到过两次狼，多少黎明日落的等待和蹲守，狼留给他的总是模糊的背景。

窦华山：“平时的生活中，我们不能用肥皂洗脸，更不能抹一些化妆品，因为狼的嗅觉非常灵敏，并且那天的风向不利于我们的埋伏。如果是南风，狼从北边过来，它顺风可以很远地感觉到人的气味，就会提高警惕。”

狼生性警觉多疑，能够野地杀狼的，一定是实践经验极为丰富的老手。

实际上，人类杀狼，的确有着丰富而疯狂的经验。20世纪40年代，从内蒙古开始扩展至全国范围，将狼作为害兽进行了轰轰烈烈的打狼运动。狼，作为一种适应力极强，曾经在中国绝大部分地区生存的物种，遭遇了前所未有的毁灭性打击。

华北、华中、华东、华南地区，狼种群的下降率是100%，即区域性灭绝。而对于曾是狼的主要分布地，现在仍有分布的地区，其种群下降速率很难估计，主要原因是数据的缺乏（主要分布地：西北、内蒙古、东北和新疆）。但有一些线索可提供信息：内蒙古新巴尔虎右旗旗志就记载1948年全旗组织打狼603只，那么单就那个旗的狼种群数量应高于此数字。

草原上的狼

金钱宝（内蒙古自治区新巴尔虎右旗牧民）：“那个时期，大家都组织起来，带着简单的蒙古包，住在野外，找狼窝掏狼崽。”

当时内蒙古的狼种群数量多，人们从保护牧业生产的角度，进行灭狼。但是，直接

被狼袭击的羊

掏狼崽这样的行径，却从根上断绝了狼的后续繁殖。

大批的狼在人们的追逐中惊恐地死去，等到快要消失殆尽了，人们才开始意识到“保护”二字。可即便在今天，像达赉湖这样的国家级自然保护区及周边地区，猎杀狼的情况，却还有发生。窦华山曾经在做调查的时候，看到过被人打伤的狼。

窦华山：“那只被人打伤的狼，让我很震撼。在 3 只腿被绑并且失去一只腿的情况下，它用嘴锹着笼子的边沿就站了起来，站起来之后往前边看，然后左右地来回撞，整个车上鲜血淋淋的。被运到站里之后，那只狼开始吐血沫，我希望它能缓过来，但过了 20 分钟，它就死了。那只狼死后我们解剖了它的尸体，发现颅骨已经受到了损伤，特别是鼻子已经被打得不像样子了。”

从远古时代，狼就一直伴随着草原游牧民族，被认为是神秘而威严的，牧民们都会说，有草原的地方就有狼，有狼的地方才是真正的草原。人们敬畏狼，不轻易杀狼，认为狼是上天派来的一种有灵气的动物，杀狼会折福的。在一些地方还有风俗，牧民们会在羊圈上挂上狼的掌骨，据说可以辟邪，防止畜群得病。并且在母羊下奶不畅的时候，用狼掌骨按摩羊的乳房的话，可以刺激产乳。可以说，狼和牧民之间一直有一种稳定而奇妙的关系。打狼运动过去后，是什么原因导致狼继续被人扑杀呢？这其中还缘于人狼之间一个关键环节的断裂。

2011 年，窦华山已经从曲阜师范大学毕业 3 年了，不顾众人的反对，他放弃了在城市里工作的机会，只身留在达赉湖保护区，成为一名普通的保护站工作人员。这几年来，他越是深入的调查，越是发现他实在不能离开这片土地。

又有老乡打电话来，说自已家的羊群被狼袭击了。

老乡告诉窦华山，这一次袭击发生在夜里，狼钻进羊圈，共咬死大小羊 31 只。这只小羊羔，因为老乡赶到，才侥幸活下来。

狼的攻击迅猛残酷，通常直奔猎物脖颈，一口扼住直至断气，因此，狼伤极容易辨别。

作为自然界的顶级捕食者，狼多以群分，协同作战，可避免单个个体的劣势。窦华山对这一代已经非常熟悉，很快他断定这次袭击的凶手，是两只公狼组成的小型狼群所为。

在达赉湖，一户牧民一年的收入不过万元。一只羊在市面上能卖到500元，狼的一次袭击，30余只羊的损失，意味着辛苦一年的收入。这几年，周边的牧民大多遇到过类似的袭击，养大狗、羊倌照看，早晚圈护，仍然防不胜防，乃至愈演愈烈。

在牧民们的记忆中，从前的狼，总在草原深处捕杀猎物，绝对不会主动接近人类，更鲜少进圈攻击。这是狼群对曾经被屠杀的报复吗?

20世纪90年代后，牧区收缴猎枪，全面禁猎。但不少老乡家里，哪怕是在如今保护动物意识极好的老乡家里，都能翻出打狼运动时期，曾经使用的另一种打狼的有效器具——狼夹子。

牧民说，盖上这些骚味重的动物粪便，能够挡住狼夹子本身铁锈的味道。狼嗅觉灵敏，只有这样才能不引起它的怀疑。

狼夹子构造看似简单，但实际威力很大。

这个夹子是前年管护站的同志没收来的，上面还残留着狼的一个前趾。为了逃脱，这只狼曾经狠心地将自己的脚趾咬断。狼的袭击如果无法停止，杀戮和冲突，似乎无可避免。

其实毕业之后，窦华山曾经从曲阜师范大学野生动物学院借来一套设备——无线项圈跟踪器，希望有机会能把无线项圈套在一只活狼脖子上，对它们的行踪进行更深入的监测。

一晃5年过去了，每一次近距离接触到狼，多是各种触目惊心的伤亡。有时候，窦华山也会忍不住想，还不如远远地观察他们。在这片草原上，还有一种动物，似乎也只能远远地观察它们。很多人都说如果这种动物多

狼夹子

一些，也许人狼冲突就可以避免。

这里是达赉湖北岸一个叫囫囵沟的地方。这里能够看到这种叫黄羊的食草性动物。对于狼来说，它们是味道最鲜美的猎物。北岸保护站的塔图告诉我们，野生黄羊胆小敏感，奔跑速度很快，像今天这样，哪怕是远远地望见它，已经是很大的运气。其实，我们今天看到的黄羊，共 26 只，说到底也不能完全算是野生。因为它们生活的这片草地，实际上属于一个叫付昌盛的牧民。

黄羊被大量捕杀

事情要从一个冬天说起。那年 12 月份，一场特大的大风雪袭来，从蒙古地区来的一群黄羊，被风雪刮得迷了路，走到了结冰的湖面上。由于冰很滑，很多黄羊滑倒受伤，眼见着这风雪越来越大，羊群滞留在冰面上，性命堪忧。在这个时候，附近保护站的工作人员接到消息，立刻赶往救援，慢慢地把受伤的大约有 60 多只羊转移到附近的草场上。第二年开春，体力恢复的黄羊跑远了，剩下的一部分就是受伤较严重、体质比较弱的，就在附近溜达着自己觅食，其中就有 4 只黄羊，走到了付昌盛家的草场里。

付昌盛：“第一次见到黄羊是在一个冬天，那一次由于没能靠近，没看清楚。

没有食物，只能冒险进犯靠近人类的家畜

但这回见到的黄羊的时候离得很近，发现它们很柔弱。”

看着黄羊虚弱的样子，付昌盛没有把它们赶出自己的草场，而是远远丢了些草料喂食。没想到，喂了两三个月，再去观望，他惊喜地发现，黄羊竟然下了两个小黄羊。可是麻烦随之而来。他家草场有黄羊的消息，让不少附近的邻居知道了。

付昌盛：“邻居们想把那几只黄羊吃掉，他们觉得留着这些黄羊没什么用，倒不如当了下酒菜。”

付昌盛:“当时我跟他们急眼了，让他们去别的地方找。因为这个地方就剩下三四只了,如果把母羊杀死了，那两只小羊也不能成活。”

生境监测

说起来打黄羊，在这个地区的确是一件很普通的事儿。

付昌盛：“20世纪在七八十年代初的时候，在草原上可以随处见到一群群的黄羊，而且种群数量非常大。我自己经历过一次，我们开着车从羊群的一头走到另一头的时候用了半小时。那时漫山遍野都是黄羊，估计那时的每个种群都在十几万只以上，常见的一两千只。”

最大捕杀发生在20世纪80年代末。多是商业性捕杀，打了黄羊以后去做罐头出口。在短短三五年之内，黄羊数量从10万只左右降到了四五千只。如今，在这片草原上，黄羊已经不超过100只了。这其中就包括付昌盛家这几年，通过自觉地持续保护，慢慢繁殖起来的珍贵的26只黄羊。

黄羊数量的减少，直接导致狼的主要食物没有了。它们只能冒险去袭击靠近人类的家畜。

实际上，狼的食物构成的变化，山东曲阜师范大学的教授，窦华山的导师张洪海早已有察觉。他带领的团队，一直致力于中国野生狼的研究工作。

窦华山搜集的狼粪，一直持续地在这里进行研究分析。分子生物学发展到今天，实验室里已经可以通过粪便，分析动物的食物成分、判定性别比例乃至进行种群亲缘关系鉴定。达赉湖的狼的粪便，曾经作为狼主食黄羊的比例，几乎为零。

窦华山："我们采集粪便，进行分析之后发现，现在 90% 的狼主要是以家畜为食。"

人狼的冲突，因为食物的短缺，变得无法避免。在保护站坚守的窦华山，越来越意识到，要保护狼，保护野生动物，最关键最基础的，是栖息地的保护。就在窦华山和保护站的工作人员，决心从头开始，一点点地从基础做起时候，一个令他兴奋的消息传来。

保护站附近渔场的老板，救助了两只当地林业公安从盗猎分子抢救下的狼。没想到，这两只狼，正好一公一母，在渔场生下一窝狼崽子。老板托人告诉窦华山，他们愿意送给他一只。

在这片草原上，追到一只狼，近距离接触到它们，一直是窦华山的梦想。现在，似乎机会来了。

听了这个消息，窦华山很兴奋，因为这个狼崽和动物园的不一样，它是野生狼下的崽子，身上有着当地狼的种群基因。窦华山的想法是，如果要饲养，有没有可能更野化地养它，毕竟保护站附近人烟稀少，地盘广大。有朝一日，可以带着窦华山的无线跟踪项圈，放归野外，当地的狼群应该会接收它吧？如果能成功，对于以后狼群的研究和监测工作，都会有很大的帮助。那么窦华山这美好的愿望能不能实现？他又会遇到什么样的阻碍呢？

2. 养狼记

这是六月的初夏时节。入夜后，草原上的温度开始迅速降低。这天晚上，草原保护站的工作人员有一个特别的行动。

在一个小芦苇塘的边上，这个叫窦华山的年轻人稍作停留，打上一桶满满的水装上后备厢后，车子继续往草原深处行进。

很快，目标出现了。这是一种叫作“跳鼠”的草原鼠，靠发达的后肢蹦跳前行。如果车速太快，它们受惊后会迅速钻到草丛中，不见踪影。

慢慢地撵着它们走，可以追踪到它们栖息的洞穴。跳鼠有很多临时洞穴，大多很浅，水一灌，立刻能将它们逼出来。

曾经的打狼运动，人类牧业活动的扩张，让这片草原上的狼，已经不足20只。并且狼的主要食物——黄羊在20世纪80年代大量被猎杀，导致狼没有食物吃，因此它们就开始偷袭羊圈，人狼冲突严重。直到今天，保护区内的狼还偶有被人打伤、打死的危险。毕业后，窦华山放弃了在城市里工作的机会，继续留在达赉湖保护区做动物保护和研究工作。

来达赉湖已经好多个年头了。狼的野外研究，并不是容易的事儿。这些年来，大多数时候，窦华山总是只能远远地望见它们的身影，在它们出没的地方，低头研究它们的足印和粪便，分析种群、调研生存环境。

这一天，窦华山忽然接到保护区边上一个渔场老板的电话。随即，他立刻兴奋地赶到渔场，在电话里，这个老板告诉他，他们那里有刚出生的小狼崽。

事情源于当地的林业公安从盗猎分子手中抢救下的两只受伤的狼，渔场的地方大，经济效应好，在征得渔场老板同意后，两只狼暂时寄养在这里。没想到，这两只狼，正好一公一母，不久就在渔场生下一窝狼崽。窦华山爱狼、研究狼，这几年保护区周围的人都是有目共睹。于是，渔场老板有了想把小狼崽送给他一只的想法。

其实，在动物园里，繁殖狼，人工饲养狼，从条件和技术来讲，已经可以完全达到要求了。兴奋过后的窦华山，开始认真思考一个问题，保护站目前的条件还是很艰苦的，如果只是重复动物园的养狼方式，除了便于他更近距离地了解狼的基础习性外，似乎没有更深的意义。

深思熟虑后，窦华山决心收养小狼崽，放在保护站里饲养。他想，或许可以制定一个更长远有效，对整个草原的狼群都有帮助的特殊养狼计划。

当然，脱离了父母照顾的小狼崽，最先要解决的还是吃饭问题。

窦华山："刚开始的时候，我们照顾得很小心，那时候狼特别小，眼珠子还很浑浊。在那个阶段，小狼可以吃一些固体的食物，但是它吃的食物是母狼和公狼从外边衔回来，吐出后再喂给小狼。首先这些食物已经是半消化的，其次狼的胃液也有杀菌的功能。而这些是我们做不到的。"

如果能模拟狼爸狼妈反哺给小狼的食物，肯定是最佳的食物。为此，窦华山隔三岔五地从偏僻的保护站往返附近小镇，买上新鲜的牛羊肉，剁成细碎的肉馅，并用滚烫的开水杀菌，让肉半熟，再在里面加上钙片、复合维生素、乳酸结合片等促进消化。这样弄出来的精致食物，小狼吃得很快。

这个阶段的小狼，每到晚上，窦华山还要做两件事情，一个是用温热的水，给它全身擦拭。此时的小狼神经系统不太完善，窦华山用热毛巾模拟大狼给小狼的舔毛动作，以刺激小狼的正常排便。

而另一件事，站上的其他人比较不能理解，就是窦华山把小狼的尿液往自己身上涂抹。

窦华山："因为狼的嗅觉很灵敏，它可以通过气味来识别物体，如果在野外活动，狼会通过这些气味来分辨个体，甚至可以分辨个体的身体状态。比如公狼可以通过尿液来判断母狼是否在发情。不但是个体，甚至连生理状况都可以判断出来。人本身有体温，最初幼狼对人的气味还很陌生，但是和它的尿液掺和在一起就会让它们觉得是在自己熟悉的环境中。而且人身上还比较暖和，抱着它睡，慢慢地就和他建立了感情。"

在度过最初的敏感期，窦华山开始着手推进他的养狼计划了。说到底，他想养的狼，是一只行为表达更接近野生狼的狼。这条狼长大后，能带着野外追踪动物使用的无线电跟踪项圈，回归狼群，为研究提供更多的数据监测。此时，窦华山首先要解决的是，如何能让小狼和包括他在内的人保持距离和警惕。很多时候，人才是狼的杀手。

在动物园里，我们经常看到，当小狼因为各种原因失去母狼照料的时候，饲养员通常会用奶水充足处于哺乳期的母狗，对小狼进行喂养。

小狼和狗兄弟笨笨

小狼

实际上，狼和狗有共同的祖先，在亲缘关系和行为方式表达上，它们至今留有很多相似的地方，彼此相处和接纳起来，非常容易。

此时窦华山的小狼已经可以独立吃喝拉撒，它需要的更多的是一个伙伴。在野外，狼是以家庭为单位，群体作战的动物，小狼必须在群体中学会建立关系，习得本领。

窦华山想到了保护站一只叫笨笨的藏獒来带着小狼生活，而自己渐渐淡出小狼的视线，给它单独建造狼窝，不和人同睡，甚至不给小狼取名字。每当外面有人声动静的时候，窦华山就大声呵斥，让小狼躲藏起来，对人类保持警惕和敏感。

窦华山："狼和狗还有一个不一样的地方，狗是忠实于主人，狼是忠实于群体，我们养这个狼和狗在一起的时候，那个小狼就会认为它就是一个哥哥，这样它就服从于它，我们想控制狼的时候，可以通过控制狗来控制狼，因为人控制狗还是比较容易的，狗和人的关系还是比较近的。"

想要让有野生狼的习性，对人保持警惕自然是第一步，因为万一遇到盗猎或者捕杀者，狼不离开是非常危险的。但这只小狼毕竟是在人眼皮底下生活，可是现在，它连野外捕食都不会，以后肯定还要进行各种野化训练，完全不控制也不行。所以窦华山用这只狗控制狼，大部分时候对狗和狼实行散养的方法，是非常行之有效的。可是，没多久，窦华山就发现，用狗带狼，带出了个他没想到的要命的问题。

窦华山：“和狗生活的时间长了，刚开始的时候，幼狼还经常吼一两声，后来人和它分开了，听多了狗叫。后来狼自己不嚎，开始学狗叫。一来人的时候，狗是连声‘汪汪汪’的叫。狼是‘汪、汪’，只会发出单声叫。”

他慌忙带着这个问题，向自己的导师、山东曲阜师范大学的教授张洪海求助。张洪海带领的团队，一直致力于中国野生狼的研究工作。

从狼的种群分类，到骨骼形成乃至生存环境选择。从动物园到野外，每年，他们搜集大量前沿的信息，进行研究。而这个阶段，他们正着手研究狼的嚎叫问题。

狼的嚎叫多发声在清晨和夜晚，多是头狼先叫，其他狼跟进。并且狼的叫声大小、发声频次都有不同。

张洪海（山东曲阜师范大学教授）：“我们把狼的声音分成四种，长嚎、咆哮、呜咽和吠。我们初步的研究发现，每一种声音配合一种行为，比如嚎叫，就是向另一群的狼宣布这个领地的行为。咆哮，主要是基于上面地位的狼对下面地位的狼的一种行为，就是告诉其他狼群它马上要发火了。吠，相当于和同级的狼群之间一种交流，也有一种警戒性。呜咽，主要是小狼和地位比较低的狼，主要是表示屈从、服从的行为。”

这样的分类结果，在他们野外观察和对动物园里散养的狼群反复试验中，得到了证明。

张洪海把大的喇叭架设在动物园狼散养区狼群的栅栏边，让自己的助手选择“长嚎”这个频段的录音，一遍遍地通过喇叭向散放区的狼播放。

很快，这种代表进攻和侵占领地的声音，引来了散放区的狼群的集体回应，它们迅速地聚集在一起。昏暗的光线下，身影模糊，但是它们的回应声一清二楚，也是一种类似的长嚎，宣布自己才是领地的主人。而当助手把这种声音换成类似同伴的呜咽和吠叫的时候，动物园里狼群的反应没有那么激烈了。

狼的视力不好，嗅觉和听觉是它们非常重要的工具。张洪海认为，小狼本能是有的，只是缺少外界的刺激、狼群的群体生活的教育和示范。于是，窦华山按照老师的要求，也开始播放各种狼的叫声，而自己，也试着模仿狼声音中用于同伴交流的“呋”的声音，试图和小狼进行交流。

很快，小狼开始恢复狼叫，甚至带动了笨笨，有时候叫着叫着也发出狼嚎的声音。

冬去春来，小狼渐渐长大了。

有人举报保护区的湖畔边发现外来进入的可疑车辆。

窦华山所在的保护站的站长告诉我们，这个塑料盒很明显就是偷鸟蛋用的。在这个季节，保护区的大雁成群结队生蛋，这样一个大雁蛋，市面上能卖 20 元。而如果人为地潜入芦苇大雁的窝边，仅仅 1 小时，就可以掏掉 100 个大雁蛋。这将意味着，这里的大雁要重新生蛋孵化，也许就赶不上在天气变冷前南飞，不南飞就意味着死亡。

其实对于窦华山，养狼只能在他的私人时间，更多时候，他就是这样和站里的工作人员，每天开车巡护草原。他发现，这几年，随着狼文化热的兴起，狼的皮毛、骨骼、狼的标本也越来越值钱了，因市场经济利益需要，猎杀狼的情况也越来越多了。

再过半年多，他养的狼就到性成熟期了，野放的问题，提上了日程。考虑附近居民的感受，如今的大狼已经有了装上栅栏的大狼舍，但早晚是可以随笨笨，由窦华山远远地带着，到草原深处自由活动的，熟悉野外的地形地貌。由于从小不随人接触，我们只能远远地拍摄狼，稍有走近，它便表现出敏感与警惕，钻进草丛，不见踪影。

对人类始终保持警惕，是野放的第一步，但能否生存下去，还有关键的一步，就是狼食物的野化训练。

这个时候的狼，早已没有那么娇贵。保护站地偏人稀，人的生存条件都比较艰苦。窦华山一般都是一次性购买大量的鸡肉，储存在冰凉的地窖里，然后定点投放给大狼。

这天，赶上大狼和笨笨出去玩了，我们走进狼舍里。在野外，狼不是次次都能打到食物，所以它们有把食物埋在土里备用的习惯。在狼舍里，也只大狼也有这样的习惯。

叫喊中的小狼

有时候，笨笨也会跑到狼舍来，找出狼埋藏的食物。当然，也只有它敢这样做。狼在的时候，窦华山只能在狼的外舍，一到内舍，也会被袭击。

但是，这样的食物，对于今后要野放的狼来说，实在是不够。

在草原上，跳鼠应该是最容易逮到的野味。花上 1 小时，窦华山就可以轻松地逮到好多只。跳鼠，就是窦华山给狼吃的第一种野味。

要说起来，这种野味也不是那么好吃的。在小狼长大两三个月的时候，窦华山想让它接近一些野生食物。

窦华山："它抓到了一只跳鼠，表现得很兴奋，一口咬住，抢都抢不过来，自己整个吃了，连毛带骨头什么都没有剩，连尾巴都吃了。第二天它就开始拉肚子，甚至到最后便血。"

又是照顾又是注射，小狼这才缓过来。那个时候的小狼太小，消化系统等身体功能还没成熟。但是，至此，窦华山更坚定地认为，要想实现日后野放，还是要继续地野化它的食物。

如今，面对这种跳鼠，狼已经完全地不感兴趣。倒是偶尔从老乡家花钱买来的活鸡，还能激起它的食欲。

达赉湖这一带，除了一望无际的草原，还有很多高高的芦苇地和水塘，这是狼经常出没的地方，也是躲避人类很好的去处。要在这生活，学会抓水塘的鱼，也是需要学习的本领。

最初的时候，窦华山把活鱼放在水盆里，引起狼的好奇，待它走近确认，这是可以吃的好吃食物。

接着，窦华山会给鱼偷穿上细绳,因为鱼一放到水塘可是会跑的。用绳子穿上鱼，再用筷子把鱼插进水塘泥里，可以给狼充足的时间观察它。

真到了实地野外，窦华山会先呼唤笨笨前来抓鱼吃鱼，狼才会跟着学习。比起狗，狼天生的警惕性和敏感性强太多。待狼熟悉放松了，窦华山再把筷子去掉，让鱼自由活动，这个时候，狼也可以抓到它们了。

换毛后的小狼

一切都准备就绪了。这半年，新情况发生了。

先是有牧民反映，窦华山家的大狼，竟然夜里偷偷地离开笨笨，跑出去袭击羊群了。

窦华山：“它一直跟着我，我打它，它也不走，还朝我吼叫。”

虽然最终狼还是被牧民赶跑了，但这提醒了窦华山,如果把狼放出去,现在黄羊这么少，它就算练就了捕食的本领，也找不到吃食。会不会有一天，放归了，它还是会跑回来偷袭羊圈？那个时候牧民还会如此客

小狼的第一种野味，跳鼠

小狼的爸妈

气吗?

再接着发生的一件事情,更是严重地刺激了窦华山的神经。

保护站的渔场,狼的爸妈还在生活着。因为没有时间训练,这里的狼,只是成天关在狼圈里,等到伤好了以后,主人曾经试图把他们放归。

窦华山:“那天我们想把它放归,一群人开车走了200里地,把它们放了以后,又全部跑回来了,根本赶不走。”

按理说,这两只狼是野生的,放归是很容易的事情,但也许是食物的缺乏,让它们宁愿放弃自由。于是,两只大狼还有另外两只狼崽子,就此在渔场里生活下来。

这天夜里,四个狼,挣脱笼子,集体出动了。

窦华山："一根笼条开了，四个狼全部跑了出来。当时我们不知道，半夜 12 时多站里面的工作人员都睡觉了。突然听到狗叫的动静不一样了，听起来像是来了陌生人，叫声特别雄壮、凄惨，我们猜想肯定是它被咬了。大家觉得情况不对，就拿手电筒从楼上窗户往外照，看见有狼，当时心里面就发毛了。我鞋都没来得及换，冬天穿着拖鞋就出去了。当时大家出去一看，有 4 只狼。"

小狼长大了

窦华山："几个人拿着棍子、手电往外赶。当时狼从大门出去的时候，有三只出去了，有一只找不着门了。3 米多高的墙，它一下就蹿到墙上去了。"

这个时候，窦华山才发现四只狼逃跑的方向是渔场的方向，瞬间他才明白，这是渔场跑来的 4 只狼。那是小狼的爸妈和两个兄弟。因为狼的领地意识极强，这 4 只狼听到窦华山饲养的小狼的叫声，于是产生排除异己的行为。

这个意外，让窦华山才意识到，自己养的这只小公狼，想要有一天放归狼群，也许很困难。

经过长期的调查，已经可以确认达赉湖及其周边地区有狼 12~20 只，狼群 3~4 个。可是，这几个狼群中，有一个普遍的情况是，公狼多，母狼少，种群的繁衍，很难继续。而窦华山养的这只狼，想要回归，被狼群接纳的可能性很小很小。

这一边，导师带领的狼研究课题还在继续进行。狼的 DNA 测序、嗅觉分析、种群分类这些实验都在进一步地进行。导师给窦华山的建议是，试着引进母狼和窦华山的狼进行配种，生一窝狼崽。用大狼带着小狼进行训练，肯定比人训狼轻松多，然后挑出其中的小母狼，重点培养，日后放归。野外的狼群缺乏母狼，

学会捕鱼，也是生存之道

接收的可能性是很高的。

无论是在野外还是在动物园、实验室，野生动物的科学研究都是辛苦而漫长的。导师的建议，是个非常理想的建议。如果有带着当地基因的母狼介入，野放的可能性要高很多。当然，这需要窦华山花费更多的时间。

（陈子隽）